AF626506

Praxis der Teleportation

Armin Grasnick

Praxis der Teleportation

Anwendungen der virtuellen und erweiterten Realität in Wirtschaft und Wissenschaft

Springer Vieweg

Armin Grasnick
Moos-Bankholzen, Deutschland

ISBN 978-3-658-48557-3 ISBN 978-3-658-48558-0 (eBook)
https://doi.org/10.1007/978-3-658-48558-0

Die Deutsche Nationalbibliothek verzeichnet diese Publikation in der Deutschen Nationalbibliografie; detaillierte bibliografische Daten sind im Internet über https://portal.dnb.de abrufbar.

© Der/die Herausgeber bzw. der/die Autor(en), exklusiv lizenziert an Springer Fachmedien Wiesbaden GmbH, ein Teil von Springer Nature 2026

Das Werk einschließlich aller seiner Teile ist urheberrechtlich geschützt. Jede Verwertung, die nicht ausdrücklich vom Urheberrechtsgesetz zugelassen ist, bedarf der vorherigen Zustimmung des Verlags. Das gilt insbesondere für Vervielfältigungen, Bearbeitungen, Übersetzungen, Mikroverfilmungen und die Einspeicherung und Verarbeitung in elektronischen Systemen.
Die Wiedergabe von allgemein beschreibenden Bezeichnungen, Marken, Unternehmensnamen etc. in diesem Werk bedeutet nicht, dass diese frei durch jede Person benutzt werden dürfen. Die Berechtigung zur Benutzung unterliegt, auch ohne gesonderten Hinweis hierzu, den Regeln des Markenrechts. Die Rechte des/der jeweiligen Zeicheninhaber*in sind zu beachten.
Der Verlag, die Autor*innen und die Herausgeber*innen gehen davon aus, dass die Angaben und Informationen in diesem Werk zum Zeitpunkt der Veröffentlichung vollständig und korrekt sind. Weder der Verlag noch die Autor*innen oder die Herausgeber*innen übernehmen, ausdrücklich oder implizit, Gewähr für den Inhalt des Werkes, etwaige Fehler oder Äußerungen. Der Verlag bleibt im Hinblick auf geografische Zuordnungen und Gebietsbezeichnungen in veröffentlichten Karten und Institutionsadressen neutral.

Springer Vieweg ist ein Imprint der eingetragenen Gesellschaft Springer Fachmedien Wiesbaden GmbH und ist ein Teil von Springer Nature.
Die Anschrift der Gesellschaft ist: Abraham-Lincoln-Str. 46, 65189 Wiesbaden, Germany

Wenn Sie dieses Produkt entsorgen, geben Sie das Papier bitte zum Recycling.

Für Annett.

Das, was wir Realität nennen, ist ein Effekt vermittelter Felder.

Interessenskonflikt Der/die Autor*in hat keine relevanten Interessenskonflikte im Zusammenhang mit dieser Publikation.

Inhaltsverzeichnis

Einleitung

1

Eine Reise ins Mögliche

Inhaltsverzeichnis

Die Idee zu diesem Buch entstand, nachdem ich den Film Exit von dem – mir bis dahin unbekannten – Regisseur Sebastian Marka[1] gesehen hatte, der auf einem Drehbuch des ebenso unbekannten[2] Drehbuchautors Erol Yesilkaya basiert. Die Geschichte spielt in absehbarer Zukunft und thematisiert eine „Second-Life"-Fantasie. Im Gegensatz zur echten Linden-Lab-Welt verfügt die fiktive „Infinitalk"[3]-Version über eine überaus realistische Darstellung, in die man über eine Art holografische Kontaktlinse eintauchen kann. Das ist in der Tat eine Möglichkeit, die seit Jahren ab und an erwähnt wird.[4] Literarisch gesehen ist es nichts weiter als das phantomatrische Gegenauge der Lem'schen „Summa technologiae" [1]. Hier funktioniert es als zerebrale Phantomatik, womit Lem die direkte Verknüp-

[1] Marka war bis dahin durch die Regie von „Tatorten" aufgefallen und hatte dafür sogar einen Grimme-Preis erhalten.

[2] Wenn man davon absieht, dass er die Drehbücher für Markas Tatorte geschrieben hatte und natürlich mit diesem gemeinsam dem Grimme-Preis erhielt.

[3] Das gibt es tatsächlich in Japan als langweiliges Call-Center-Programm (http://www.infinitalk.co.jp/).

[4] Z. B. kennt man solche Entwicklungen als „Smart Contact Lens" von Babak Parviz (ehemals Google, heute Amazon) oder als Mojo Lens (https://www.mojo.vision/).

© Der/die Autor(en), exklusiv lizenziert an Springer Fachmedien Wiesbaden GmbH, ein Teil von Springer Nature 2026
A. Grasnick, *Praxis der Teleportation*, https://doi.org/10.1007/978-3-658-48558-0_1

fung der scheinbaren Realität mit dem Zerebrum[5] meint. In „Exit" taucht der Protagonist Linus[6] – beabsichtigt oder unbeabsichtigt – in die virtuelle Welt ein und hat eine komplizierte Auseinandersetzung mit dem japanischen Investor Linden Li.[7] Linus kann in der perfekten Illusion schwerlich zwischen Realität und Fiktion unterscheiden und erkennt nicht, ob er momentan eine reale Person oder sein eigener Avatar ist. Das beschert ihm einige Probleme, die schließlich zu seinem realen Tod, aber gleichzeitig zum ewigen Leben seines Avatars führen. Aber wenn er damit selbst der Avatar ist, wird er dann auch als virtuelle Figur real? Wo beginnt und endet Realität?

Virtuelle Welten haben das Potenzial, nicht nur reale Erfahrungen zu imitieren, sondern sie in manchen Fällen sogar zu übertreffen. Wenn virtuelle Umgebungen intensiver, sicherer oder emotional befriedigender erscheinen als die physische Welt, stellt sich eine verwirrende Frage: Was geschieht, wenn die Illusion realer wirkt als die Realität selbst?

Diese Frage führt tief in theoretische und existenzielle Überlegungen. Wenn Realität das ist, was wir über unsere Sinne wahrnehmen und als wirklich empfinden, dann kann eine hochimmersive virtuelle Erfahrung sich nicht von einem „realen" Erlebnis unterscheiden lassen. Wird es dadurch tatsächlich real? Kann eine perfekt simulierte Welt, in der wir Schmerz, Freude und Nähe erleben, weniger wirklich sein als die physische Außenwelt?

Hier stoßen wir auf klassische philosophische Positionen wie den Skeptizismus (etwa bei Descartes [2] oder auf die moderne Form der Gehirn-im-Tank-Hypothese [3]), die das Vertrauen in die Welt der Sinneserfahrung infrage stellen. In dieser Linie argumentiert auch Jean Baudrillard mit seinem Begriff des Simulakrums [4]. Eine Wirklichkeit zweiter Ordnung verdrängt das Original. Dadurch wird die Simulation zur neuen Realität.

Solche Gedanken gewinnen angesichts der Entwicklung immersiver Medien dramatische Relevanz. Je mehr unser Bewusstsein in künstlich erzeugte Welten eintaucht, desto mehr verschiebt sich unser Realitätsempfinden. Dabei droht neben dem Verlust der Wirklichkeit auch eine Erosion von Verantwortung, sozialer Bindung und eigener Identität. Denn wer bin ich noch, wenn mein „Ich" hauptsächlich in einer Welt existiert, die nicht an die physische Welt gebunden ist?

Diese Fragen markieren auch eine gesellschaftliche Herausforderung. Die Zukunft wird nicht nur davon abhängen, wie real unsere Illusionen sind. Es wird entscheidend werden, wie bewusst wir mit ihrer Realität umgehen. Solche Verschiebungen lassen sich jedoch nicht allein mit den Begriffen von Virtualität oder Realität fassen. Sobald Erfahrungen oder Handlungen an einem anderen Ort, zu einer anderen Zeit oder in einer anderen Verkörperung entstehen oder wirksam werden, ohne dass ein entsprechender physischer Übergang stattgefunden hat, genügen die klassischen Kategorien von Präsenz und Ort

[5] Dem Gehirn.

[6] Der mir ebenfalls unbekannte, aber überzeugende Berliner Schauspieler Friedrich Mücke.

[7] Sympathisch, aber gleichzeitig überzeugend kapitalistisch unbarmherzig gespielt von David K.S. Tse (http://betweeneastandwest.com/stories/david-tse/).

nicht mehr. Es fehlt ein Begriff, der genau diesen Bruch zwischen dem Orts- oder Zeitwechsel und der physischen Identität sichtbar macht.

Wenn wir über Teleportation sprechen, geht es dabei weniger um ein futuristisches Transportversprechen als zunächst nur um eine präzise Benennung dieses Vorgangs. Üblicherweise wird für eine Situation, in der etwas wirksam ankommt, ohne den Weg dorthin durchlaufen zu haben, der Begriff Teleportation verwendet. Der Schriftsteller Charles Fort hatte die Teleportation 1931 zur Beschreibung einer unerklärlichen Transportkraft eingeführt [5]. Die Bezeichnung hatte sich außerhalb des Paranormalen schnell in der Science-Fiction etabliert und wird heute sogar von renommierten Physikern für den Transport von Quanteneigenschaften benutzt.

Ausgehend von historischen Ideen und einer modernen Definition, will ich versuchen, den aktuellen Wissensstand zur Teleportation zusammenzutragen und beginne mit dem, was in „Star Trek" teleportiert wird – dem Menschen. Wollte man einen Menschen als einen Datensatz betrachten, müssten alle Atome des Körpers in einem Augenblick in ihrer Lage und nach ihren Elementen erfasst werden. Es scheint, dass sich hier schnell eine gewaltige Informationsmenge ansammelt, die weder beherrschbar noch speicherfähig ist. Allerdings wäre auch die Erfassung selbst ein Problem. Heute lassen sich mittels Elektronenmikroskopie zwar einzelne Atome erfassen, aber die Bedingungen der Erfassung und die verwendeten Energien wären für einen Menschen tödlich. Unabhängig von den Schwierigkeiten bei der Erfassung steht auch keine technische Möglichkeit zum Transport zur Verfügung – oder doch? Kann Teleportation durch verschränkte Quanten gelingen? Auch hier verspricht die Physik kaum eine naheliegende Lösung.

Wenn es aber so schwierig ist, sich durch den Raum zu teleportieren, dann kann es doch vielleicht in der Zeit funktionieren. Denn während die physische Teleportation an der physikalischen Realität scheitert, scheint die Zeit sich der realen Welt zu entziehen. Zeitreisen erscheinen kaum mehr als technisches Transportproblem, wenn Zeit einfach nur ein Parameter wäre, entlang dessen sich Ereignisse anordnen und verschieben ließen. Ob Zeitreisen dann möglich sind, hängt zu einem großen Teil vom Zeitbegriff ab. Je nachdem wie Zeit verstanden wird, ergeben unterschiedliche Konsequenzen ihrer Erscheinung. Der Fluss der Zeit, ihre Struktur oder die Dauer von Ereignissen können paradox wirken, sich als Illusion entpuppen oder einen legitimen Messwert darstellen.

Vor diesem Hintergrund lassen sich nun virtuelle und augmentierte Realitäten einordnen. Extended Reality (XR) erzeugt keine alternativen Welten im Sinne einer vollständigen Ersetzung der Realität. Das Ergebnis der Transformationen primärer Ereignisse sind sekundäre Ereignisfelder, in denen räumliche, zeitliche und sogar körperliche Zuständigkeiten neu verteilt werden. Ortswechsel ohne Bewegung, die Verdichtung oder Dehnung der Zeitlinie sowie die Kopplung von Handlung und Wahrnehmung sind die Grundfunktionen virtueller Welten. XR betrachtet diese Systeme als operative Umgebungen, in denen Teleportation praktisch simuliert wird.

Avatare haben sich aus der mystischen Welt in die virtuelle Realität bewegt. Wenn sich Handlung und Wahrnehmung von der physischen Körperlichkeit lösen, muss auch die Identität des Handelnden neu bewertet werden. Der Avatar ist dabei weder ein bloßes

Abbild seines Schöpfers noch das reine Werkzeug eines Nutzers. Er wird zu einer funktionalen Verkörperung innerhalb eines transformierten Ereignisraums. Es wäre interessant zu erfahren, unter welchen Bedingungen solche Stellvertreter als „Ich“ akzeptiert werden und welche Formen von Autonomie, Verantwortung und Zuschreibung daraus entstehen.

Ich verspreche keine einfachen Antworten auf die Fragen nach den realen Möglichkeiten der Teleportation oder nach der Realität des Virtuellen. Ich möchte Sie vielmehr auf eine Reihe von Perspektivwechseln vorbereiten. Ihr Blick auf die Teleportation wird sich verschieben: von Raum zu Zeit, von Zeit zu Wahrnehmung, von Wahrnehmung zu Identität. Die Verbindung zwischen realer und virtueller Welt dient mir dabei als analytisches Werkzeug, um diese Übergänge sichtbar zu machen. Lassen Sie sich teleportieren – ich freue mich auf ein Wiedersehen in der virtuellen Realität!

Armin Grasnick,
Halbinsel Höri im Bodensee im Januar 2026

Literatur

1. Lem S. Summa technologiae. Frankfurt am Main: Suhrkamp; 2016.
2. Descartes R. Discours de la méthode pour bien conduire sa raison et chercher la vérité dans les sciences. Leiden: L'Imprimerie Ian Maire; 1637.
3. Putnam H. Reason, truth, and history. Cambridge [Cambridgeshire]/New York: Cambridge University Press; 1981.
4. Baudrillard J. Simulacres et simulation. Paris: Éditions Galilée; 2017.
5. Fort CH. Lo! New York: Claude Kendall; 1931.

Teleportation

2

Die Wissenschaft des Unmöglichen

Inhaltsverzeichnis

Teleportation verspricht, die Grenzen des Raumes aufzuheben und Materie in einem Augenblick von einem Ort zum anderen zu transportieren, ohne die physische Distanz dazwischen durchqueren zu müssen. Die Idee der Teleportation fasziniert seit Jahrhunderten, genauso lange widerspricht die klassische Physik diesem Konzept. Die Teleportation berührt nicht nur fundamentale physikalische Gesetze, sondern wirft auch philosophische Fragen auf. Was bedeutet es, von einem Ort zu einem anderen transportiert zu werden, ohne den Raum dazwischen zu durchqueren? Was ist es, das da ankommt? Ist es tatsächlich dasselbe oder nur eine exakte Kopie? Dieses Kapitel untersucht die Idee der Teleportation nicht nur als technologischen Traum, sondern auch als Spiegel unserer menschlichen Sehnsüchte und Ängste. Was, wenn der Traum eines Tages Wirklichkeit wird?

© Der/die Autor(en), exklusiv lizenziert an Springer Fachmedien Wiesbaden GmbH, ein Teil von Springer Nature 2026

A. Grasnick, *Praxis der Teleportation*, https://doi.org/10.1007/978-3-658-48558-0_2

2.1 Ursprung und Definition

Die Vorstellung, sich ohne körperliche Anstrengung zu einem weit entfernten Ort bewegen zu können oder eine andere Gestalt anzunehmen, ist seit Jahrhunderten eine wiederkehrende Vorstellung. Sie findet sich ebenso in mythologischen Erzählungen wie in moderner Science-Fiction. In einer Fiktion können bekannte Gesetzmäßigkeiten ohne Weiteres außer Kraft gesetzt werden, ohne dass diese mit einer soliden Theorie ersetzt werden müssen. Solange die Geschichte plausibel erscheint, reicht es vollständig, eine wissenschaftliche Fundierung des Erzählten mit einigen passend erscheinenden Fachbegriffen anzudeuten. Dennoch scheint es möglich, sich auf eine Definition der Teleportation zu einigen.

Historische Ideen

Die griechischen oder indischen Gottheiten konnten sich in anderen Gestalten unter die Menschen mischen und schnell vom Göttersitz zur Erde reisen. Als Weg dahin diente sowohl der Iris[1] als auch den nordischen Göttern der Regenbogen. In der nordischen Mythologie reicht die Regenbogenbrücke Bifröst vom Göttersitz Asgard zum irdischen Midgard (aus der Edda [2], S. 256).

> „Hast du nicht gehört, dass die Götter eine Brücke machten vom Himmel zur Erde, die Bifröst heißt? Die wirst du gewiss gesehen haben; aber vielleicht nennst du sie Regenbogen. Sie hat drei Farben und ist sehr stark und mit mehr Kunst und Verstand gemacht als andre Werke."

Die Regenbogenbrücke symbolisiert hier nicht nur die Verbindung zwischen den Göttern und den Menschen, sondern stellt auch einen schnellen Transportweg zwischen Himmel und Erde dar.

In der hinduistischen Tradition zeigt sich dieses Motiv besonders in der Vorstellung der Avatare. Diese Inkarnationen des Gottes Vishnu können in verschiedenen Formen erscheinen, um zwischen den Welten zu wechseln. Allerdings treten diese Inkarnationen nur dann auf, wenn dazu ein handfester Anlass besteht (aus der Bhagavad Gita [3], S. 98):

> „Immer wenn die Weltordnung niedergeht und Unordnung zunimmt, …, dann schaffe ich mich selbst"

Diese mythologischen Erzählungen bereiten den Boden für spätere technologische Visionen, wie sie in der modernen Wissenschaft und Science-Fiction zu finden sind. Während die mythischen Ortswechsel meist durch göttliche Macht erfolgen, gab es auch immer Legenden zur Teleportation realer Menschen. Schon dem Pythagoras wurde

[1] Hier in der Funktion als Götterbotin: „Iris …, die Verkünderin unsterblicher Götter" (aus Homers Ilias 15. Gesang, 144 [1], S. 250).

zugeschrieben, sich an zwei Orten gleichzeitig aufhalten zu können.[2] Diese „Bilokationen“ sind auch Teil der frühesten Marienerscheinung[3] und haben als hellseherische Erscheinungen wie der Materialisierung und dem Verschwinden von Gegenständen Eingang in den Okkultismus gefunden. Spätestens seit Charles Fort 1931 in einem Buch über paranormale Phänomene den Begriff Teleportation[4] verwendete, ist dies der Oberbegriff für alle diejenigen Transporte geworden, die auf unerklärliche Art Dinge mühelos zwischen verschiedenen Orten befördern können. Der Schriftsteller van Vogt setzte in seinem Roman „Null-A“ [6] auf die nicht-aristotelische Logik im Sinne des Alfred Korzybski,[5] welche die binäre Logik (wahr oder falsch) in eine flexiblere, mehrwertige Logik überführt. Der Gedanke ist durchaus interessant, weil er die Grundannahme infrage stellt, dass es nur eine universelle Wahrheit gibt. Die nicht-aristotelische Logik akzeptiert Mehrdeutigkeit und betrachtet Wahrheit als kontextabhängig, was in der modernen Wissenschaft in den Konzepten der Quantenlogik oder Wahrscheinlichkeitstheorie mitschwingt. In van Vogts Null-A-Welt werden alternative Perspektiven akzeptiert und dadurch Technologien und Konzepte ermöglicht, die im klassischen Logiksystem undenkbar wären. Damit wird die Übertragung von Gedanken und Materie möglich und die Idee etabliert, dass Bewusstsein nicht notwendigerweise an einen physischen Körper gebunden ist. Ein interessantes Gerät ist dabei der „Distorter“, der einen Raum überbrücken kann, als wäre keine Distanz zwischen Start- und Endpunkt.[6] Allerdings wird durch die Funktionsweise des Gerätes der Zielort ein wenig unbestimmt, was dem Gedanken des Buches aber durchaus entspricht.

Der Kybernetiker Norbert Wiener[7] beschäftigte sich in der Zeit der aufkommenden Computer und der Kindertage der künstlichen Intelligenz mit der Regelung und

[2] „Alle seine Biographen betonen außerdem, dass er sich an ein und demselben Tag in Metapontum in Italien und in Tauromenium in Sizilien aufhielt und an beiden Orten mit seinen Jüngern sprach, obwohl diese Städte sowohl auf dem Land als auch auf dem Meer durch viele Stadien voneinander getrennt sind, deren Überwindung viele Tage in Anspruch nimmt.“ (aus [4], S. 90).

[3] Dem Apostel Jakobus dem Älteren soll in Saragossa die Jungfrau Maria noch zu ihren Lebzeiten erschienen sein.

[4] „In diesem Buch werde ich mich vor allem auf Hinweise auf die Existenz einer Transportkraft spezialisieren, die ich Teleportation nennen werde“ [5].

[5] Alfred Korzybski (1879–1950) entwickelte mit seinem Hauptwerk „Science and Sanity“ (1933) [7] die allgemeine Semantik, die eine „nicht-Aristotelische Logik“ postuliert und betont darin die Unterscheidung zwischen Realität und deren sprachlicher bzw. logischer Repräsentation. Gotthard Günther (1900–1984) erweiterte diese Ansätze in „Idee und Grundriß einer nicht-Aristotelischen Logik“ (1957) [8], indem er multidimensionale Logik und Subjektivität in die kybernetische Philosophie integrierte. Beide Denker wurden in der akademischen Welt nur begrenzt rezipiert, inspirierten jedoch spezifische Bereiche wie Kommunikationstheorie, Kybernetik und Science-Fiction.

[6] „Wenn zwei Energien auf eine Ähnlichkeit im zwanzigstelligen Dezimalbereich abgestimmt werden können, wird die stärkere die Lücke des Raums zwischen ihnen überbrücken, als ob keine Lücke existiere, obwohl die Verbindung mit endlicher Geschwindigkeit erreicht wird.“ (aus [6], S. 145).

[7] Norbert Wiener (1894–1964), amerikanischer Mathematiker und Philosoph, Begründer der Kybernetik.

Nachrichtentheorie sowohl in Maschinen als auch in Lebewesen [9]. Die bereits allgegenwärtige elektrische Kommunikation veranlasste ihn zu der Formulierung des Gedankens, „... dass man außer mit der Bahn oder dem Flugzeug auch mit dem Telegrafen reisen könnte ..." (aus [10], S. 110). Wiener fand diese Fiktion nicht generell absurd, wies aber auch auf die enormen Schwierigkeiten hin. Die Erbinformationen, die in einer einzigen menschlichen Keimzelle steckten, würden den gesamten Informationsgehalt der „Encyclopaedia Britannica" überschreiten. Aber auch die Erfassung dieser Information stößt bereits bei grober Betrachtung auf offenkundig unlösbare Probleme. Wollte man einen Menschen auf molekularer Ebene vollständig scannen, würde dabei allein durch den Energieeintrag das Gewebe mehr oder minder zerstört. Der Prozess der Datenerfassung als Reisevorbereitung würde somit gleichzeitig das Leben des Reisewilligen beenden und nur dessen Informationsgehalt bewahren. Wiener meint dazu selbst (ebenda):

> „Mit anderen Worten, die Tatsache, dass wir das Muster eines Menschen nicht von einem Ort zum anderen telegrafieren können, ist wahrscheinlich auf technische Schwierigkeiten zurückzuführen, und insbesondere auf die Schwierigkeit, einen Organismus während eines solchen radikalen Umbaus am Leben zu erhalten."

In der Science-Fiction-Serie „Star Trek" wurden 1965 im Pilotfilm „The Cage" [11] diese Probleme mit einem Transporter gelöst, der Teile der Mannschaft auf eine Planetenoberfläche zu teleportieren vermochte. Der Prozess des Scannens wurde durch die Dematerialisierung auf dem Raumschiff ersetzt, die spätere Materialisierung erfolgte spontan am Zielpunkt des Sendestrahls [12]. Diese Art der Teleportation wird in der Serie das „Beamen" genannt und führte in der Folge zur Popularisierung des Beam-Konzeptes.

Moderne Definition

Der Begriff der Teleportation wurde im Sinne von Fort ursprünglich verwendet, um mysteriöse Erscheinungen wie das plötzliche Verschwinden und Auftauchen von Gegenständen oder Personen zu beschreiben. Die eher aus der Science-Fiction gespeiste populärwissenschaftliche Definition der Teleportation bezeichnet in der Regel nur noch den Transport realer Dinge. Damit wird Materie, insbesondere Personen oder Objekte, von einem Ort zu einem anderen über große Entfernungen übertragen, ohne den Raum dazwischen tatsächlich durchqueren zu müssen. Hier erfolgt die Teleportation aber nicht auf paranormale Weise, sondern als futuristischer technischer Prozess. Häufig verursachen spezielle Geräte[8] die Dematerialisierung und den Versand der Informationen,[9] die anschließende Rematerialisierung erfolgt dann in der Regel ohne Hilfsmittel am Ziel.

[8] Z. B. der Distorter Vogts oder der Transporter Roddenberrys.

[9] Z. B. über das „Beamen".

Die Herkunft des Begriffes Teleportation und dessen Nähe zu Mythologie, Pseudowissenschaften und Science-Fiction hat zweifelsohne eine seriöse Betrachtung erschwert. Dennoch hat die Verbreitung des Begriffes durch die Raumabenteuer des Kapitän Kirk und vor allem die absichtliche Verwendung in der Quantenmechanik zu einem gewissen wissenschaftlichen und technischen Interesse geführt. Manches, was in der Serie Star Trek noch als utopische Technologie galt,[10] ist heute längst alltägliche Technik. Daher ist es nicht verwunderlich, dass immer wieder Versuche unternommen wurden, die Teleportation auf ihre technische und praktische Umsetzbarkeit zu untersuchen.

Eine offizielle Untersuchung zur Teleportation[11] aus dem Jahre 2004 widmet sich scheinbar der physikalischen Einordnung, führt dann jedoch schnell zur Telekinese und der Empfehlung einer „Beförderung von Personen oder leblosen Gegenständen durch psychische Mittel" ([13], S. 2). Das Werk ist vielleicht dennoch interessant, weil es einen Einblick in die Versuche amerikanischer Behörden gibt, Psychokinese und Telepathie für militärische und nachrichtendienstliche Zwecke zu nutzen und auf die entsprechenden Aktivitäten verweist. Die Studie wurde allerdings bereits kurz nach der Veröffentlichung mit einem „Pigasus Award" bedacht,[12] der von James Randi[13] für parapsychologische Betrügereien verliehen wurde [14]. Grundsätzlich kann jedoch selbst diese der Teleportation gegenüber überaus zugeneigte Untersuchung keinen praktikablen Lösungsansatz vorstellen, sondern liefert lediglich Empfehlungen für weitere Forschungsaktivitäten.

In der wissenschaftlichen Literatur der Quantenmechanik beschreibt Teleportation die Situation, bei der der Quantenzustand eines Teilchens mit dem eines anderen Teilchens korreliert. Die Idee dazu liefert das bekannte Gedankenexperiment von Einstein, Podolsky und Rosen. Die drei Physiker stellten sich 1935 die Frage, ob die Quantenmechanik die physikalische Realität vollständig beschreiben könnte [15]. Wenn zwei Teilchen (z. B. Elektronen oder Photonen) miteinander in einem bestimmten (verschränkten) Quantenzustand erzeugt werden und sich dann voneinander entfernen, können Messungen an dem einen Teilchen scheinbar sofort den Zustand des anderen Teilchens festlegen, obwohl die beiden räumlich getrennt sind. Diese scheinbare physikalische Unverständlichkeit wurde von Bennett et al. Anfang der 1990er-Jahre aufgegriffen und als Übertragung des Quantenzustands eines Teilchens auf ein anderes Teilchen mit dem Begriff „Teleportation" versehen [16]. Dieser Begriff findet sich auch in experimentellen Bestätigungen durch

[10] Wie z. B. der sprechende Bord-Computer des Raumschiffs „Enterprise" oder Captain Kirks Communicator.

[11] Im Auftrag des Airforce Research Laboratory vom Physiker Eric W. Davis (Warp Drive Metrics) durchgeführt [13]. Davis hatte sich überdies auch mit der überlichtschnellen Reise durch Wurmlöcher oder mit Warp-Antrieben beschäftigt und darf zumindest als spekulativ gelten.

[12] Für die „… nutzloseste Studie über eine übernatürliche, paranormale oder okkulte Behauptung …" (aus [13], Category #2, Übers. d. Verf.).

[13] James Randi (1928–2020), war ein Zauberer und aktiver Gegner von Pseudowissenschaften, besonders bekannt für seine „One Million Dollar Paranormal Challenge", die derjenige gewinnen konnte, der unter kontrollierten Testbedingungen eine paranormale Fähigkeit nachweisen konnte. Das ist bis Einstellung des Preises 2015 jedoch niemandem gelungen.

Bouwmeester et al. [17] und Boschi et al. [18] einige Jahre später. Bei diesen Experimenten wurde bei verschränkten Photonenpaaren die Übertragung des Polarisationszustandes durch Messung von einem Photon auf das andere nachgewiesen.

Ungefähr zur gleichen Zeit wurde der Begriff der Teleportation auch auf die Virtuelle Realität angewendet, wo er ursprünglich im Zusammenhang mit der Technik der virtuellen Fortbewegung verwendet wurde [19]. Teleportation wird als spezieller Begriff der Ortsveränderung in der „Virtual Locomotion Technique“ verwendet, bei der ein Benutzer in der virtuellen Bewegung auf ein Ziel zeigt oder eine Zielmarke auswählt und unversehens dahin wechseln kann [20]. Heute wird der Begriff auch allgemeiner für jegliche virtuelle Ortswechsel der eigenen Verkörperung oder des Erscheinens von Objekten im virtuellen Raum immer dann verwendet, wenn damit auch die Aktion des Nutzers oder Interaktion mit den Objekten einhergeht.

Eine mögliche gemeinsame Definition könnte sich auf den Kernaspekt aller drei Verwendungen der „Teleportation“ fokussieren:

Definition: Teleportation bezeichnet das scheinbar unmittelbare Übertragen oder Verlagern einer Entität[14] von einem Start- zu einem Zielort, ohne dass dabei ein kontinuierlicher Transport oder eine konventionelle Bewegung durch den Raum erfolgt.

Mit dieser Definition wird die Teleportation zum Oberbegriff für jede Form des augenblicklichen Orts- oder Zustandswechsels, ob nun in paranormalen Erzählungen, futuristischen Technologien, der Quantenphysik oder virtuellen Räumen.

2.2 Stand der Teleportation

Der Traum der Teleportation ist es, zu reisen, indem man ohne körperlichen Aufwand oder zeitlichen Verzug an einem entfernten Ort erscheint. Ein Objekt, das teleportiert werden soll, muss vollständig durch seine Eigenschaften charakterisiert werden können, die sich technisch bestimmen beziehungsweise messen lassen. Um eine Kopie dieses Objekts an einem entfernten Ort zu erstellen, benötigt man nicht unbedingt die Originalteile, sondern nur die gescannten Informationen, die zur Rekonstruktion des Objekts verwendet werden können. Allerdings stößt echte materielle Teleportation schnell an grundlegende physikalische Grenzen. Bis heute existiert keine allgemein anerkannte Theorie oder Technologie, die eine Auflösung und anschließende Wiederherstellung ganzer Objekte oder gar Menschen ermöglichen könnte. Schon die gewaltigen Informationsmengen, die für eine vollständige Rekonstruktion komplexer biologischer Organismen nötig wären, scheinen die Grenzen des heutigen Stands der Technik zu sprengen.

[14] Hier in der Definition des International Electrotechnical Vocabulary (IEV) Nr. 741–01-18. Entität: Ding (physisch oder nicht-physisch), das eindeutig existiert [21].

Der Mensch als Datensatz

Der menschliche Körper besteht größtenteils aus einer Handvoll chemischer Elemente, vor allem aus Wasserstoff, Sauerstoff und Kohlenstoff, die zusammen schon etwa 98 % aller Atome ausmachen [22]. Die Anzahl der Atome in einem typischen menschlichen Körper beträgt in etwa 7×10^{27}.[15] Wenn sich durch irgendeine zukünftige Technologie die Position eines Atoms zum Zeitpunkt der Aufnahme präzise bestimmen ließe, dann könnte jedes Atom als Information des Elementes und der Position gespeichert werden. Für die in einem Menschen vorkommenden etwa 20 relevanten Elemente werden im Binärsystem $\log_2 20 \approx 4{,}3$ Bit pro Atom benötigt. Die Elemente im menschlichen Körper haben unterschiedliche Häufigkeiten. Da diese Häufigkeiten bekannt sind,[16] können den häufig vorkommenden Elementen (wie Wasserstoff, Sauerstoff und Kohlenstoff) kürzere Codes zugewiesen werden, während seltene Elemente (wie Zink oder Kupfer) längere Codes erhalten. Dies würde die durchschnittliche Informationsmenge pro Atom reduzieren. Die durchschnittliche Informationsmenge pro Atom lässt sich gemäß Shannon-Entropie [24] (H) als Summe der relativen Anteile jedes Elements (p_i) berechnen.

$$H = -\sum_i p_i \log_2 (p_i)$$

Im Beispiel ergibt sich eine Reduktion auf etwa 1,33 Bit pro Atom für die Beschreibung des Elements. Die präzise Beschreibung der Position eines Atoms im Raum erfordert die zusätzliche Angabe der Koordinaten in drei Dimensionen. Die Anzahl der Bits hängt von der Genauigkeit der Positionsbestimmung ab. Für Nanometer-Präzision in einem Volumen von einem Kubikmeter wird für jede Koordinate $\log_2(1\ m/1\ nm) \approx 30$ Bit benötigt, insgesamt also etwa 90 Bits pro Atom.

Der menschliche Körper besitzt jedoch eine klare hierarchische Organisation, die eine erhebliche Reduktion der benötigten Informationsmenge ermöglicht. Auf jeder Ebene – von Organen über Gewebe und Zellen bis hin zu Molekülen und Atomen – lassen sich durch regelmäßige Strukturen, Symmetrien und relative Positionen Daten effizienter speichern. Organe erfordern nur grobe Positionsangaben, während Gewebe und Zellen durch wiederkehrende Muster und Abstände Speicheranforderungen einsparen können. Moleküle und Atome weisen bekannte Bindungslängen und -winkel auf, wodurch sich die atomaren Positionsdaten weiter komprimieren lassen. Unter der Annahme, dass sich so die notwendige Informationsmenge pro Atom auf etwa 1 Bit für die Angabe von Position und Element reduzieren ließe, verbleiben immer noch 7×10^{27} Bit als notwendiger Speicher-

[15] Der Wert wird unterschiedlich und zumeist über eine Fermi-Frage berechnet, bei der anhand von Annahmen eine Größenordnung (Order of Magnitude) abgeschätzt wird. Dieses Ergebnis ist von Wolfram Alpha unter der Annahme eines 70 kg schweren Menschen ermittelt worden [23].

[16] Ungefähre prozentuale Verteilung chemischer Elemente im menschlichen Körper: Wasserstoff 63 %, Sauerstoff 25,5 %, Kohlenstoff 9,5 % und Stickstoff 1,4 % (nach [22]).

platz. Das entspricht in etwa der 3000-fachen digitalen Datenmenge, die für das Jahr 2027 prognostiziert wird.[17]

Die vollständige atomare Beschreibung des menschlichen Körpers übersteigt bei weitem die heutige Speicherkapazität und wird selbst im Vergleich zu den weltweit generierten Datenmengen der nächsten Jahrzehnte außergewöhnlich groß bleiben.

Dieses Gedankenexperiment verdeutlicht, dass die Annahme einer bekannten Speichertechnologie keinen ausreichenden Lösungsansatz bietet. Allerdings kann eingewendet werden, dass in einem existierenden Körper bereits alle notwendigen Informationen zur Rekonstruktion dieses Körpers abgelegt sind. Wenn ein Atom exakt in einem dreidimensionalen Gitter lokalisiert ist, könnte die Geometrie der Struktur selbst die Positionsinformation enthalten. Das „Speichern" der absoluten und der relativen Positionen wäre also bereits durch die physische Anordnung erfüllt. Da die Positionen intrinsisch durch die Struktur festgelegt sind, könnte man argumentieren, dass die Speicherung der Positionen nicht mehr notwendig ist, sondern diese lediglich ausgelesen werden müssen. Ein existierender Körper ist in gewisser Weise ein sich selbst beschreibendes System, das alle Informationen über Positionen und Beziehungen intrinsisch in der eigenen Struktur enthält. Aber auch unter dieser Prämisse müsste der selbstbeschreibende Körper zunächst ausgelesen und die gesammelten Informationen anschließend versendet werden.

Die kurze Betrachtung zum Speicherbedarf zeigt, dass es möglich ist den notwendigen Speicherbedarf zu reduzieren, wenn der Aufbau und die Hierarchie bekannt sind. Ein idealer Kristall ist aus einem regelmäßigen Kristallgitter aufgebaut, das über sich wiederholende Elementarzellen beschrieben werden kann. Diese Elementar- bzw. Einheitszellen bilden als mögliche Gittertypen die sogenannten Bravais-Gitter,[18] mit denen sich alle Kristalle beschreiben lassen. Da nur 14 mögliche Bravais-Gitter existieren, kann der innere Aufbau eines Kristalls schon aus den Abmessungen und der Definition des Gitters rekonstruiert werden. Der Speicherbedarf resultiert dann vor allem auf der Beschreibung der äußeren Form. Obwohl die Gestalt eines Kristalls eine grundlegende Beschreibung liefert, reicht sie allein nicht aus, um die vollständigen strukturellen Informationen zu rekonstruieren. Während die äußere Form die makroskopische Gestalt des Kristalls beschreibt, fehlen Informationen über die genaue Orientierung der Elementarzellen im Verhältnis zur Hülle. Selbst im Falle eines idealen Diamanten müsste zumindest die äußerste Atomlage gescannt werden, um die spezifische Orientierung des Kristallgitters zu bestimmen. Betrachtet man hingegen Materialien, die aus nur einer einzigen Atomlage bestehen, wie etwa Graphen, wird diese äußerste Schicht zur einzigen relevanten Ebene des gesamten Systems. Seit den 1960er-Jahren wird die Möglichkeit, einen zweidimensionalen Kristall

---

[17] Volumen der jährlich generierten/replizierten digitalen Datenmenge weltweit von 2010 bis 2022 und Prognose bis 2027 [25], bei Beibehaltung der Wachstumsrate 20 % pro Jahr) wird die weltweit generierte Datenmenge die Größenordnung eines Ronnabyte (10^{27} Byte) voraussichtlich im Jahr 2072 erreicht.

[18] Nach Auguste Bravais (1811–1863), französischer Kristallograph, entwickelte eine Einteilung der Kristalle in Gittersysteme [26].

aus Kohlenstoffatomen in einer hexagonalen Gitterstruktur zu erzeugen, untersucht. Boehm et al. konnten Kristalle mit wenigen Schichten erzeugen und wiesen auf die ungewöhnlich große spezifische Oberfläche einer einlagigen Kohlenstoffschicht ($2600 m^2/g$) hin [27]. Diese strikt zweidimensionale Abordnung vergrößert damit nicht nur die Oberfläche, die für chemische Reaktionen zur Verfügung steht. Die makroskopisch homogene hexagonale Gitterstruktur sorgt überdies für eine ausgeglichene Verteilung von Zugkräften über die gesamte Materialfläche und wird durch dreidimensionale Defekte nicht geschwächt. Daher ist es kaum verwunderlich, dass solche Kristallstrukturen immer wieder Gegenstand der Forschung waren. Es dauerte jedoch bis 2004, bis Andre Geim und Konstantin Novoselov Graphen durch mechanisches Abschälen („Scotch-Tape-Methode“) von Graphit isolierten und damit die Grundlage für eine umfassende Erforschung dieses Materials legten [28, 29].[19]

Der Nachweis der dünnen Schicht und besonders der Kristallstruktur kann aufgrund der Auflösungsgrenze von herkömmlichen Mikroskopen nicht mehr mit Licht erfolgen. Die Auflösung der Lichtmikroskopie ist gemäß dem Abbe'schen Auflösungslimit durch das Verhältnis der Wellenlänge λ und der numerischen Apertur des Objektivs NA[20] begrenzt.

$$d = \frac{\lambda}{2NA}$$

Ein ideales Lichtmikroskop könnte im sichtbaren Licht zwar noch Strukturen von 200 Nanometern (nm) auflösen, allerdings liegt die Größe eines Atoms eher in der Größe von einem Ångström (Å).[21] Mit den ersten, als „Übermikroskope“[22] bezeichneten Elektronenmikroskopen konnten Auflösungen von etwa 10 Mikrometern erreicht werden. Das bei Siemens in Serie produzierte Elmiskop 1 konnte bereits 5 Å auflösen [31],[23] heutige Rastertransmissions-Elektronenmikroskope[24] erreichen Auflösungen im Sub-Ångström-Bereich und können so tatsächlich einzelne Atome abbilden [32]. In diesem Zusammenhang soll darauf hingewiesen werden, dass Bildgebung in atomaren Dimensionen eigentlich schon angewandte Quantenphysik darstellt. Die erzeugten Aufnahmen atomarer Objekte sind im Gegensatz zur Lichtmikroskopie nicht mehr direkt intuitiv zugänglich,

---

[19] Geim (geb. 1958) und Novoselov (geb. 1974) erhielten dafür 2010 den Nobelpreis.

[20] Die numerische Apertur eines optischen Systems ergibt sich als Produkt des Sinus des halben Öffnungswinkels und der Brechzahl des Mediums zwischen Objekt und Objektiv.

[21] 1 Å = 0,1 nm; benannt nach Anders Jonas Ångström (1814–1874), schwedischer Physiker.

[22] Das von Bodo von Borries (1905–1956) und Ernst Ruska (1906–1988) bei Siemens entwickelte Übermikroskop war eine Weiterentwicklung des von Max Knoll (1897–1969) und Ruska 1931 vorgestellten Elektronenmikroskops [30].

[23] Das war auch die Auflösung, die Boehm für die elektronenmikroskopische Untersuchung seiner Kohlenstoffschichten zur Verfügung stand.

[24] Scanning Transmission Electron Microscope (STEM).

sondern erst über eine Interpretation der elektronenmikroskopisch ermittelten Intensitätsverteilung der Probe (nach [33], S. 2).

Auch mit der Rastertunnelmikroskopie ist es möglich, die Positionen einzelner Atome einer Oberfläche abzubilden. Dazu wird der Tunneleffekt genutzt, der besagt, dass ein Teilchen eine energetische Barriere auch dann überwinden kann, wenn es eigentlich nicht genug Energie dafür besitzt. Im Prinzip basiert dieser Effekt darauf, dass eine Welle in eine Region eindringt, in die sie eigentlich nicht gelangen kann. Die quantenmechanische Aufenthaltswahrscheinlichkeit von Teilchen wie Elektronen kann über eine Wellenfunktion beschrieben werden. Diese Wellenfunktion kann prinzipiell auch in „verbotene" Bereiche (z. B. innerhalb oder hinter der Barriere) hineinreichen. Ein funktionsfähiges Gerät[25] zur Anwendung des Tunneleffektes wurde in den 1980er-Jahren von Gerd Binnig und Heinrich Rohrer entwickelt [34], wofür die beiden Forscher 1986 den Nobelpreis für Physik erhielten.[26] Nachdem die Rastertunnelmikroskopie eine Möglichkeit zur Abbildung atomarer Oberflächen demonstriert hatte, wurde das Konzept der Abtastung (Rasterung) einer Oberfläche durch eine feine Spitze (Sonde) auf andere physikalische Effekte ausgedehnt. Diese verschiedenen Techniken werden unter dem Namen Rastersondenmikroskopie zusammengefasst. Während Tunnelmikroskopie speziell auf den Tunnelstrom zwischen einer leitfähigen Spitze und der Oberfläche angewiesen ist, nutzt die Sondenmikroskopie ganz allgemein Wechselwirkungen zwischen der Spitze und der Probe.

Das Rasterkraftmikroskop verwendet zur mechanischen Abtastung einer Oberfläche eine nanoskopische Spitze mit einer Breite von wenigen Atomen. Die initiale Idee für das Atomkraftmikroskop, an dem auch wieder Binnig beteiligt war, ist eine Kombination aus den Prinzipien des Rastertunnelmikroskops und eines Taststiftprofilometers [35]. Die Idee, atomare Kräfte an einer Oberfläche zu messen, war aus der Tatsache geboren, dass bei der Messung mit dem Tunnelmikroskop in der Probe ein Strom fließt, wodurch es für die Untersuchung biologischer Materialien eher ungeeignet ist. Wird dagegen mit einer überaus feinen Feder deren Auslenkung durch die Kräfte zwischen zwei Atomen gemessen, kann auf den Eintrag von Strom verzichtet werden.

Der Abstand zwischen der Spitze und Probe bestimmt maßgeblich, welche spezifischen Wechselwirkungen zwischen beiden gemessen werden können. Unterhalb eines Nanometers sind vor allem quantenmechanische Effekte bestimmend, oberhalb dessen bis mehr als 10 nm wirken die Van-der-Waals-Kräfte[27] [36], bei noch größeren Abständen sind es vorzugsweise elektrische bzw. magnetische Wirkungen.

Rastersonden sind aber nur dann zur Erfassung einer Materialstruktur geeignet, wenn lediglich die Oberfläche gescannt werden soll. Zur Erfassung dreidimensionaler Objekte eignet sich generell Elektronenmikroskopie in der speziellen Ausprägungsform als

[25] Scanning Tunneling Microscope (Rastertunnelmikroskop).

[26] Gemeinsam mit Ernst Ruska, Max Knoll und Bodo von Borries waren zu diesem Zeitpunkt schon verstorben.

[27] Wechselwirkungen zwischen Atomen oder Molekülen, benannt nach dem niederländischem Physiker Johannes Diderik van der Waals (1837–1923), der 1910 den Nobelpreis erhielt.

Transmissions-Elektronenmikroskopie. Eine 3D-Struktur kann z. B. rekonstruiert werden, wenn ein Objekt aus mehreren Blickwinkeln mikroskopiert wird oder eine Holografie des Objektes angefertigt wird [37]. Die grundsätzliche Idee der Tomografie, eine dreidimensionale Struktur anhand ihrer Projektionen zu rekonstruieren, basiert auf der schon 1917 vorgestellten Radon-Transformation[28] [38]. Wenn in einem Tomografen eine Vielzahl von Schattenbildern eines Objektes aus unterschiedlichen Winkeln projiziert werden, liefert jedes einzelne Bild gewissermaßen die über das gesamte Bild integrierte Abschwächung des Elektronen- oder Röntgenstrahls. Diese Abschwächung hängt davon ab, wie dicht das Gewebe entlang der jeweiligen Geraden ist. Wenn beispielsweise in der Transmissions-Elektronentomografie über eine 360-Grad-Drehung eine Vielzahl von Bildern aufgenommen wird, kann über eine Radon-Transformation die räumliche Struktur der Probe rekonstruiert werden. Die Radon-Transformation projiziert ein zweidimensionales Bild auf eine eindimensionale Funktion, indem Linienintegrale entlang bestimmter Winkel berechnet werden. Dabei wird der Koordinatenursprung in den Mittelpunkt des Bildes gelegt und von diesem Punkt alle möglichen Geraden in der Ebene betrachtet. Um diese Geraden kompakt zu beschreiben, werden zwei Parameter eingeführt. Der Drehwinkel θ gibt an, wie stark eine Gerade im Bild rotiert wird. Der Abstand vom Ursprung ρ definiert, wie weit die Gerade parallel verschoben ist, sodass sie nicht notwendigerweise das Zentrum durchläuft. Für jede Gerade, die durch (ρ, θ) beschrieben wird, werden nun die Helligkeitswerte entlang dieser Geraden aufsummiert. Die Helligkeitswerte werden durch die Funktion $f(x, y)$ dargestellt und nur dann addiert, wenn sie tatsächlich auf der Linie liegen und folgende Gleichung erfüllen:

$$\rho = x_i \cos\theta + y_j \sin\theta$$

Unter dieser Bedingung ergibt sich eine eindimensionale Projektion $R[\rho, \theta]$ für einen bestimmten Winkel θ und Abstand ρ zu:

$$R[\rho,\theta] = \sum_{i,j} f(x_i, y_j)$$

Um aber die vollständige Radon-Transformation zu erhalten, werden alle möglichen Werte von θ (üblicherweise von 0 bis 360°) und alle relevanten ρ-Abstände (positiv und negativ) berechnet. Eine verbreitete Darstellung der Radon-Transformation ist das Sinogramm. Wird z. B. auf der horizontalen Achse der Winkel θ aufgetragen und auf der vertikalen Achse der Abstandsparameter ρ, kann bei Eintragung der normierten Werte für $R[\rho, \theta]$ ein 2D-Diagramm erzeugt werden. Der Name Sinogramm rührt daher, dass ein einzelner Punkt im ursprünglichen Bild im Sinogramm eine sinusförmige Kurve erzeugt. Das wurde bei einer Sequenz aus einer simulierten 360-Grad-Tomografie an einigen

[28] Johann Radon (1887–1956), ein österreichischer Mathematiker, hatte aber eher eine rein mathematische Untersuchung im Sinn als eine praktische Fragestellung.

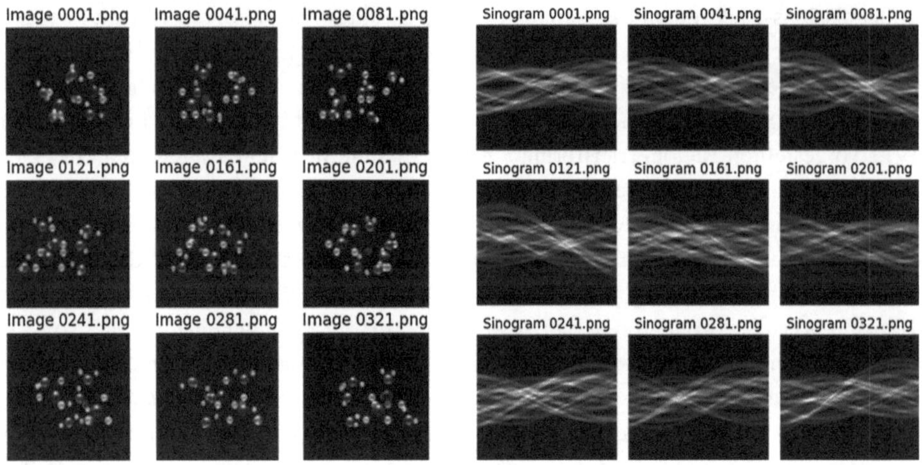

Abb. 2.1 360°-Tomografie und Sinogramme, Grasnick (2025)

kugelförmigen Objekten[29] (in der Abb. 2.1 links) demonstriert. Auf der rechten Seite der Abbildung sind die entsprechenden Sinogramme dargestellt.

Die Sinogramme selbst sind lediglich eine grafische Repräsentation der Radon-Transformation. Bei einer einfachen Rückprojektion werden die Projektionen entlang der ursprünglichen Integrationslinien wieder zurückprojiziert. Dies führt zu einer Überlagerung, die das ursprüngliche Objekt rekonstruiert. Die Rückprojektion baut auf der Überlegung auf, dass jedes Pixel eines Einzelbilds die summierte Dichte entlang eines Strahls durch das Objekt repräsentiert. Diese Strahlen sind durch den Abstand ρ und den Winkel θ definiert. Auch daraus lässt sich wieder ein Sinogramm erstellen, das aber nun auf allen Pixeldaten einer gesamten Drehung beruht. Aus dem Sinogramm (Abb. 2.2 links) kann so leicht ein Transmissionsbild aus allen Winkeln rekonstruiert werden, das aber hier nur quasi die Überlagerung von Schichtbildern zeigt (Abb. 2.2 rechts).

Es wird deutlich, dass eine solche Überlagerung für eine echte 3D-Rekonstruktion ungeeignet ist. Für die korrekte Berechnung eines Volumens ist es erforderlich, dass die Daten unter Berücksichtigung der Strahlengeometrie und aller verfügbaren Winkel analysiert werden. Methoden wie die gefilterte Rückprojektion oder iterative Algorithmen sind notwendig, um die ursprüngliche räumliche Verteilung der Dichten im Volumen exakt wiederherzustellen.

Für diese Rekonstruktionen existieren professionelle Programme wie „Amira Software“ [39] oder die Open-Source-Software „3D Slicer“ [40]. Hier wurde beispielhaft mit MATLAB eine Volumenrekonstruktion aus den vorherigen 360°-Projektionen erstellt. Dabei wurden über die Schritte Sinogrammerstellung, Rückprojektion und Volumenaufbau ein rekonstruiertes Modell als 2D-Schichten (in der Abb. 2.3 links neun ausgewählte Schichten unterschiedlicher Tiefe) und rechts als 3D-Modell visualisiert. Die einzelnen

[29] Hier sind es beispielhafte Anordnungen wie bei Wasser- und Methanmolekülen

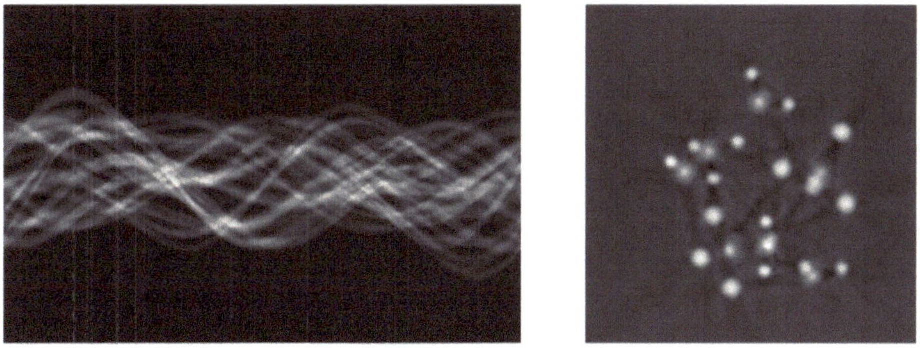

Abb. 2.2 360° Sinogramme und überlagerte Rekonstruktion, Grasnick (2025)

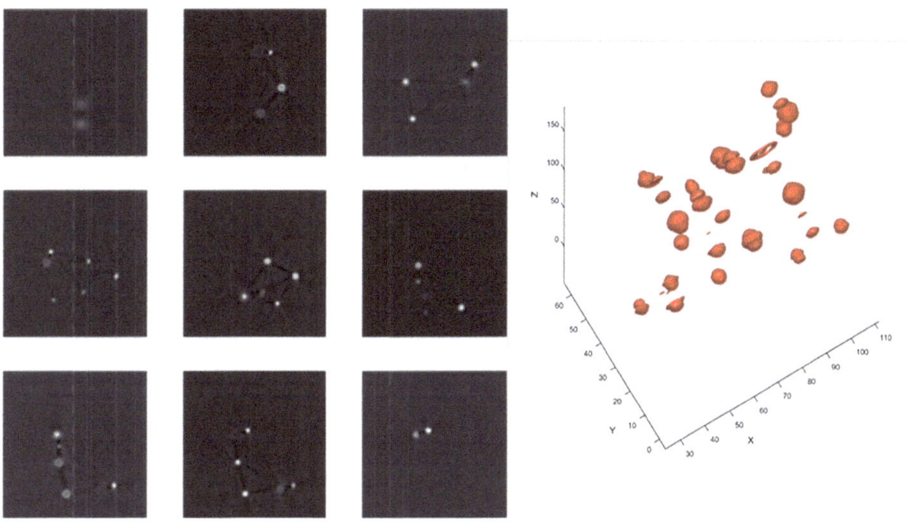

Abb. 2.3 Volumenrekonstruktion, Grasnick (2025)

Schichten zeigen gut die Anordnung der „Atome" im Volumen und lassen so präzise Rückschlüsse auf den inneren Aufbau des Materials zu.

In der klinischen Diagnostik dominieren heute zwei Tomografiemethoden. Die moderne Röntgen-Computertomografie (CT) kann Schichtdicken von 0,5 mm auflösen [41]. Die Magnetresonanztomografie (MRT) kann diese Auflösung mit Schichten zwischen 1 und 2 mm zwar nicht ganz erreichen, ist aber für lebende Menschen deutlich unbedenklicher.[30] Ein Vergleich zwischen den verschiedenen Methoden zeigt, dass die Auflösung

[30] Im Hinblick auf Strahlenexposition ist MRT daher „unschädlicher" als CT, weil MRT ohne ionisierende Strahlung auskommt. Dennoch ist MRT nicht völlig risikofrei. Magnetfelder, Gewebeerwärmung sowie die Lärmbelastung während der Untersuchung können Risiken für die Patienten darstellen – ganz zu schweigen von den notwendigen Kontrastmitteln.

allein nicht die entscheidende Rolle bei der Wahl der Verfahren bilden kann, da ein CT zwar grundsätzlich eine höhere räumliche Auflösung bietet, aber die geringere Kontrastauflösung die Auswertung der Ergebnisse erschweren kann [42]. Zudem muss bei der Analyse von lebenden Objekten auch die temporale Auflösung beachtet werden, da Atmung, Herzschlag und Blutfluss in verschiedenen Messzeitpunkten unterschiedliche Ergebnisse liefern. Industrielle Geräte liefern zwar insgesamt höhere Auflösungen, eignen sich aber in der Regel nur für kleinere Proben.

Die erforderliche Auflösung im (Sub)Nanometerbereich bietet erst die Transmission-Elektronen-Mikroskopie. Hierbei ist zu bemerken, dass sich die Elektronenmikroskopie vorzugsweise mit der Analyse von nicht (mehr) lebenden Materialien beschäftigt. Üblicherweise erfolgt die Elektronenmikroskopie unter Vakuumbedingungen, um die Streuung der Elektronenstrahlen in der Luft zu verringern. Häufig müssen die Proben dazu speziell dehydriert, in Kunstharz fixiert oder mit toxischen Stoffen gefärbt werden. Diese potenziell lebensfeindlichen Bedingungen werden durch den Energieeintrag des hochenergetischen Elektronenstrahls noch weiter verschlechtert. Dennoch lassen sich auch mit den Elektronenstrahlen biologische Strukturen untersuchen, wenn diese vorher bei kryogenen[31] Temperaturen tiefgefroren werden. Die Kryotechnik bezeichnet heute Anwendungen bei Temperaturen unterhalb von etwa −150°C [44]. Durch diese „Schockfrostung" lassen sich Veränderungsprozesse in Zellen mittels einer Kältestarre bis zum Zeitpunkt des Auftauens anhalten. Da dies nicht nur bei einzelnen Zellen,[32] sondern nachweislich auch bei mehr- und vielzelligen Lebewesen gelingt, die sich über Jahrtausende im Zustand der Kryptobiose befunden hatten,[33] wird mitunter davon geträumt, auch komplexere Organismen in einen langen reversiblen Kälteschlaf zu versetzen. Das Versprechen, als Mensch völlig gesund aus der Kryokonservierung zu erwachen, kann heute noch nicht eingelöst werden. Beim Einfrieren größerer Zellverbände besteht die Gefahr, dass sich Eiskristalle bilden, die aufgrund ihrer Größe die Zellmembranen irreparabel schädigen.[34] Der Zusatz von Gefrierschutzmitteln wie Glycerin ist der Vitalität lebender Organismen abträglich, jedoch lassen sich über den Prozess der Vitrifikation[35] mit geeigneten

[31] Der Begriff „Kryogen" geht auf den niederländischen Physiker Heike Kamerlingh Onnes (1853–1926), der sich in seinem Leidener „Cryogenic Laboratory" mit der Verflüssigung von Gasen und der damit verbunden Erzeugung tiefster Temperaturen beschäftigte [43], wofür er 1913 den Nobelpreis erhielt. Der Leitspruch seines Labors „Durch Messen zum Wissen" ist in der Messtechnik zu einem geflügelten Wort geworden.

[32] So zuverlässig, dass im deutschen Sozialgesetzbuch sogar ein „Leistungsanspruch von Versicherten auf Kryokonservierung von weiblichen und männlichen Keimzellen und Keimzellgewebe wegen keimzellschädigender Therapie ..." besteht [45].

[33] In diesem Fall handelte es sich um Fadenwürmer, die seit dem späten Pleistozän vor 46.000 Jahren) in Kryptobiose verharrten und von den Forschern durch Auftauen reanimiert wurden [46].

[34] Wer schon einmal gefrorene Erdbeeren aufgetaut hat, kennt das Problem: Die Konsistenz der Früchte tendiert nach dem Auftauen eher ins Breiige.

[35] Der Prozess der Verfestigung einer Flüssigkeit ohne Kristallisation, vergleichbar mit der Bildung von Glas durch Abkühlung, daher mitunter auch als „Verglasung" bezeichnet.

Kryoprotektoren in Kombination mit einer hohen Kühlrate[36] physiologische Vorgänge auf molekularer Ebene „arretieren". Durch eine hohe Aufwärmrate können die Prozesse nach Jahren wieder in Gang gesetzt werden. Die medizinische Forschung hat besonders auf dem Gebiet der Reproduktionsmedizin erhebliche Fortschritte gemacht, die fruchtbarkeitserhaltende Kryokonservierung von Eizellen, Embryonen oder Spermien ist eine etablierte Technik. Bei großen Organen ist das jedoch etwas komplizierter. Selbst wenn das Einfrieren großer Organe schädigungsfrei gelingt, muss auch die Wiedererwärmung gleichmäßig und schnell erfolgen, um die Entstehung von Eiskristallen zu verhindern. Zudem stellen die Toxizität der Kryoprotektoren und die thermische Belastung beim Auftauen nach wie vor große Herausforderungen einer nicht-letalen Wiederherstellung funktionsfähiger Organe dar [48].

Es ist bemerkenswert, dass sich trotz dieser offensichtlichen Schwierigkeiten immer wieder Anhänger der Idee finden, sich nach dem Tode vitrifizieren zu lassen. In der sogenannten „Kryonik" werden seit den späten 1960er-Jahren ganze Menschen nach ihrem Tod eingefroren [49], in der Hoffnung, dass sie in der Zukunft wieder zum Leben erweckt werden können. Die von Robert Ettinger erträumte „Aussicht auf Unsterblichkeit" [50] ist vom Ansatz her schon hochspekulativ. Da die oft an unheilbaren Krankheiten verstorbenen Kryoniker erst nach ihrem offiziellen Ableben eingefroren werden, müsste es zunächst erst möglich sein, den amtlich festgestellten Tod[37] umzukehren – was nach wissenschaftlichem Kenntnisstand völlig ausgeschlossen ist. Die Kryonik basiert auf dem Glauben an eine nicht existierende Zukunftstechnologie und ist damit eher eine „religiöse" Zuversicht als eine wissenschaftliche Tatsache [52].

Die Techniken der Elektronenmikroskopie, die vor allem in der Untersuchung von gefrorenen biologischen Proben und toten Materialien Anwendung finden, erfordern intensive Vorbereitung und extreme Bedingungen. Diese durch Vakuum, hohe Energien oder tiefe Temperaturen geprägte „martialische" Herangehensweise steht im Widerspruch zu dem Wunsch, biologische Proben während ihrer Erfassung am Leben zu erhalten. Ein deutlich weniger invasiver und damit weniger letaler Weg zur Analyse mikroskopischer Strukturen ist die Holografie. Tatsächlich hatte Dennis Gabor bei der Vorstellung seiner Entdeckung 1948 besonders die Mikroskopie im Sinn,[38] als er die Prinzipien der Holografie formulierte [53]. Die Holografie basiert auf dem Prinzip der Interferenz und Beugung von Lichtwellen und ermöglicht es, dreidimensionale Bilder von Objekten ohne deren physische Zerstörung zu erzeugen. Gabors klassische Holografie arbeitet im sichtbaren Licht, dessen Wellenlängen im Bereich von etwa 380 bis 780 Nanometern liegen.[39]

[36] Üblich sind seit vielen Jahren Abkühlraten von −2.000 bis −20.000 °C pro Minute ([47], S. 13).

[37] Gemäß amtlicher Leichenschau festgestellt durch den Nachweis sicherer Todeszeichen (z. B. Totenflecke, Leichenstarre) oder durch Nulllinien-EKG über einen längeren Zeitraum [51].

[38] Worauf schon der Titel seiner Arbeit hinweist: „A New Microscopic Principle".

[39] Gemäß DIN 5031–7 als sichtbare Strahlung angegeben [54]. Die Internationale Beleuchtungskommission merkt dazu an, dass es keine absoluten Grenzwerte gibt, da diese vom Betrachter abhängen. Im Allgemeinen liegen die Werte jedoch zwischen 360 … 400 nm und 760 … 830 nm [55].

Die Auflösung in der Holografie wird nicht durch das Objektiv begrenzt, sondern das Material, das zur Aufzeichnung der Interferenzmuster verwendet wird. In der klassischen Holografie wird dieses Muster auf einem lichtempfindlichen Film oder Sensor aufgezeichnet. Beim Sensor bestimmt die Größe der Pixel die Auflösung, wobei die Beugung die maximale Auflösung eines Systems begrenzt. Das Rayleigh-Kriterium definiert den kleinsten auflösbaren Abstand zwischen zwei Punkten als jenen Abstand, bei dem das zentrale Maximum des Beugungsmusters eines Punktes auf das erste Minimum des anderen Punktes fällt. Mathematisch formuliert lautet dies:

$$d = \frac{1{,}22}{2} \cdot \frac{\lambda}{NA}$$

Dabei entspricht d der minimalen Distanz zwischen den zwei noch trennbaren Punkten, λ der verwendeten Wellenlänge des eingesetzten Lichtes und NA der numerischen Apertur des optischen Systems. Die numerische Apertur (NA, numerical aperture) wiederum ist definiert als das Produkt aus dem Brechungsindex n des Mediums zwischen der Probe und dem Objektiv und dem Sinus des halben Öffnungswinkels α, unter welchem ein Objektiv Licht von der Probe beziehungsweise dem Objekt aufnehmen kann.

$$NA = n \cdot \sin\alpha$$

Rayleigh hatte sich Gedanken über das Auflösungsvermögen eines Teleskopes bei der Betrachtung des Doppelsterns Castor gemacht [56], wodurch sich unmittelbar die Frage anschließt, warum die numerische Apertur in der Holografie überhaupt relevant sein sollte. Bekanntermaßen funktioniert die Holografie explizit ohne Abbildungsoptik, wodurch der Winkel nun eine andere Bedeutung erhält. Tatsächlich bestimmt sich α in holografischen Anordnungen primär durch die physikalischen Eigenschaften und Strukturgrößen des Aufzeichnungsmediums – hierbei konkret durch den kleinstmöglichen noch zuverlässig erfassbaren Abstand der Periodizität im holografischen Interferenzmuster.

Unter der Voraussetzung, dass die Referenz- und die Objektwelle in einem bestimmten Winkel symmetrisch zueinanderstehen, kann auf einem senkrecht zur Mittelachse aufgestellten Schirm die Periodizität Λ bestimmt werden. In der Abb. 2.4 sind zwei ebene Wellenfronten der gleichen Wellenlänge λ dargestellt, die jeweils im Winkel α zur Mittelachse geneigt auf einem Schirm interferieren.

Die Maxima entstehen periodisch im Abstand Λ, der sich nur aus dem Winkel und der Wellenlänge gemäß Abb. 2.5 ergibt:

$$\Lambda = \frac{\lambda}{2 \cdot \sin\alpha}$$

Wenn zwei Maxima von einem Sensor noch getrennt voneinander aufgelöst werden sollen, dann muss zwischen diesen ein unterscheidbarer Wert und mindestens eine Pixelbreite liegen. Prinzipiell kann diese Bedingung durch das Rayleigh-Kriterium erfüllt

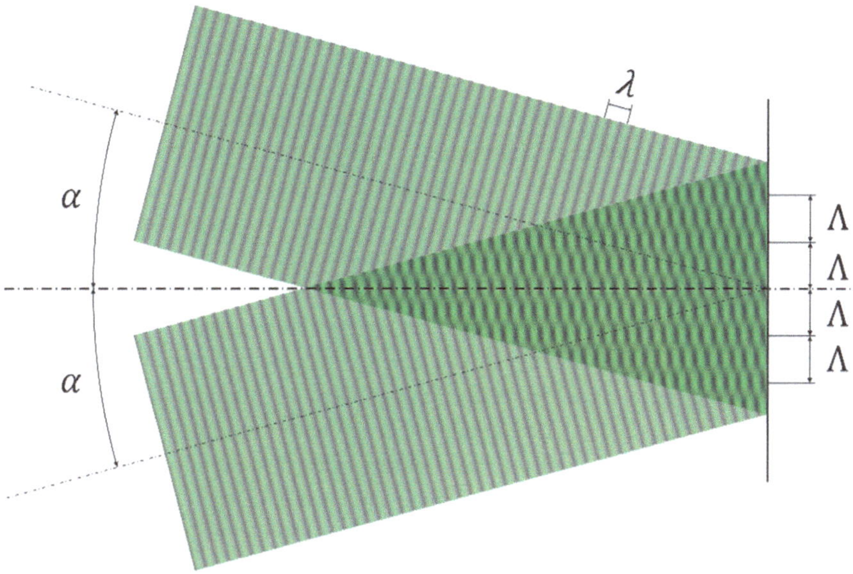

Abb. 2.4 Zweistrahlinterferenz ebener Wellenfronten, Grasnick (2025)

Abb. 2.5 Periodizität bei Zweistrahlinterferenz, Grasnick (2025)

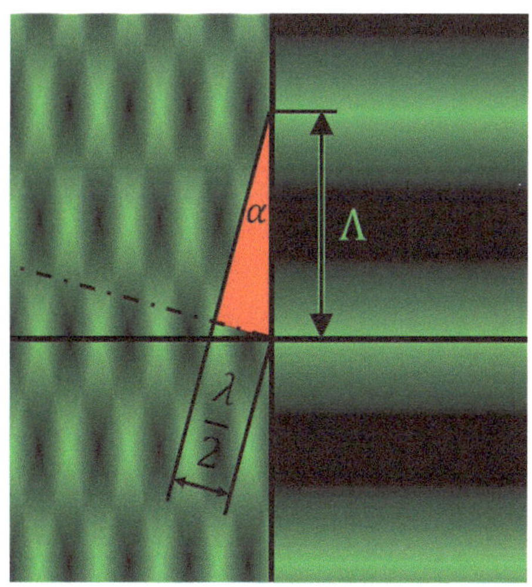

werden. Durch Ersetzen der numerischen Apertur mit $n \cdot \sin \alpha$ und unter der Annahme von $n = 1$ (Holografie unter Umgebungsluft), ergibt sich die notwendige Auflösung des Sensors in der Größenordnung der Periodizität.

$$d = \frac{1{,}22}{2} \cdot \frac{\lambda}{\sin \alpha}$$

Der Wert 1,22[40] im Rayleigh-Kriterium scheint eine willkürlich gewählte Konstante zu sein, ergibt sich jedoch aus der Beobachtung der Airy[41]-Scheibchen. Bei der Abbildung von Lichtwellen an einer kreisförmigen Apertur führt die Blende zu dem charakteristischen Beugungsmuster [57]. Das konzentrische Muster wird aus einem hellen Hauptmaximum in der Mitte und einer Serie nach abnehmender Nebenmaxima gebildet. Das Verhalten einer „ausklingenden Welle" lässt sich gut mit den Zylinderfunktionen des deutschen Astronomen und Mathematikers Friedrich Wilhelm Bessel erklären [58]. Die erste Nullstelle einer Bessel-Funktion liegt genau an dem Punkt, bei dem an einem Airy-Scheibchen das erste Minimum, also der erste dunkle Kreis, auftritt. Dieser Wert geteilt durch π ergibt etwa 1,22 und liefert so den Wert für das Rayleigh-Kriterium.

In holografischen Aufzeichnungen ist dagegen der kleinste zuverlässig erfassbare räumliche Abstand durch die diskreten Pixelgrößen des elektronischen Sensorchips festgelegt. Hier bietet es sich an, das klassische Rayleigh-Kriterium durch das sogenannte Nyquist[42]-Kriterium [59] zu ergänzen, um die real erreichbare Auflösung direkt aus den elektronischen Sensordaten heraus bestimmen zu können. Dabei fordert das Nyquist-Shannon-Abtasttheorem[43] [60], dass die räumliche Periodizität des Interferenzmusters mit mindestens zwei Pixeln pro Periode abgetastet werden muss, um das Muster eindeutig und vollständig zu erfassen. Damit wird die klassische, optisch motivierte numerische Apertur durch eine elektronisch motivierte, sensorbasierte Betrachtungsweise erweitert oder gegebenenfalls ersetzt. Unter Vernachlässigung der Bessel-Funktion ergibt sich die notwendige Pixelgröße für digitale Holografie dann als praktische Gleichung:

$$d \leq \frac{\lambda}{4 \cdot \sin\alpha}$$

Die Pixel heutiger Sensoren können bereits deutlich unterhalb von zwei Mikrometern liegen.[44] Damit ergibt sich nach Umstellen der Gleichung zu $\alpha = \sin^{-1}(\lambda/4d)$ bei einer angenommenen Pixelgröße von 2 µm und der Wellenlänge eines roten Lasers mit 640 nm ein Winkel α von etwa 4,6 Grad. Da der Winkel zwischen Referenz- und Objektwelle jedoch den doppelten Wert annimmt, verdoppelt sich auch der Winkel auf 9,2 Grad. Der maximale Winkel (hier etwa 9°) beschreibt, wie groß der Winkelabstand der interferierenden Wellenfronten auf der Sensorfläche maximal werden darf, damit der Sensor dieses Interferenzmuster noch erfassen kann. In einer realen Anwendung bestimmt dieser Winkel somit unmittelbar die geometrische Anordnung der Lichtquellen (Referenz- und Objektwelle) beziehungsweise der Größe holografisch erfassbarer Objekte. Größere Winkel erlauben

---

[40] Genaugenommen verwendete Rayleigh den Wert 1,2197 (s. [56], S. 262).

[41] Benannt nach dem englischen Astronomen George Biddell Airy (1801–1892).

[42] Nach dem schwedisch-amerikanischen Ingenieur Harry Nyquist (1889–1976).

[43] Der amerikanische Elektrotechniker und Informationstheoretiker Claude Elwood Shannon (1916–2001) bezog sich in seiner Arbeit u. a. auf Nyquist.

[44] Siehe z. B. Sony IMX415 (1,45 µm) oder IMX676 (2 µm).

die Aufzeichnung größerer Objekte, benötigen aber gleichzeitig zur Erfassung der durch die kürzere Periodizität enger beieinanderliegenden Interferenzstreifen auch eine geringere Pixelgröße im Sensor. Hierbei ist zu beachten, dass die Sensorgröße unmittelbar die Größe des Hologramms festlegt. Selbst ein sogenannter Vollformat-Sensor hat nur die Größe eines historischen Kleinbildformats, also 36 mm × 24 mm. Wenn ein solcher Sensor allerdings aus Pixeln von nur 2 µm gebildet sein müsste. Wäre dessen Auflösung 18.000 × 12.000 Pixel, also 216 Megapixel. Tatsächlich sind solche und höhere Auflösungen technisch möglich, basieren aber üblicherweise auf Linienscannern[45] oder Kamera-Arrays.[46] Üblicherweise werden solche Sensoren zwar nicht für die Holografie eingesetzt, die erzielbare Auflösung zeigt aber die generelle technische Machbarkeit.

Aber auch die Holografie ermöglicht nur Auflösungen bis an die Beugungsgrenze des Lichts und benötigt zur Aufzeichnung atomarer Strukturen extrem kurze, energiereiche und dadurch potenziell lebensbedrohliche Wellenlängen. In jüngster Zeit wird verstärkt versucht, das Auflösungslimit mittels spezieller holografischer Verfahren zu überwinden, indem zusätzliche Raumfrequenzen in das Hologramm eingebracht oder nachträglich rekonstruiert werden [64]. Bei einer Schräglicht- bzw. synthetischen-Apertur-Beleuchtung werden hochfrequente Objektanteile in den übertragbaren Bereich des Mikroskopobjektivs verschoben.[47] Damit wurde eine Auflösungssteigerung um das Zwei- bis Fünffache gegenüber dem bekannten Beugungslimit gezeigt. Das bedeutet zwar, dass mit modernen holografischen Verfahren Auflösungen unterhalb eines Mikrometers erzielbar sind, diese aber noch weit von atomarer Aufzeichnung entfernt sind.

Teleportation durch verschränkte Quanten

Die bisherige Betrachtung hat gezeigt, dass sich belebte Materie im aktuellen Stand der Technik nicht auf atomarer Ebene erfassen lässt. Der Datensatz eines Menschen kann derzeit selbst mit der fortschrittlichsten Technik nur in so grober Rasterung aufgezeichnet werden, dass daraus nicht einmal theoretisch ein lebenstüchtiges Replikat rekonstruiert werden kann. Dazu kommt erschwerend hinzu, dass keinerlei Technologie bekannt ist, mit der aus Energie wieder Atome entstehen können. Eine mögliche (theoretische) Hintertür scheint sich mit der sogenannten „Paarerzeugung“ aufzutun. Damit wird die direkte Umsetzung von Photonen oder Energie in Teilchen bezeichnet. Die grundlegende Idee der

[45] Z. B mit einer Zeilenbreite von 15.560 × 3 Pixeln bei einer Pixelgröße von 5,6 µm [61] oder 32.768 × 64 Pixeln bei einer Pixelgröße von 2,5 µm [62].

[46] Z. B mit der UltraCamX von Vexcel Imaging mit 14.430 × 9.420 Pixeln [63] oder der unglaublichen Large Synoptic Survey Telescope Camera, zusammengesetzt aus 189 einzelnen 4000 × 4000 Pixeln bei einer Pixelgröße von 10 µm, mit einer Gesamtauflösung von 3,2 Gigapixeln.

[47] Raumfrequenzen sind die Fourier-Komponenten des Objekts. Hochfrequente Anteile entsprechen kleinen Details; wenn man sie in den detektierbaren Bereich verschiebt und rekonstruiert, erhöht man effektiv die Auflösung.

Äquivalenz von Masse und Energie findet sich schon in einem Aufsatz Einsteins aus dem Jahre 1905. Einstein schrieb dort (aus [65], S. 641):

> „Gibt ein Körper die Energie L in Form von Strahlung ab, so verkleinert sich seine Masse um L/V^2"

Ersetzt man Einsteins Bezeichnungen (L → E, V → c) und stellt nach E um, ergibt sich die heute gebräuchliche Formel $E = mc^2$, die Einstein selbst später in ähnlicher Form[48] verwendet. Wenn die Masse nun das Äquivalent des Quotienten aus Energie und quadrierter Lichtgeschwindigkeit ist, könnte eine Masse also auch aus lichtschneller Energie, möglicherweise aus Photonen entstehen. Dirac[49] diskutiert in seinem Aufsatz von 1930 zunächst eine Eigenart der Quantentheorie, bei der die Energie eines Elektrons von einem positiven zu einem negativen Wert wechselt, wobei die überschüssige Energie in Form von Strahlung entsteht (s. [67], S. 361):

> „Nach den Gesetzen der Energie- und Impulserhaltung müssen bei einem solchen Prozess mindestens zwei Lichtquanten gleichzeitig gebildet werden."[50]

Dirac stellte sich das Vakuum als lückenlos gefülltes Volumen aus Elektronen mit negativer Energie[51] vor. Um den verbotenen[52] Sprung eines realen Elektrons in dieses Volumen zu umgehen, beschreibt er einen zweistufigen Vorgang:

1. Ein Elektron negativer Energie nimmt ein Photon auf und wird dadurch auf ein höheres Energieniveau gehoben, im Elektronenmeer bleibt eine Lücke zurück.
2. Das ursprünglich vorhandene Elektron fällt in diese Lücke und gibt dabei ein zweites Photon ab.

So bleibt die Teilchenzahl unverändert. Anfangs- und Endzustand enthalten dieselbe Anzahl realer Elektronen, es wird keine zusätzliche Masse geschaffen. Hebt man also ein Elektron aus Diracs „Meer" heraus, könnte das auf einen externen Beobachter als ein Elektron-Antielektron-Paar erscheinen. Das negative geladene Elektron verfügt über eine höhere Energie als das zurückbleibende Loch, das sich scheinbar wie ein positiv geladenes Antielektron verhält. Das von Dirac skizzierte Elektronenpaar erwies sich schnell als real

---

[48] Z. B. 1907 in einer Abhandlung „Über das Relativitätsprinzip und die aus demselben gezogenen Forderungen: $M - \sum m = E_0/c^2$ (aus [66], S. 443).

[49] Paul Dirac (1902–1984), britischer Physiker, Pionier der Quantenmechanik, Nobelpreis für Physik 1933.

[50] Übers. d. Verf.

[51] „We shall have an infinite number of electrons in negative-energy states, and indeed an infinite number per unit volume all over the world, but if their distribution is exactly uniform we should expect them to be completely unobservable." (aus [67], S. 362).

[52] Der direkte Sprung eines realen Elektrons aus dem positiven in das negative Energiespektrum ist in Diracs Überlegung deshalb „verboten", weil alle Zustände negativer Energie bereits besetzt sind und somit keine Lücke verfügbar ist.

und konnte bereits 1932 von Anderson[53] nachgewiesen werden. In Andersons Aufsatz zu den positiv geladenen Elektronen wird für diese nun auch der Name „Positron“ verwendet [68].

Die exotische Vorstellung, dass es zu den bekannten Teilchen gegensätzliche Antimaterie geben muss, nahm unmittelbar Einfluss auf die fantastische Literatur. Der bekannte Science-Fiction-Autor Isaac Asimov hatte in einer populärwissenschaftlichen Veröffentlichung in den „Astounding Stories“ über die Natur der Positronen und deren vernichtender Annihilation in reine Energie beim Aufeinandertreffen[54] gelesen. Das inspirierte ihn zu der Bezeichnung „positronic Brain“[55] für die elektronischen Gehirne seiner fiktiven Roboter (aus [70], S. 254). In der Fernsehserie Star Trek verfügt der Android Data[56] ebenfalls über ein positronisches Gehirn. Die Autoren greifen damit Asimovs Terminologie auf, um zu unterstreichen, dass Datas neuronales Netz nach anderen Prinzipien als den uns bekannten funktioniert. Obgleich die Serie die Erklärung technischer Details meidet, erscheint der Begriff physikalisch und vage genug, um damit eine zukünftige Technologie zu betiteln.

Die literarische Popularisierung des Positrons führt zu der Frage, ob die zugrunde liegende Paarbildung einen praktischen Nutzen haben könnte. Mittels des Breit-Wheeler-Prozesses [73] scheint es tatsächlich möglich zu sein, durch einen Zusammenstoß von Photonen wieder das Materie-Antimateriepaar zu erzeugen. Breit[57] und Wheeler[58] invertierten Diracs Loch-Szenario und schlossen mathematisch daraus, dass aus reiner Strahlung wieder Materie in Form des Elektron-Positron-Paars entstehen kann. Um ein einziges Paar zu erzeugen, müssen die kollidierenden Photonen allerdings mindestens 1,022 MeV[59] Gesamtenergie aufbringen. Max Planck[60] hatte bereits zu Beginn des 20. Jahrhunderts erkannt, dass sich die Strahlungsenergie aus einzelnen Energieelementen zusammensetzt, nur über deren Wellenlänge und ein elementares Wirkungsquantum[61] miteinander verknüpft sind [76].

---

[53] Carl David Anderson (1905–1991), amerikanischer Physiker, Nobelpreis für Physik 1936.

[54] Hier ist konkret die Abhandlung Swishers aus dem August 1937 „What are Positrons?“ [69] gemeint.

[55] Auch wenn Asimov anmerkt, dass wenn das Antielektron als „Positron“ bezeichnet würde, dann sollte das Elektron als „Negatron“ bezeichnet werden – oder wissenschaftlich korrekter sogar als „Positon“ und „Negaton“ (nach [70], S. 260). In seinen Robotergeschichten, beginnend ab 1940 [71] wird schon früh die Idee des positronischen Gehirns eingeführt, das hier auch als Potenzialausgleich zwischen Anweisungen und Asimovs Robotergesetzen gilt (s. z. B. [72], S. 100).

[56] Ab 1987 in „Star Trek: The Next Generation“.

[57] Gregory Breit (1899–1981), amerikanischer Physiker.

[58] John Archibald Wheeler (1911–2008), amerikanischer Physiker.

[59] Das Energieäquivalent eines Elektrons beträgt ca. 0,511 MeV (aus [74], S. 52). Da ein Paar entstehen muss, wird die doppelte Energie benötigt.

[60] Max Planck (1858–1947), deutscher Physiker, er erhielt 1919 den Nobelpreis für die Entdeckung des Wirkungsquantums.

[61] Die Konstante h bezeichnet schon Planck selbst als Wirkungsquantum oder auch als Wirkungselement ([75], S. 154).

Die Energie E eines einzelnen Photons hängt somit nur noch vom konstanten Planckschen Wirkungsquantum h, der Lichtgeschwindigkeit c und von seiner Wellenlänge λ ab. Dabei ist es zunächst unbedeutend, in welchem Bereich des elektromagnetischen Spektrums die Strahlung liegt, ob es im sichtbaren Röntgen- oder Gamma-Bereich.

$$E = \frac{hc}{\lambda}$$

Wenn für die fundamentalen physikalischen Konstanten Lichtgeschwindigkeit c=299.792.458 m/s und Wirkungsquantum $h = 6{,}62607015 \cdot 10^{-34}\ Js$ eingesetzt werden,[62] ergibt sich:

$$E = \frac{1{,}98644586 \cdot 10^{-25}\, Jm}{\lambda}$$

Wenn die Energie in Elektronvolt (eV) bestimmt werden soll, ist vorab die folgende Betrachtung notwendig. Ein eV ist per Definition die Energie, die ein Teilchen mit der Ladung e gewinnt, wenn es eine elektrische Spannung von 1 V (Volt) durchläuft.

$$1eV = e \cdot 1$$

Gemäß CODATA entspricht die Elementarladung $e = 1{,}602176634 \cdot 10^{-19}\ C$ Coulomb. Da ein Volt genau 1 J pro Coulomb entspricht ($1V = 1\ J/C$), erhält man unmittelbar:

$$1eV = 1{,}602176634 \cdot 10^{-19} C \cdot 1J / C = 1{,}602176634 \cdot 10^{-19}\ J$$

Um eine beliebige Energie E in Joule nach Elektronenvolt umzurechnen, dividiert man also durch diesen Faktor. Im konkreten Fall:

$$E[eV] = \frac{1{,}98644586 \cdot 10^{-25}\, Jm}{1{,}602176634 \cdot 10^{-19}\, J \cdot \lambda} \approx \frac{1{,}24 \cdot 10^{-6}}{\lambda} eVm$$

Wenn jetzt noch die Wellenlänge in Nanometer ($10^{-9}\ m$) eingesetzt wird, ergibt sich die handliche Faustformel: „Photonenenergie in eV ist 1240 geteilt durch die Wellenlänge in Nanometern."

$$E[eV] = \frac{1240}{\lambda[nm]}$$

Die nachstehende Tabelle veranschaulicht, wie die Photonenenergie mit abnehmender Wellenlänge rapide zunimmt und erst im Picometerbereich die für den Breit-Wheeler-Prozess erforderliche Schwelle von rund 0,511 MeV erreicht (Tab. 2.1).

[62] Aus den vom „Committee on Data for Science and Technology" (CODATA) empfohlenen Werten der physikalischen und chemischen Grundkonstanten auf der Grundlage der Anpassung von 2022 (aus [74], Tab. XXXII, S. 50).

Tab. 2.1 Energieschwelle für den Breit-Wheeler-Prozess

Wellenlänge λ	Energie E	Spektraler Bereich
700 nm	1,77 eV	rotes Licht
400 nm	3,1 eV	violettes Licht
100 nm	12,4 eV	Ultraviolett
1 nm	1240 eV = 1,2 keV	Röntgenstrahlung
0,00243 nm= 2,43 pm	511 keV = 0,511 MeV	Gammastrahlung

Um die für den Breit-Wheeler-Prozess notwendige Energie von jeweils 0,511 MeV zu erreichen, brauchen beide Photonen eine Wellenlänge von etwa 2,4 Picometern. Solche harten Gammaphotonen entstehen üblicherweise in nuklearen oder anderen hochenergetischen Prozessen. Erst wenn beide Photonen diese Energieklasse besitzen und frontal kollidieren, liegt die notwendige Gesamtenergie bei 1,022 MeV, damit das Elektron-Positron-Paar gemäß Breit-Wheeler überhaupt entstehen kann. Selbst dann liefert eine einzige Kollision nur ein einziges Elektron-Positron-Paar, für makroskopische Mengen bräuchte man unzählige solcher Ereignisse. Die dafür benötigten Energien können derzeit nur in wenigen Einrichtungen auf der Welt erzeugt werden. Beim europäischen LUXE-Experiment[63] wird ein spezieller Terrawatt-Laser ($\approx$ 40–350 TW) auf einen aus dem supraleitenden XFEL[64]-Linearbeschleuniger stammenden Elektronenbunch[65] ($\approx$ 17 GeV) fokussiert. In dem nur wenige Pikosekunden andauernden Puls absorbieren die hochrelativistischen Elektronen gleichzeitig mehrere Laserphotonen und strahlen dabei harte Gammaquanten ab (nichtlineare Compton-Streuung[66]). Noch im selben Puls kollidieren diese mit weiteren Laserphotonen und erzeugen so die gewünschten Elektron-Positron-Paare.[67] Doch selbst damit entstehen heute nur einige Dutzend bis wenige Hundert Paare pro Laserschuss [77]. Darum bleibt Breit-Wheeler bis auf Weiteres eher Grundlagenforschung als Materieproduktion.

Statt Materie direkt zu materialisieren, verlegt sich die moderne Teleportationsforschung auf den Transfer reiner Quantenzustände. Eine notwendige Bedingung dazu ist die Verschränkung zweier oder mehrerer Teilchen, die sich in einem gemeinsamen quantenmechanischen Zustand befinden, ohne dass sich ihre individuellen Eigenschaften unabhängig beschreiben lassen.

Die Idee der Quantenverschränkung entzieht sich der alltäglichen Erfahrung. Sie widerspricht intuitiv all dem, was wir von Informationsübertragung zu wissen glauben und ist

[63] Laser Und XFEL Experiment am XFEL.

[64] XFEL, eine europäische Einrichtung zur Röntgenlaserforschung. XFEL ist die Kombination aus Röntgen (X-Ray) und Free-Electron-Laser.

[65] Ein nur wenige Pikosekunden kurzes, stark fokussiertes Paket aus Milliarden Elektronen, das in modernen Linearbeschleunigern mit nahezu Lichtgeschwindigkeit erzeugt wird.

[66] Ein Prozess, bei dem ein Elektron gleichzeitig mehrere Laserphotonen absorbiert und als Folge ein einzelnes, deutlich hochenergetischeres Gammaphoton emittiert.

[67] Das wäre dann ein nichtlinearer Breit-Wheeler-Prozess.

doch ein belegtes Phänomen der modernen Physik. Zwei Teilchen, über große Entfernungen voneinander getrennt, zeigen auf geheimnisvolle Weise Verbindungen in ihren Messergebnissen, die sich nicht durch klassische Einflüsse erklären lassen. Werden verschränkte Teilchen gemessen, sind deren Messergebnisse miteinander verschränkt, unabhängig von der Entfernung. Das steht im Kontrast zur klassischen Vorstellung von Lokalität, wonach nur benachbarte Objekte sich wechselseitig beeinflussen können.

Einstein, Podolsky und Rosen formulierten den Zusammenhang 1935 in einem Gedankenexperiment, das genau diesen Punkt problematisierte [15]. Sie wollten zeigen, dass die Quantenmechanik unvollständig sei, weil sie keine „verborgenen Variablen" berücksichtige, die die Korrelationen zwischen verschränkten Teilchen erklären könnten. Einstein selbst hatte bereits Jahre vorher gegenüber Max Born[68] deutliche Zweifel an der Quantenmechanik geäußert (aus [78], S. 98):

> „Die Quantenmechanik ist sehr achtung-gebietend. Aber eine innere Stimme sagt mir, daß das doch nicht der wahre Jakob ist. Die Theorie liefert viel, aber dem Geheimnis des Alten bringt sie uns kaum näher. Jedenfalls bin ich überzeugt, daß der nicht würfelt."

Born hatte möglicherweise selbst mit seiner Wahrscheinlichkeitsinterpretation Anlass zur Skepsis gegeben: „Ich selber neige dazu, die Determiniertheit in der atomaren Welt aufzugeben." (aus [79], S. 866). Seine statistische Deutung der Quantenmechanik bereitete Einstein allerdings zunehmende Schwierigkeiten, da sie mit seiner eher deterministischen Vorstellung der Physik kollidierte (aus [78], S. 162):

> „Ich sehe natürlich ein, daß die prinzipiell statistische Behandlungsweise, deren Notwendigkeit im Rahmen des bestehenden Formalismus ja zuerst von Dir klar erkannt wurde, einen bedeutenden Wahrheitsgehalt hat. Ich kann aber deshalb nicht ernsthaft daran glauben, weil die Theorie mit dem Grundsatz unvereinbar ist, daß die Physik eine Wirklichkeit in Zeit und Raum darstellen soll, ohne spukhafte Fernwirkungen."

Einstein war fest davon überzeugt, dass physikalische Gesetzmäßigkeiten weniger auf Wahrscheinlichkeiten als auf Tatbeständen beruhen. Im Einstein-Podolsky-Rosen-Gedankenexperiment wird ein Paar von Teilchen in einem bestimmten Zustand betrachtet. Die Quantenmechanik beschreibt, dass die Messergebnisse an beiden Teilchen auf eine nichtklassische Weise miteinander verbunden sind, unabhängig von der Entfernung. Allerdings besagte das damals akzeptierte Konzept der Lokalität, dass zwei räumlich getrennte Ereignisse sich nicht gegenseitig beeinflussen können. Zudem waren die Physiker der Auffassung, dass physikalische Größen unabhängig von ihrer Messung existieren. Das Ergebnis jeder Messung ist also bereits festgelegt und wird mit der Messung nur offenbart, jedoch nicht verändert. Dieses scheinbare physikalische Paradox führte die drei Physiker zu der Vermutung, dass die Quantenmechanik keine vollständige Theorie sein kann. Zur Lösung

---

[68] Max Born (1882–1970) war ein Freund Einsteins und hatte sich mit diesem in zahlreichen Briefen über die Quantenmechanik ausgetauscht. 1954 erhielt er den Nobelpreis für Physik.

dieses scheinbaren Widerspruchs wurde vorgeschlagen, die Quantenmechanik um weitere Variablen zu ergänzen, um sie deterministischer zu machen und ihnen Lokalität zu verleihen. John Bell[69] zeigte, dass jede Theorie mit lokalen verborgenen Variablen seine Ungleichung erfüllen müsste. Die Quantenmechanik würde sie jedoch verletzen, was nahelegen müsste, dass die Vorstellungen von Lokalität oder „realistische" verborgene Variablen nicht haltbar sind [80]. Die Bellsche Ungleichung ist in der Theorie einer lokalen Realität stets erfüllt, würde aber durch die Quantenmechanik zuverlässig verletzt.

Bereits Anfang der 1970er-Jahre führten Stuart Freedman[70] und John Clauser[71] erste Experimente durch, die die Bellsche Ungleichung testeten und im Rahmen der experimentellen Unsicherheiten deren Verletzung zeigten [81]. In den 1980er-Jahren bestätigten weitere Experimente von Alain Aspect[72] und Kollegen die quantenmechanisch vorhergesagte Verletzung der Bellschen Ungleichung [82].

In den 1990er- und 2000er-Jahren ging die experimentelle Überprüfung der Quantenverschränkung mit Arbeiten von Anton Zeilinger[73] und seinem Team in eine neue Phase. Zeilinger gelang es, Photonen über größere Entfernungen zu verschränken und Quantenteleportation praktisch umzusetzen [17]. Damit zeigte er, dass die quantenmechanischen Verhältnisse auch bei großen Distanzen und bei Versuchen unter besonders strengen Bedingungen Bestand haben. Gemeinsam mit Clauser und Aspect wurde Zeilinger 2022 für diese Beiträge mit dem Nobelpreis für Physik ausgezeichnet.

Ein weiteres Experiment wurde 2006 von Eugene Polzik[74] und seinem Team durchgeführt [83]. Dabei gelang es ihnen, den Zustand eines Lichtpulses auf ein Atomensemble von Cäsium-Atomen zu übertragen. Mit dieser Übertragung wurde eine Brücke von Licht (fliegenden Qubits) und Materie (stationären Qubits) geschlagen.

Parallel dazu entwickelten Forscher Methoden der quantensicheren Kommunikation, die aus der Verschränkung und anderen quantenmechanischen Prinzipien Nutzen ziehen. Nur wenige Jahre nach Polzik demonstrierten chinesische Forscher die praktische Anwendung der Quantenkommunikation. Über ein kommerzielles Glasfaserkabel von etwa 20 Kilometern Länge wurden Quantenschlüssel zwischen verschiedenen Stationen ausgetauscht [84]. Dieses Experiment zeigte, dass die sichere Übertragung von Quantenschlüsseln im urbanen Maßstab und über bestehende Glasfaser-Infrastruktur technisch realisierbar ist.

Diese Entwicklungen auf dem Gebiet der Quantenkryptographie und Kommunikation zeigen zwar, wie weit der Transport von Information mithilfe der Quantenmechanik bereits fortgeschritten ist. Doch es bleiben Grenzen. Die Teleportation makroskopischer Ma-

[69] John Stewart Bell (1928–1990), irischer Physiker.

[70] Stuart Jay Freedman (1944–2012), amerikanischer Physiker.

[71] John Francis Clauser (geb. 1942), amerikanischer Physiker.

[72] Alain Aspect (geb. 1947), französischer Physiker.

[73] Anton Zeilinger (geb. 1945), österreichischer Physiker.

[74] Eugene Simon Polzik (geb. 1953), russisch-dänischer Physiker.

terie ist mit den heutigen Technologien unmöglich. Jedes Atom, jedes Elektron müsste exakt vermessen, zerstört, übertragen und rekonstruiert werden.

Obwohl die Quantenphysik die Grundlage für Fortschritte in der sicheren Informationsübertragung gelegt hat und Science-Fiction-Visionen wie das „Beamen" mittlerweile fast vertraut klingen, muss nach wie vor klar zwischen der Teleportation von Information und der von Materie unterschieden werden. Die aktuelle Forschung beschränkt sich auf die Übertragung von Quanteninformationen oder einzelnen Quantenzuständen.

Die praktische Vision der Teleportation kollidiert mit den fundamentalen Prinzipien der Quantenphysik, insbesondere mit der Heisenbergschen Unschärferelation und dem No-Cloning-Theorem. Die Unschärferelation macht es prinzipiell unmöglich, alle Eigenschaften eines Teilchens gleichzeitig beliebig genau zu erfassen [85]. Zudem führt jede Messung am Quantenzustand zur Störung oder sogar Zerstörung des Originals. Damit wird die perfekte Vermessung, die für eine vollständige Rekonstruktion notwendig wäre, grundsätzlich verhindert. Das No-Cloning-Theorem beschreibt prinzipiell, dass ein Quantenzustand nicht kopiert werden kann [86]. Nicht zuletzt bliebe, selbst im Gedankenexperiment, das Problem der Übertragung und der materiellen Zusammensetzung dieser Information am Zielort.

Die einzig tatsächlich verwirklichte Methode, Atome, Moleküle oder makroskopische Objekte durch den Raum zu bewegen, ist der klassische Transport. Die Geschwindigkeit ist dabei durch technische Mittel wie Fahr- oder Flugzeugen oder physikalische Grenzen limitiert. Im besten Fall könnten sich Objekte mit Lichtgeschwindigkeit fortbewegen, allerdings gilt auch das nur für Teilchen ohne Ruhemasse wie Photonen. Die Lichtgeschwindigkeit (c) ist zwar hoch, aber endlich. Damit benötigt die Überbrückung großer Entfernungen im astronomischen Maßstab immer noch eine messbare Zeit. Zudem erhöht sich nach der speziellen Relativitätstheorie die relativistische Masse m_{rel} eines Objekts mit der Ruhemasse m_0, je schneller es sich mit der Geschwindigkeit v bewegt.

Die berühmte Formel lautet $m_{rel}(v) = \frac{m_0}{\sqrt{1-(v/c)^2}}$. Allerdings hatte sich schon Einstein selbst gegen die Bezeichnung Masse für den bewegten Körper ausgesprochen, sondern eher für die Angabe von Momentum und Energie plädiert, um das Trägheitsverhalten schnell bewegter Ruhemassen zu beschreiben [87]. Als Folge der Äquivalenz von Masse und Energie muss aber auch die Energie, die das Objekt infolge der Geschwindigkeit besitzt, seiner Ruhemasse hinzuaddiert werden (s. z. B. [88], S. 36). Das bedeutet ganz einfach, dass je näher das bewegte Objekt der Lichtgeschwindigkeit kommt, desto mehr wächst dessen relativistische Masse und desto mehr Energie ist nötig, um eine weitere Geschwindigkeitssteigerung zu erreichen. Beim klassischen Materietransport und der Beschleunigung eines Objekts auf eine sehr hohe Geschwindigkeit wird die Zunahme der Bewegungsmasse zu einem ernsthaften Problem. Die aufgewendete Energie steigt ins Unermessliche, sobald ein Objekt sich der Lichtgeschwindigkeit nähert. Um die Lichtgeschwindigkeit zu erreichen, ist unendlich viel Energie nötig, sie zu überschreiten ist unmöglich. Physikalisch ist es daher unmöglich, Objekte mit einer Masse auch nur annähernd mit Lichtgeschwindigkeit zu bewegen.

Beim Beamen in Science-Fiction-Manier müsste ein Mensch in pure Energie umgewandelt und diese Energie als Licht verschickt werden. Zwar gäbe es bei Photonen kein Massenzuwachsproblem, da sie keine Ruhemasse besitzen, allerdings würde die vollständige Umwandlung eines Menschen in Strahlung sämtliche für die Wiederherstellung der individuellen Struktur und Identität notwendigen Informationen zerstören. In allen denkbaren realen Prozessen wie beispielsweise thermischer Zerstörung, Annihilation oder Laserbestrahlung gehen diese Information verloren. Dabei dominiert die Entropiezunahme gemäß dem Zweiten Hauptsatz der Thermodynamik [89], der besagt, dass in jedem natürlichen Prozess die Entropie (die „Unordnung“) insgesamt entweder zunimmt oder zumindest nicht abnimmt. Werden bei der vollständigen Umwandlung eines realen Objekts alle geordneten Teilchenstrukturen zerstört und als bloße Strahlung, z. B. als Wärme oder Licht freigesetzt, nimmt die Entropie schlagartig zu. Alle ursprünglichen Ordnungszustände gehen verloren, das System wird maximal ungeordnet. Es bleibt nur die reine Energie als Strahlung erhalten, aber diese enthält keine Information über die ursprüngliche Konfiguration mehr.

Die vollständige Umwandlung der Masse eines 70 kg schweren Menschen in Energie, zum Beispiel in Form von Photonen, würde nach Einsteins Gleichung ($E = mc^2$) einer Energiefreisetzung von etwa 1500 Megatonnen TNT entsprechen,[75] dem Vielfachen der Sprengkraft einer Atombombe. Bei diesem Prozess würde jegliche ursprüngliche Struktur zerstört.

Das ist in etwa vergleichbar mit dem Informationsparadoxon Schwarzer Löcher, bei dem aus deren Existenz oder der von ihnen ausgehenden Strahlung keine Informationen aus dem Inneren oder zu seiner Entstehung abzuleiten sind. Das sogenannte No-Hair-Theorem[76] beschreibt die Tatsache, dass ein schwarzes Loch zwar über Masse, Drehimpuls und Ladung verfügt, ansonsten aber keinerlei Informationen[77] zur Entstehung bekannt sind. Auf die Materie, die das schwarze Loch gebildet hat, kann aus dem Loch nicht mehr geschlossen werden, diese Informationen sind verloren. Genauso wenig existiert eine Methode, aus einem Bündel von Photonen ein Objekt in seinem ursprünglichen Zustand wiederherzustellen. Die Information über atomare Anordnung und Quantenzustände ginge bei einer Transformation in Energie irreversibel verloren. Für eine kontrollierte

[75] Zur Berechnung: $E = 70\ \text{kg}*(299.792.458\ \text{m/s})^2 = 6{,}291 \times 10^{18}$ J. Bei einem TNT-Äquivalent von $4{,}184 \times 10^{15}$ J pro Megatonne TNT ergäbe das eine Sprengkraft von 1500 Megatonnen TNT. Zum Vergleich: Die über Hiroshima abgeworfene Atombombe hatte eine Sprengkraft von etwa 15 Kilotonnen TNT.

[76] Vom amerikanischen Physiker John Wheeler eingeführt [90], jedoch in der Vergangenheit z. T. auch als obszön abgelehnt (s. z. B. [91], S. 21).

[77] Wofür „Hair“ als Metapher steht.

Rückbildung aus Energie fehlen jegliche experimentellen und theoretischen Ansätze. Es gibt derzeit keine bekannte Methode, aus Strahlung gezielt ein Objekt zu erschaffen.

Im Zentrum eines Schwarzen Lochs kollabieren gemäß der Relativitätstheorie die Raumzeit und Dichte zu einer Singularität. Diese stellt mathematisch einen Punkt dar, an dem die bekannten physikalischen Theorien nicht mehr anwendbar sind. Alles, was den Ereignishorizont überschreitet, fällt unausweichlich auf diese Singularität zu. Ein Entkommen ist selbst für Licht unmöglich. Einstein und Rosen wollten ein physikalisches Modell schaffen, in dem materielle Teilchen und ihre Felder ohne mathematische Singularitäten beschrieben werden können. In ihrer Arbeit schlugen sie vor, dass „zwei Blätter" des physischen Raumes über eine im Einklang mit der Relativitätstheorie stehende Brücke verbunden sein können [92]. Diese Verbindung, heute als Einstein-Rosen-Brücke bekannt, wurde schon in den 1950er-Jahren als „Wurmloch"[78] bezeichnet [93].

In der Populärkultur wurden Wurmlöcher vielfach aufgegriffen. Sie werden oft als durchquerbare Tunnel durch die Raumzeit dargestellt, die als Abkürzungen für Reisen zu fernen Sternen oder gar zu anderen Universen dienen. Während das ursprüngliche Konzept der Einstein-Rosen-Brücke für reale Materietransporte oder Zeitreisen nicht nutzbar ist, wurden Wurmlöcher in Erzählungen wie „Contact" von Carl Sagan oder Filmreihen wie „Stargate" zu zentralen Motiven für überlichtschnelle Kommunikation und Reisen. Die Darstellung beruht meist auf einer freien Interpretation der physikalischen Grundlagen, überträgt aber die Faszination für die theoretischen Strukturen auch in die breite Öffentlichkeit. Die Begriffe „Wurmloch" und „Schwarzes Loch" wurden so zu festen Bestandteilen der modernen Populärwissenschaft und der Science-Fiction.

Damit bleibt dieses Szenario reine Science-Fiction und zwar nicht wegen des Problems der Masse, sondern wegen der unüberwindbaren Herausforderungen der Informationserhaltung und -rekonstruktion.

2.3 Paradoxien und Grenzen

Auch wenn die Teleportation mit bekannter Technologie derzeit nicht annähernd praktikabel ist, wirft selbst deren fiktive Lösbarkeit tiefgreifende philosophische Fragen auf. Wenn ein Mensch von einem Ort zum anderen teleportiert wird, bedeutet das unter Berücksichtigung aller bisher erörterten technischen Möglichkeiten zur Datenerhebung, dass sein Körper am Ursprungsort vollständig zerstört werden muss und erst am Zielort identisch rekonstruiert wird. Aber ist er dann noch er selbst?

[78] An der Namensgebung war wieder John Wheeler beteiligt, dem auch die Bezeichnung „Schwarzes Loch" zugeschrieben wird.

Vervielfältigte Identität

Der Schriftsteller und Philosoph Lem[79] überspringt in seiner „Summa technologiae"[80] die tatsächlichen Schwierigkeiten elegant, indem er davon ausgeht, dass irgendwie ein „atomares Signalelement" aufgenommen und die Information, wie bei Wiener, an einen Empfänger telegrafiert wird. Dort wird die Information mittels eines „atomaren Synthetisators" zusammengesetzt und die telegrafierte Person tritt putzmunter aus dem Gerät hervor. Lem hält sich hier nicht mit Fragen der Realisierbarkeit auf, sondern stellt im Kapitel über die Phantomologie besonders auf die resultierenden Konsequenzen für Persönlichkeit und Information ab ([94], S. 371–392). Lem stellt sich dort die Frage, was die Folge einer Radiotransmission des atomaren Signalelements und der millionenfachen Synthetisierung des gleichen Menschen wäre. Wären dann alle rekonstruierten Personen wirklich dasselbe Individuum oder nur gleiche, wenn auch perfekte Kopien des einzigen Originals? Lem erinnert bei der Erläuterung der „existentiellen Relativität" an die Einstein'sche Theorie: Es kommt auf den Standpunkt an. Aus der Sicht der Kopien ist jede einzelne die Fortsetzung des Originals, aus der Sicht des Originals jedoch keine einzige. Um diese Paradoxie aufzulösen und einen Menschen korrekt zu telegrafieren, hat Lem eine „Lösung" parat, die aus seiner Sicht aber ebenfalls die Zerstörung des Originals beinhalten muss (aus [94], S. 379):

> „Wenn wir einen Menschen telegrafisch verschicken wollen, reicht es also nicht aus, seine atomare Personenbeschreibung aufzugeben, sondern es darüber hinaus unausweichlich, dass wir diesen Menschen töten."

Tatsächlich führt auch dieses Verbrechen nicht zu einem echten Transport der Person, sondern dient nur der Wahrung des Scheins. In Lems Apparat ist das Original nun zwar verschwunden und taucht an anderer Stelle wieder auf – eine Teleportation hat aber dennoch nicht stattgefunden.

Generell berührt die Idee einer menschlichen Kopie die elementaren Konzepte von Identität und Kontinuität des Selbst. Der schottische Philosoph Thomas Reid versuchte schon Jahrhunderte vor Lem, das Wesen menschlicher Identität zu ergründen (aus [95], S. 316–317)[81]:

[79] Stanisław Herman Lem (1921–2006), polnischer Science-Fiction-Schriftsteller und Technik-Philosoph.

[80] Lems philosophische Analyse zukünftiger Technologien und deren potenzielle Einflüsse auf die Gesellschaft [94]. Trotz seiner z. T. treffsicheren Voraussagen zur Phantomatik (die wir heute eher als Virtuelle Realität bezeichnen würden) und der Intel(l)ektronik (so etwas wie die Verbindung von Elektronik und künstlicher Intelligenz) ist das bereits 1964 erstmals erschienene Werk überraschend wirkungslos geblieben – möglicherweise aufgrund der späten Übersetzung ins Englische (erst 2013).

[81] Übers. d. Verf.

„Unter Identität im Allgemeinen verstehe ich eine Beziehung zwischen einer Sache, von der man weiß, dass sie zu einem bestimmten Zeitpunkt existiert, und einer Sache, von der man weiß, dass sie zu einem anderen Zeitpunkt existiert hat. ... Ich sehe ein, dass die Identität ein ununterbrochenes Fortbestehen der Existenz voraussetzt. ... Das, was aufgehört hat zu existieren, kann nicht das Gleiche sein wie das, was danach zu existieren beginnt."

Reid unterscheidet später zwischen der bloßen Ähnlichkeit und der Gleichheit des Individuums. Er bestimmt Identität als Relation zwischen einem Ding, das zu einem Zeitpunkt existiert und demselben Ding zu einem anderen Zeitpunkt (ebd. S. 320)[82]:

„Wo immer wir große Ähnlichkeit beobachten, sind wir geneigt, Identität anzunehmen, wenn kein Grund zum Gegenteil erscheint. Zwei Gegenstände, die sich so ähnlich sind, können, wenn sie zur gleichen Zeit wahrgenommen werden, nicht dieselben sein. Wenn sie aber unseren Sinnen zu verschiedenen Zeiten dargeboten werden, sind wir geneigt, sie allein aufgrund ihrer Ähnlichkeit für dasselbe zu halten."

Etwas moderner formuliert es später der amerikanische Philosoph David Lewis,[83] und generiert mit seinem Statement eine scheinbar beruhigende Gewissheit (aus [96], S. 192–193)[84]:

„Alles ist mit sich selbst identisch; nichts ist jemals mit etwas anderem identisch als mit sich selbst. Es gibt niemals ein Problem damit, was etwas mit sich selbst identisch macht; nichts kann jemals nicht identisch sein. Und es gibt niemals ein Problem damit, was zwei Dinge identisch macht; zwei Dinge können niemals identisch sein."

Aber Lewis stellt dann weitere Fragen wie: Kann man zweimal im gleichen Fluss baden? Könnte es einen Zeitreisenden geben, der sein jüngeres Selbst trifft?

Lewis' Zwischenfragen lassen sich im Lichte von Reids Unterscheidung knapp beantworten. Heraklits Bild vom zweimaligen Bade im gleichen Fluss[85] zeigt, dass starke Ähnlichkeiten wie das identische Flussbett und der identische Name nicht genügen, um Identität zu sichern – das Wasser ist jedes Mal ein anderes.[86] Üblicherweise wird heute zwischen numerischer und qualitativer Identität unterschieden. Objekte mit qualitativer Identität verfügen über gemeinsame Eigenschaften, unterscheiden sich aber in anderen. Numerische Identität beschreibt die mit durchgehender Existenz gepaarte totale qualitative Identität, womit wir wieder bei Lewis wären. Numerische Identität kann also nur beim Vergleich einer Sache mit sich selbst vorliegen.[87]

[82] Übers. d. Verf.

[83] David Kellog Lewis (1941–2001), amerikanischer Philosoph.

[84] Übers. d. Verf.

[85] „Man kann nicht zweimal in den gleichen Fluss steigen" (aus [97], S. 75).

[86] „Wer in dieselben Fluten hinabsteigt, dem strömt stets anderes Wasser zu ..." (aus [97], S. 64).

[87] Strikte Selbstgleichheit.

Lewis' berühmtes Beispiel des Zeitreisenden, der seinem jüngeren Selbst begegnet, stammt aus seinem Aufsatz „The Paradoxes of Time Travel" [98]. Für Lewis ist der Zeitreisende keine Unmöglichkeit, sondern eher eine Merkwürdigkeit. Dabei argumentiert Lewis, dass in der vierdimensionalen Raumzeit die aufeinandertreffenden scheinbar qualitativ unterschiedlichen Personen nur zwei zeitliche Querschnitte derselben vierdimensionalen Person sind. Die numerische Identität bleibt erhalten, auch wenn die Eigenschaften jung und alt differieren. Ein Objekt behält also seine personelle Identität, während qualitative Eigenschaften variieren.

Plutarchs[88] klassisches Gedankenexperiment des Theseus-Schiffs ist die materielle Entsprechung zu Lewis' Fluss. Plutarch schildert den Fall in den Biografien (Theseus 23,1 [99], S. 49[89]):

> „Das Schiff, auf dem Theseus zusammen mit den Jünglingen segelte und wohlbehalten zurückkehrte, die dreißigruderige Galeere, wurde von den Athenern bis in die Zeit des Demetrios von Phaleron bewahrt. Von Zeit zu Zeit entfernten sie die alten Planken und ersetzten sie durch neue, sodass das Schiff zu einem ständigen Prüfstein für die Philosophen in der Streitfrage des Werdens wurde: Die einen erklärten, es bliebe dasselbe, die anderen, es sei nicht mehr dasselbe Schiff."

Der mythische Held Theseus soll der Legende nach im 13. Jahrhundert vor Christus gelebt haben, der Philosoph Demetrios von Phaleron im 3. vorchristlichen Jahrhundert. Es ist wahrscheinlich, dass an einem Holzschiff innerhalb dieser 1000 Jahre auch immer mal Reparaturen fällig wurden. Ersetzt man also nach und nach jedes Teil, stellt sich die Frage, ob das Objekt numerisch identisch bleibt. Werden die herausgenommenen Originalteile separat wieder zusammengesetzt, existieren schließlich zwei strukturell identische Schiffe. Übertragen auf die Teleportation heißt das: Ist die rekonstruierte Person dieselbe, weil sie sich selbst so erlebt, oder entsteht ein neues Bewusstsein mit technischer Gleichheit und bloßer Erinnerung an das Original? Die Frage nach der Kontinuität des Selbst ist daher weniger technisch als philosophisch. Sie betrifft das, was uns als Ich ausmacht, Erfahrungen, Erinnerungen und Bewusstsein, das uns zu einer Persönlichkeit verbindet.

Das Schiff des Theseus zeigt, wie sich ein Objekt auf mehrere numerische Kandidaten ausdehnen kann. Schon Plutarch vermerkt, dass sich die Philosophen darüber stritten, welches von beiden nun das wahre Schiff sei. Lem greift mit seinen radiotelegrafierten Menschen dasselbe Motiv auf, alle identischen Exemplare reklamieren dieselbe Vergangenheit. Lems einzige pragmatische Lösung lautet, das Ausgangsoriginal zu vernichten. Bei Lem ist es aber nicht eine physikalische Notwendigkeit, sondern lediglich die Verhinderung einer logischen Kollision durch doppelte Personenidentität.

Derek Parfit[90] radikalisiert das Szenario schließlich. Er erwägt die Teilung seines Gehirns und die Verpflanzung einer Hemisphäre in den fast identischen Körper seines

[88] Plutarch (um 45–125), griechischer Schriftsteller und Philosoph.

[89] Übers. d. Verf.

[90] Derek Antony Parfit (1942–2017), britischer Philosoph.

Zwillings. Aus seiner Sicht gibt es nur vier Möglichkeiten: Entweder er überlebt die Prozedur nicht, er überlebt als einer von zweien, er überlebt als der andere oder beide überleben. Das ist der interessante Fall, denn eine Identität teilt sich nun auf zwei Körper auf. Parfit kommt deshalb zu dem Ergebnis, dass das doppelte Überleben nicht notwendigerweise dieselbe Identität verspricht (aus [100], S. 258)[91]:

> „Wir sollten daher die … vorgeschlagene Möglichkeit zurückweisen: die Behauptung, dass ich in gewissem Sinne als beide der entstehenden Personen überlebe."

Damit ist der Punkt erreicht, an dem qualitative Gleichheit nicht mehr genügt, um die numerische Einzigkeit zu sichern. Jedes Teleportationsverfahren, welches das Original unangetastet lässt, führt unvermeidlich zur Persönlichkeitsspaltung. Dabei muss nicht einmal die Person selbst unterschiedlich sein. Die fiktive Situation auf Hilary Putnams[92] Zwillingserde sollte zeigen, dass schon eine minimale Abweichung in der Umwelt genügt, um eine vermeintlich gleichartige Bedeutung physikalisch aufzuheben [101]. Auf der Erde bedeutet die Bezeichnung Wasser unwillkürlich die chemische Zusammensetzung H_2O, auf der physikalisch gleich aufgebauten, aber chemisch andersartigen Zwillingserde jedoch „XYZ".[93] Auch wenn die Bewohner der Zwillingserde perfekte Doppelgänger der Erdlinge sind, reden sie trotz gleicher Wortwahl nicht über dasselbe. Damit zerbricht die Identität nicht am Organismus oder an seiner Geschichte, sondern am Referenzhintergrund. Selbst, wenn Original und Kopie synchron vernichtet und rekonstruiert werden, reicht ein geringfügig anderes Umweltmuster, z. B. etwa eine veränderte Chemie, und das rekonstruierte Bewusstsein referiert anders, denkt anders, ist folglich numerisch nicht mehr dasselbe. Numerische Identität verlangt also mehr als materielle und psychologische Gleichheit, sie setzt zudem eine geteilte, stabil bleibende Referenzwelt voraus.

Davidson[94] vereinfacht Putnams aufwendige Doppelerde-Doppelgänger-Geschichte auf die Entstehung der Kopie durch einen Blitzeinschlag ([102], S. 531). Der Blitz schlägt in seiner Story einen toten Baum im Sumpf ein, während Davidson dicht danebensteht. Sein Körper wird dadurch auf seine Elemente reduziert, während der Baum sich zufällig in Davidsons physikalische Kopie, den „Swampman" verwandelt. Swampman würde sich zwar verhalten, als erkenne er Davidsons Freunde, aber mangels eigener Lerngeschichte kennt er die echten Bedeutungen der Wörter nicht. Damit will Davidson zeigen, dass bloße physikalische Duplikation keine mentale Bedeutung und damit auch keine Identität garantiert.

---

[91] Übers. d. Verf.

[92] Hilary Whitehall Putnam (1926–2016), amerikanischer Philosoph.

[93] Wobei $XYZ \neq H_2O$ ist.

[94] Donald Herbert Davidson (1917–2003), amerikanischer Philosoph.

Grenzbilanz

Ein menschlicher Körper benötigt nach unserer Berechnung 7×10^{27} Bit Speicherplatz. Landauer zeigte schon zu Beginn der 1960er-Jahre, dass jede logisch irreversible Operation, z. B. das Zurücksetzen eines Bits, eine minimale Wärmeerzeugung nach sich zieht. Landauer folgert aus dem zweiten Hauptsatz der Thermodynamik,[95] dass die Entropie in einem geschlossenen System nicht abnehmen kann, die bei einer RESET-Operation verringerte Ordnung muss daher als Wärme von

$$\Delta Q_{\text{min}} = kT \ln 2 \approx 0{,}6931 kT / bit$$

an die Umgebung abgegeben werden ([104], S. 187). T ist die absolute Temperatur (in Kelvin) der thermischen Umgebung, in dem die unumkehrbare Bit-Operation ausgeführt wird. Landauer schreibt, dass beim Zurücksetzen eines Bits „0,6931 kT per restored bit" als Wärme freigesetzt werden müssen. Mit k = Boltzmann-Konstante ($1{,}38 \cdot 10^{-23}\ J/K$) und bei einer Schaltungstemperatur $T = 300\ K$ (Raumtemperatur) ergibt sich das Landauer-Minimum zu $Q_{min} = kT \ln 2 \approx 2{,}9 \cdot 10^{-21}\ J$ Wärme pro gelöschtem Bit. Das wären für $7 \cdot 10^{27}$ Bit etwa 20 Mio. Joule (20 MJ) Wärmeenergie, die schon beim Erfassen eines menschlichen Körpers benötigt werden. Wir haben bisher schon erarbeitet, dass der Scanprozess zur Erfassung eines augenblicklichen Zustandes des menschlichen Körpers sehr schnell sein muss, um einen „Schnappschuss" ohne Unschärfen erstellen zu können. Um einen „Schnappschuss" ohne jede Bewegungsunschärfe zu erhalten, muss die Aufnahmezeit kleiner sein als die Zeit, in der ein beliebiges Teilchen des Körpers eine Strecke eines halben Atomdurchmessers[96] zurücklegt. Es ist bekannt, dass sich Teilchen in Abhängigkeit von der Temperatur mehr oder weniger schnell bewegen. Diese Bewegung kann wieder über die Energie eines Systems bestimmt werden. Die kinetische Energie eines Teilchens ist in der klassischen Mechanik das Produkt aus seiner halben Masse und dem Quadrat der Geschwindigkeit ($E_{kin} = mv^2/2$). Diese Energie verteilt sich bei einem frei beweglichen Teilchen auf drei translatorische Freiheitsgrade:

$$E_{kin} = \frac{1}{2} m v_x^2 + \frac{1}{2} m v_y^2 + \frac{1}{2} m v_z^2 = \frac{1}{2} m \left(v_x^2 + v_y^2 + v_z^2 \right) = \frac{1}{2} m v^2,$$

wobei $v^2 = v_x^2 + v_y^2 + v_z^2$.

Im thermischen Gleichgewicht erhält jeder Freiheitsgrad im Mittel $kT/2$ (mit k=Boltzmann-Konstante und T=Temperatur). Daher besitzt ein Partikel der Masse m bei der Temperatur T im Durchschnitt die kinetische Energie [105]

---

[95] Max Planck schreibt dazu in seiner Dissertation: „Der Entropiewert eines jeden Prozesses ist positiv oder auch = 0. (Im ersten Fall ist der Prozess natürlich [irreversibel], im zweiten neutral [reversibel].)". Aus [103], S. 37.

[96] Aufgrund des Shannon-Nyquist Abtasttheorems.

$$E_{kin} = \frac{3}{2}kT$$

und daraus resultierend den quadratischen Mittelwert der Geschwindigkeit v_{rms}.

$$v_{rms} = \sqrt{\frac{3kT}{m}}$$

Die statistische Geschwindigkeit eines Wasserstoffatoms bei Körpertemperatur wäre also

$$v_{rms} = \sqrt{\frac{3\left(1{,}38 \cdot 10^{-23}\frac{J}{K}\right)310K}{1{,}68 \cdot 10^{-27}kg}} \approx 2763\frac{m}{s}$$

Ein Wasserstoffatom im menschlichen Körper bewegt sich also im Mittel mit rund 2,8 km/s. Ein Wasserstoffatom hat nach heutiger Kenntnis einen Van-der-Waals-Durchmesser[97] von etwa 2,4 Å (0,24 nm) [106]. Wir hatten festgelegt, dass unser Wasserstoffteilchen während einer Messung nur die Hälfte eines Atomdurchmessers zurücklegen darf und erhalten aus dieser vereinfachten Betrachtung das Ergebnis unserer Schnappschussdauer:

$$t = \frac{s}{v} = \frac{0{,}12 \cdot 10^{-9}[m]}{2763[m/s]} \approx 4{,}3 \cdot 10^{-14}$$

Um das „Verschmieren" unseres Scans zu verhindern, hätten wir also nur 43 Femtosekunden Zeit, ein Bild des gesamten Körpers aufzunehmen.

Unsere Grenzbilanz zeigt, warum atomgenaue Teleportation prinzipiell scheitern muss. Ein körpererhaltender „Schnappschuss" darf nicht länger dauern, als ein Wasserstoffatom braucht, um sich eine halbe Van-der-Waals-Breite ($\approx$ 1,2 Å) zu bewegen. Bei Körpertemperatur sind das weniger als $5 \cdot 10^{-14}$ *s*. Der Scan selbst könnte thermisch fast umkehrbar sein, doch die anschließende Datenflut von $7 \cdot 10^{27}$ *Bit* erzwingt irgendwann das Landauer-Reset mit mindestens 20 MJ Abwärme, die zwar auf Stunden verteilt werden kann, aber eine Kühlinfrastruktur im Kraftwerksmaßstab verlangt. Schon der Messimpuls kollidiert mit der Heisenbergschen Unschärferelation. Um ein Atom auf 1 Å scharf abzubilden, braucht man irgendeine Form der „Beleuchtung" mit vergleichbarer oder kürzerer Wellenlänge λ. Außerhalb des elektromagnetischen Spektrums lassen sich die Welleneigenschaften der Strahlung über die de-Broglie-Wellenlänge λ_{DB} beschreiben. De Broglie[98]

[97] Beim Abbilden eines Teilchens endet die Elektronendichte dort, wo die Van-der-Waals-Hülle eines Atoms ausläuft. Dieser Durchmesser bestimmt also, wann zwei Atome bildlich getrennt erscheinen können.

[98] Louis-Victor Pierre Raymond de Broglie (1892–1987), französischer Physiker, Nobelpreis für Physik 1929.

hatte postuliert, dass sich auch Teilchen mit einer Ruhemasse, z. B. Elektronen, wie Photonen ohne Ruhemasse verhalten würden, wenn der Einstein'sche Photonenimpuls[99] $p = h/\lambda$ in einfach durch den Teilchenimpuls p_{DB} ersetzt würde:

$$\lambda_{DB} = \frac{h}{p_{DB}}$$

Die Existenz von de Broglies „Phasenwellen“ (aus [108]) wurde 1927 durch den Nachweis der Beugung und Interferenz von Elektronenstrahlen im Davisson[100]-Germer[101]-Experiment [111] bestätigt. Seitdem gilt auch für Materiewellen Heisenbergs Unschärfe. Wollen wir nun z. B. mittels Elektronenstrahlen oder Röntgen eine Ortsauflösung in der Größenordnung Δx (Ortsunschärfe) erzielen, muss die benutzte Wellenlänge mindestens so klein sein wie unsere geforderte Ortsunschärfe: $\lambda_{DB} \leq \Delta x$, also im konkreten Fall kleiner als ein halber Atomdurchmesser. Setzen wir nun vereinfacht $\lambda_{DB} = \Delta x$, dann lässt sich auch schreiben:

$$\Delta p_{DB} = \frac{h}{\lambda_{DB}} = \frac{h}{\Delta x}$$

Anders formuliert; das Produkt aus Δx und Δp_{DB} ergibt in unserer Betrachtung

$$\Delta x \cdot \Delta p_{DB} = \Delta x \frac{h}{\Delta x} = h$$

Das entspricht der von Heisenberg gefundenen Relation der quantenmechanischen Ungenauigkeit $\Delta x \cdot \Delta p_{DB} \approx h$. Ein kleinerer Wert als h ist physikalisch nicht erreichbar. Im Umkehrschluss muss bei erhöhter Messauflösung (geringeres Δx) gleichzeitig auch der Messimpuls erhöht werden, um oberhalb der Heisenbergkonstante zu bleiben. Das gilt unabhängig davon, ob die Beleuchtung aus Elektronen- oder aus Röntgenquanten besteht. Je feiner die Auflösung wird, desto energiereicher muss die Messstrahlung sein und zwingt damit zu Impulsstößen, die das zu messende Teilchen wieder aus seiner tatsächlichen Position schießen. Will man sogar Sub-Å-Auflösung erreichen, sind zudem keV-Strahlendosen nötig, die jedes Gewebe zuverlässig zerstören würden.

Selbst wenn man die physikalischen Hürden ignoriert, bleibt die schiere Datenmenge unbeherrschbar. Schon unsere optimistische Abschätzung ergab rund $7 \cdot 10^{27}$ Bit für einen

[99] Einstein teilte seinen Gedankengang zum Licht als eine Anzahl sich bewegender und im Raum lokalisierter Quanten bereits 1905 mit: „Über einen die Erzeugung und Verwandlung des Lichtes betreffenden heuristischen Gesichtspunkt“ [107].

[100] Clinton Joseph Davisson (1881–1958), amerikanischer Physiker, Nobelpreis für Physik 1937, gemeinsam mit George Paget Thomson (1892–1975). Thomson hatte unabhängig von Davisson die Beugung von Kathodenstrahlen an einem dünnen Film nachgewiesen ([109, 110]).

[101] Lester Halbert Germer (1896–1971), amerikanischer Physiker.

vollständigen Atom-Snapshot. Eine solche Speichermenge würde auch bei modernster Speichertechnologie ein beachtliches Volumen benötigen.

Beispiel: Die 9.-Generation-3D-NAND[102] weist eine planare Speicherdichte von ca. 20 *Gb/mm2* aus [113]. Setzt man dafür eine typische Chipdicke von 70 µm an, ergibt sich eine volumetrische Packdichte von rund 3 · 10^{20} Bit m^3. Damit bräuchte man für einen Snapshot im Write-Once-Puffer[103] ein Speichervolumen von

$$V_{NAND} = \frac{7 \cdot 10^{27}}{3 \cdot 10^{20}} = 2{,}3 \cdot 10^{7}\, m^{3}$$

Das entspräche einem Würfel mit einer Kantenlänge von beinahe 300 Metern.

Um derartige Datenmengen zu speichern, könnte man versucht sein, diese in einer biologischen Sequenz, in der DNA, abzulegen. Theoretisch kann die DNA zwei Bits pro Nukleotid oder 455 Exabytes pro Gramm kodieren [114]. Die Speicherdichte wird in der neueren Forschung mit einer praktisch erreichbaren Speicherdichte von 10^{25}*bit/m*^{3} angegeben [115]. Damit reduziert sich unser Volumen schon deutlich.

$$V_{DNA} = \frac{7 \cdot 10^{27}}{1 \cdot 10^{25}} = 700\, m^{3}$$

Der Speicherwürfel hätte dann (nur) noch eine Kantenlänge von weniger als 9 Metern. Die derzeitigen Schreib- und Leseraten liegen allerdings außerhalb jeder technisch oder biologisch relevanten Zeitskala.[104] Selbst unter idealen Laborannahmen ist das Einschreiben und Auslesen eines atomgenauen Körper-Snapshots damit fundamental unbeherrschbar.

Natürlich ergeben sich auch bei der Datenübertragung Grenzen. Auch wenn ein beinahe „störungsfreies" Kanalideal angenommen wird, schlägt bei geringstem, technisch unvermeidbarem Rauschen das Shannon-Hartley-Gesetz zu [60]. Dabei wird jede Übertragung durch die Bandbreite des Übertragungsweges und die auf diesem Weg auftretenden Störungen begrenzt. Heute sind Datenraten von 402 Tb/s auf Glasfaser möglich [116]. Damit bräuchte man aber immer noch 1,75 · 10^{13} Leitungen, um die gewünschte Datenmenge in einer Sekunde zu übertragen. Da das völlig unmöglich ist, bietet es sich vielleicht an, die Zeitspanne auf einen Tag auszudehnen, dann sind es allerdings trotzdem noch 200 Mio. Kanäle, die parallel benötigt würden und eine erhebliche Sendeleistung – auch das ist praktisch nicht realisierbar.

[102] NAND steht für das logische NOT AND und verweist bei Speichern direkt auf eine seriell verkettete Transistoranordnung, die elektrisch wie das Transistornetz eines NAND-Logikgatters wirkt [112].

[103] Im Teleportations-Gedankenexperiment wollten wir vermeiden, ein und dieselbe Speicherzelle während des ultrakurzen Scans zu überschreiben, da jedes Überschreiben (RESET) sofort Landauer-Wärme verursacht.

[104] Mindestens viele Millionen Jahre allein für das Lesen, sogar noch länger für das Schreiben.

Das Femtosekunden-Kriterium, Landauers 20-MJ-Untergrenze, Heisenbergs Unschärferelation, unvermeidbare Strahlenschäden sowie technische Speicher- und Kanalbeschränkungen bilden ein geschlossenes Bollwerk. Schon jedes einzelne Hindernis wäre kritisch, gemeinsam machen sie atomgenaue Teleportation physikalisch, informationstheoretisch und technisch unmöglich – lange bevor überhaupt die philosophische Frage zu klären wäre, wer am Zielort „ankommt".

Literatur

1. Homer. Homers Ilias. Leipzig: Philipp Reclam jun.; 1920.
2. Die Edda – die ältere und die jüngere nebst den mythischen Erzählungen der Skalda. Cotta'sche Buchhandlung, Stuttgart; 1876.
3. von Brück M, Griffiths B. Bhagavad Gita: mit einem spirituellen Kommentar. München: Kösel; 1993.
4. Guthrie KS, Fideler DR. The Pythagorean sourcebook and library: an anthology of ancient writings which relate to Pythagoras and Pythagorean philosophy. Grand Rapids: Phanes Press; 1987.
5. Fort CH. Lo! New York: Claude Kendall; 1931.
6. van Vogt A-E. The world of Null-A. New York: Ace Books; 1964.
7. Korzybski A. Science and sanity: an introduction to non-Aristotelian systems and general semantics. Brooklyn/New York: Institute of General Semantics; 1994.
8. Günther G, Mitterauer B, Baldus C. Idee und Grundriss einer nicht-Aristotelischen Logik: Mit einem Anhang Das Phänomen der Orthogonalität und mit einem Fragment aus dem Nachlass Die Metamorphose der Zahl. Hamburg: Felix Meiner Verlag; 2013.
9. Wiener N. Cybernetics or control and communication in the animal and the machine. Cambridge, MA: MIT Press; 2000.
10. Wiener N. The human use of human beings: cybernetics and society. Boston: Houghton Mifflin; 1950.
11. Roddenberry G. Star Trek – Pilotfilm – "The Cage" (Transkript). http://www.chakoteya.net/StarTrek/1.htm. 1965. Zugegriffen am 02.03.2025.
12. Roddenberry G. Star Trek – Voyage One – "The Menagerie" (Transkript). http://www.chakoteya.net/StarTrek/16.htm. 1966. Zugegriffen am 02.03.2025.
13. Davis EW. Teleportation physics study. Edwards: Air Force Research Laboratory; 2004.
14. American Physical Society. Zero Gravity: The Lighter Side of Science. https://www.aps.org/apsnews/2005/06/zero-gravity-the-lighter-side-of-science. Zugegriffen am 02.03.2025.
15. Einstein A, Podolsky B, Rosen N. Can quantum-mechanical description of physical reality be considered complete? Phys Rev. 1935;47:777–80. https://doi.org/10.1103/PhysRev.47.777.
16. Bennett CH, Brassard G, Crépeau C, Jozsa R, Peres A, Wootters WK. Teleporting an unknown quantum state via dual classical and Einstein-Podolsky-Rosen channels. Phys Rev Lett. 1993;70:1895–9. https://doi.org/10.1103/PhysRevLett.70.1895.
17. Bouwmeester D, Pan J-W, Mattle K, Eibl M, Weinfurter H, Zeilinger A. Experimental quantum teleportation. Nature. 1997;390:575–9. https://doi.org/10.1038/37539.
18. Boschi D, Branca S, De Martini F, Hardy L, Popescu S. Experimental realization of teleporting an unknown pure quantum state via dual classical and Einstein-Podolski-Rosen channels. 1997. https://doi.org/10.48550/ARXIV.QUANT-PH/9710013.

19. Mine MR. Technical Report TR95-018: Virtual environment interaction techniques. 1995. https://citeseerx.ist.psu.edu/document?repid=rep1&type=pdf&doi=69ff1367d0221357a806d3c05df2b787ed90bdb7.
20. Prithul A, Adhanom IB, Folmer E. Teleportation in virtual reality; a mini-review. Front Virtual Real. 2021;2:730792. https://doi.org/10.3389/frvir.2021.730792.
21. ISO/IEC 2094: IEV Nummer: 741-01-18: Entität. 2018. https://www.dke.de/de/services/iev-woerterbuch/iev-schablonen-detailseite?id=55955&type=dke%7Ciev. Zugegriffen am 06.01.2025.
22. Statista Research Department. Anteile chemischer Elemente am menschlichen Körper nach Gewicht und Menge der Atome. https://de.statista.com/statistik/daten/studie/327830/umfrage/anteile-chemischer-elemente-am-menschlichen-koerper-nach-gewicht-und-menge-der-atome/. Zugegriffen am 06.01.2025.
23. Wolfram Alpha. Estimated number of atoms in a typical human body – Wolfram|Alpha. https://www.wolframalpha.com. Zugegriffen am 06.01.2025.
24. Shannon CE. A mathematical theory of communication. Bell Syst Tech J. 1948;27:379–423. https://doi.org/10.1002/j.1538-7305.1948.tb01338.x.
25. Tenzer F. Daten – Volumen der weltweit generierten Daten bis 2027. https://de.statista.com/statistik/daten/studie/267974/umfrage/prognose-zum-weltweit-generierten-datenvolumen. Zugegriffen am 06.01.2025.
26. Bravais A, Blasius C, Blasius E. Abhandlung über die Systeme von regelmässig auf einer Ebene oder im Raum vertheilten Punkten. Leipzig: Wilhelm Engelmann; 1897.
27. Boehm HP, Clauss A, Fischer GO, Hofmann U. Das Adsorptionsverhalten sehr dünner Kohlenstoff-Folien. Zeitschrift anorg allge chemie. 1962;316:119–27. https://doi.org/10.1002/zaac.19623160303.
28. Novoselov K, Geim A, Morozov S, Jiang D, Zhang Y, Dubonos S, Grigorieva I, Firsov A. Electric field effect in atomically thin carbon films. Nat Mater. 2004;6.
29. Novoselov KS, Jiang D, Schedin F, Booth TJ, Khotkevich VV, Morozov SV, Geim AK. Two-dimensional atomic crystals. Proc Natl Acad Sci USA. 2005;102:10451–3. https://doi.org/10.1073/pnas.0502848102.
30. Knoll M, Ruska E. Das Elektronenmikroskop. Z Physik. 1932;78:318–39. https://doi.org/10.1007/BF01342199.
31. Siemens Messtechnik. ELMISKOP I: SIEMENS Elektronenmikroskop nach E. Ruska und B. v. Borries; 1964.
32. Sawada H, Shimura N, Hosokawa F, Shibata N, Ikuhara Y. Resolving 45-pm-separated Si–Si atomic columns with an aberration-corrected STEM. Microscopy (Tokyo). 2015;64:213–7. https://doi.org/10.1093/jmicro/dfv014.
33. Urban KW, Barthel J, Houben L, Jia C-L, Jin L, Lentzen M, Mi S-B, Thust A, Tillmann K. Progress in atomic-resolution aberration corrected conventional transmission electron microscopy (CTEM). Prog Mater Sci. 2023;133:101037. https://doi.org/10.1016/j.pmatsci.2022.101037.
34. Binnig G, Rohrer H, Gerber C, Weibel E. Surface studies by scanning tunneling microscopy. In: Neddermeyer H, Herausgeber. Scanning tunneling microscopy. Dordrecht: Springer Netherlands; 1982. S. 31–5. https://doi.org/10.1007/978-94-011-1812-5_1.
35. Binnig G, Quate CF, Gerber C. Atomic force microscope. Phys Rev Lett. 1986;56:930–3. https://doi.org/10.1103/PhysRevLett.56.930.
36. Ambrosetti A, Ferri N, DiStasio RA, Tkatchenko A. Wavelike charge density fluctuations and van der Waals interactions at the nanoscale. Science. 2016;351:1171–6. https://doi.org/10.1126/science.aae0509.
37. Midgley PA, Dunin-Borkowski RE. Electron tomography and holography in materials science. Nature Mater. 2009;8:271–80. https://doi.org/10.1038/nmat2406.

38. Radon J. Über die Bestimmung von Funktionen durch ihre Integralwerte längs gewisser Mannigfaltigkeiten. In: Berichte über die Verhandlungen der Königlich Sächsischen Gesellschaft der Wissenschaften zu Leipzig. Leipzig: B. G. Teubner; 1917. S. 262–77.
39. ThermoFischer, Zuse Institute Berlin. Amira Software | Life Science Research – DE. https://www.thermofisher.com/de/de/home/electron-microscopy/products/software-em-3d-vis/amira-software.html. Zugegriffen am 12.01.2025.
40. Slicer Community. 3D Slicer image computing platform. https://slicer.org/. Zugegriffen am 12.01.2025.
41. Oostveen LJ, Smit EJ, Dekker HM, Buckens CF, Pegge SAH, De Lange F, Sechopoulos I, Prokop M. Abdominopelvic CT image quality: evaluation of thin (0.5-mm) slices using deep learning reconstruction. Am J Roentgenol. 2023;220:381–8. https://doi.org/10.2214/AJR.22.28319.
42. Lin E, Alessio A. What are the basic concepts of temporal, contrast, and spatial resolution in cardiac CT? J Cardiovasc Comput Tomogr. 2009;3:403–8. https://doi.org/10.1016/j.jcct.2009.07.003.
43. Onnes HK. On the cryogenic laboratory at Leiden and on the production of very low temperatures. In: Gavroglu K, Goudaroulis Y, Herausgeber. Through measurement to knowledge. Netherlands/Dordrecht: Springer; 1991. S. 3–30.
44. Radebaugh R. Cryogenics. In: The Macmillan encyclopedia of chemistry. New York: Macmillan; 2002.
45. Gemeinsame Bundesausschuss. Richtlinie des Gemeinsamen Bundesausschusses zur Kryokonservierung von Ei- oder Samenzellen oder Keimzellgewebe sowie entsprechende medizinische Maßnahmen wegen keimzellschädigender Therapie. 2022.
46. Shatilovich A, Gade VR, Pippel M, Hoffmeyer TT, Tchesunov AV, Stevens L, Winkler S, Hughes GM, Traikov S, Hiller M, Rivkina E, Schiffer PH, Myers EW, Kurzchalia TV. A novel nematode species from the Siberian permafrost shares adaptive mechanisms for cryptobiotic survival with C. Elegans dauer larva. PLoS Genet. 2023;19:e1010798. https://doi.org/10.1371/journal.pgen.1010798.
47. Zech N, Vanderzwalmen P, Stecher A, Zech H. Vitrifikation von der Eizelle bis zur Blastozyste. J Fertilität Reproduktion. 2002;12:13–8.
48. Khaydukova IV, Ivannikova VM, Zhidkov DA, Belikov NV, Peshkova MA, Timashev PS, Tsiganov DI, Pushkarev AV. Current state and challenges of tissue and organ cryopreservation in biobanking. IJMS. 2024;25:11124. https://doi.org/10.3390/ijms252011124.
49. Alcor Life Extension Foundation. Complete list of non-confidential cryopreserved alcor patients. https://www.alcor.org/complete-list-of-non-confidential-cryopreserved-alcor-patients/. Zugegriffen am 19.01.2025.
50. Ettinger RCW. The prospect of immortality. New York: Doubleday & Company; 1964.
51. Schmeling A, Klein A, Bajanowski T. Durchführung der ärztlichen Leichenschau gemäß S1-Leitlinie 2017 der Deutschen Gesellschaft für Rechtsmedizin. Bundesgesundheitsbl. 2019;62:1452–7. https://doi.org/10.1007/s00103-019-03043-4.
52. Dein S. Cryonics: Science or religion. J Relig Health. 2022;61:3164–76. https://doi.org/10.1007/s10943-020-01166-6.
53. Gabor D. A new microscopic principle. Nature. 1948;161:777–8. https://doi.org/10.1038/161777a0.
54. DIN: DIN 5031-7:1984-01. Strahlungsphysik im optischen Bereich und Lichttechnik- Teil 7: Benennung der Wellenlängenbereiche. Beuth Verlag GmbH; 1984. https://doi.org/10.31030/2705004.
55. Internationale Beleuchtungskommission: 17-21-003 CIE: visible radiation. https://cie.co.at/eilvterm/17-21-003. Zugegriffen am 19.01.2025.

56. Rayleigh. XXXI. Investigations in optics, with special reference to the spectroscope. The London, Edinburgh, and Dublin Philosophical Magazine and Journal of Science. 1879;8:261–74. https://doi.org/10.1080/14786447908639684.
57. Airy GB. On a peculiar defect in the eye, and a mode ofcorrecting it. In: Brewster D, Herausgeber. Edinburgh journal of science. Edinburgh: John Thomson; 1827. S. 322–5.
58. Bessel FW. Untersuchung des Theils der planetarischen Störungen, welcher aus der Bewegung der Sonne entsteht. In: Engelmann R, Herausgeber. Abhandlungen von Friedrich Wilhelm Bessel. Leipzig: Wilhelm Engelmann; 1875. S. 84–109.
59. Nyquist H. Certain topics in telegraph transmission theory. Trans Am Inst Electr Eng. 1928;47:617–44. https://doi.org/10.1109/T-AIEE.1928.5055024.
60. Shannon CE. Communication in the presence of noise. Proc IRE. 1949;37:10–21. https://doi.org/10.1109/JRPROC.1949.232969.
61. Chromasens GmbH. allPIXA wave color line scan camera (Datenblatt). Konstanz: Chromasens GmbH; 2022. https://www.alliedvision.com/en/products/line-scan-cameras/allpixa-wave. Zugegriffen am 13.07.2026.
62. Teledyne DALSA. LineaTMHS 32k CMOS TDI camera (Datenblatt). Waterloo: Teledyne DALSA; 2021. https://www.stemmer-imaging.com/en/series-teledyne-dalsa-linea-hs. Zugegriffen am 13.07.2026.
63. Gruber M, Ponticelli M, Leberl F. UltraCamX, the large format digital aerial camera system by Vexcel Imaging / Microsoft. In: ISPRS Archives. Peking; 2008.
64. Gao P, Yuan C. Resolution enhancement of digital holographic microscopy via synthetic aperture: a review. gxjzz. 2022;3:105. https://doi.org/10.37188/lam.2022.006.
65. Einstein A. Ist die Trägheit eines Körpers von seinem Energieinhalt abhängig? Ann Phys. 1905;323:639–41. https://doi.org/10.1002/andp.19053231314.
66. Einstein A. Über das Relativitätsprinzip und die aus demselben gezogenen Folgerungen. In: Jahrbuch der Radioaktivität und Elektronik. Leipzig: S. Hirzel; 1907. S. 411–62.
67. Dirac PAM. A theory of electrons and protons. Proc R Soc Lond A. 1930;126:360–5. https://doi.org/10.1098/rspa.1930.0013.
68. Anderson CD. The positive electron. Phys Rev. 1933;43:491–4. https://doi.org/10.1103/PhysRev.43.491.
69. Swisher RD. What are positrons? Astounding Stories. 1937;19:117–21.
70. Asimov. Opposite! In: The relativity of the wrong. New York: Pinnacle Books; 1988. S. 253–67.
71. Asimov I. Strange Playfellow. Super Science Stories. 1940;1:67–93.
72. Asimov I. Runaround. Astounding Science Fiction. 1942;29:94–103.
73. Breit G, Wheeler JA. Collision of two light quanta. Phys Rev. 1934;46:1087–91. https://doi.org/10.1103/PhysRev.46.1087.
74. Mohr P, Newell D, Taylor B, Tiesinga E. CODATA recommended values of the fundamental physical constants: 2022. http://arxiv.org/abs/2409.03787. 2024. https://doi.org/10.48550/arXiv.2409.03787.
75. MPlancj1906Vorlesungen über die Physik der WärmestrahlungJohann Ambrosius BarthLeipzigPlanck M. Vorlesungen über die Physik der Wärmestrahlung. Leipzig: Johann Ambrosius Barth; 1906.
76. Planck M. Ueber das Gesetz der Energieverteilung im Normalspectrum. Ann Phys. 1901;309:553–63. https://doi.org/10.1002/andp.19013090310.
77. LUXE Collaboration, Abramowicz H, Almanza Soto M, Altarelli M, Aßmann R, Athanassiadis A, Avoni G, Behnke T, Benettoni M, Benhammou Y, Bhatt J, Blackburn T, Blanch C, Bonaldo S, Boogert S, Borysov O, Borysova M, Boudry V, Breton D, Brinkmann R, Bruschi M, Burkart F, Büßer K, Cavanagh N, Dal Corso F, Decking W, Deniaud M, Diner O, Dosselli U,

Elad M, Epshteyn L, Esperante D, Ferber T, Firlej M, Fiutowski T, Fleck K, Fuster-Martinez N, Gadow K, Gaede F, Gallas A, Garcia Cabrera H, Gerstmayr E, Ghenescu V, Giorato M, Golubeva N, Grojean C, Grutta P, Grzelak G, Hallford J, Hartman L, Heinemann B, Heinzl T, Helary L, Hendriks L, Hoffmann M, Horn D, Huang S, Huang X, Idzik M, Irles A, Jacobs R, King B, Klute M, Kropf A, Kroupp E, Lahno H, Lasagni Manghi F, Lawhorn J, Levanon A, Levi A, Levinson L, Levy A, Levy I, Liberman A, Liss B, List B, List J, Lohmann W, Maalmi J, Madlener T, Malka V, Marsault T, Mattiazzo S, Meloni F, Miron D, Morandin M, Moroń J, Nanni J, Neagu AT, Negodin E, Paccagnella A, Pantano D, Pietruch D, Pomerantz I, Pöschl R, Potlog PM, Prasad R, Quishpe R, Ranken E, Ringwald A, Roich A, Salgado F, Santra A, Sarri G, Sävert A, Sbrizzi A, Schmitt S, Schulthess I, Schuwalow S, Seipt D, Simi G, Soreq Y, Spataro D, Streeter M, Swientek K, Tal Hod N, Teter T, Thiebault A, Thoden D, Trevisani N, Urmanov R, Vasiukov S, Walker S, Warren M, Wing M, Yap YC, Zadok N, Zanetti M, Żarnecki AF, Zbińkowski P, Zembaczyński K, Zepf M, Zerwas D, Ziegler W, Zuffa M. Technical Design Report for the LUXE experiment. Eur Phys J Spec Top. 2024;233:1709–974. https://doi.org/10.1140/epjs/s11734-024-01164-9.

78. Einstein A, Born H, Born M. Briefwechsel 1916–1955. Reinbek bei Hamburg: Rowohlt; 1972.
79. Born M. Zur Quantenmechanik der stoßvorgänge. Z Physik. 1926;37:863–7. https://doi.org/10.1007/BF01397477.
80. Bell JS. On the Einstein Podolsky Rosen paradox. Physics Physique Fizika. 1964;1:195–200. https://doi.org/10.1103/PhysicsPhysiqueFizika.1.195.
81. Freedman SJ, Clauser JF. Experimental test of local hidden-variable theories. Phys Rev Lett. 1972;28:938–41. https://doi.org/10.1103/PhysRevLett.28.938.
82. Aspect A, Grangier P, Roger G. Experimental realization of Einstein-Podolsky-Rosen-Bohm *Gedankenexperiment*: a new violation of Bell's inequalities. Phys Rev Lett. 1982;49:91–4. https://doi.org/10.1103/PhysRevLett.49.91.
83. Sherson JF, Krauter H, Olsson RK, Julsgaard B, Hammerer K, Cirac I, Polzik ES. Quantum teleportation between light and matter. Nature. 2006;443:557–60. https://doi.org/10.1038/nature05136.
84. Chen T-Y, Liang H, Liu Y, Cai W-Q, Ju L, Liu W-Y, Wang J, Yin H, Chen K, Chen Z-B, Peng C-Z, Pan J-W. Field test of a practical secure communication network with decoy-state quantum cryptography. Opt Express. 2009;17:6540. https://doi.org/10.1364/OE.17.006540.
85. Heisenberg W. Über den anschaulichen Inhalt der quantentheoretischen Kinematik und Mechanik. Z Physik. 1927;43:172–98. https://doi.org/10.1007/BF01397280.
86. Wootters WK, Zurek WH. A single quantum cannot be cloned. Nature. 1982;299:802–3. https://doi.org/10.1038/299802a0.
87. Okun LB. The concept of mass. Phys Today. 1989;42:31–6. https://doi.org/10.1063/1.881171.
88. Hawking SW. Eine kurze Geschichte der Zeit: die Suche nach der Urkraft des Universums. Reinbek bei Hamburg: Rowohlt; 1994.
89. Clausius R. Ueber die bewegende Kraft der Wärme und die Gesetze, welche sich daraus für die Wärmelehre selbst ableiten lassen. Ann Phys. 1850;155:368–97. https://doi.org/10.1002/andp.18501550306.
90. Ruffini R, Wheeler JA. Introducing the black hole. Phys Today. 1971;24:30–41. https://doi.org/10.1063/1.3022513.
91. Hawking SW, Shukman D. Haben Schwarze Löcher keine Haare? zwei Vorträge. Reinbek bei Hamburg: Rowohlt; 2017.
92. Einstein A, Rosen N. The particle problem in the general theory of relativity. Phys Rev. 1935;48:73–7. https://doi.org/10.1103/PhysRev.48.73.
93. Misner CW, Wheeler JA. Classical physics as geometry. Ann Phys. 1957;2:525–603. https://doi.org/10.1016/0003-4916(57)90049-0.

94. Lem S. Summa technologiae. Frankfurt am Main: Suhrkamp; 2016.
95. Reid T. Essays on the intellectual powers of Man. Edinburgh/London: John Bell, G.G.J. & J. Robinson; 1785.
96. Lewis DK. On the plurality of worlds. Malden: Blackwell Publishers; 2001.
97. Diels H. Die Fragmente der Vorsokratiker. Berlin: Weidmannsche Buchhandlung; 1906.
98. Lewis D. The paradoxes of time travel. In: Schneider S, Herausgeber. Science fiction and philosophy. Wiley; 2016. S. 357–69. https://doi.org/10.1002/9781118922590.ch26.
99. Plutarch. Plutarch's lives with an English translation by Bernadotte Perrin. Cambridge, MA: Harvard University Press; 1967.
100. Parfit D. Reasons and persons. Oxford: Clarendon Press; 1992.
101. Putnam H. The meaning of "Meaning". Minn Stud Philos Sci. 1975;7:131–93.
102. Davidson D. Knowing ONE'S own mind. Proceedings and addresses of the American Philosophical Association. 1987;60:441. https://doi.org/10.2307/3131782.
103. Planck M. Über den zweiten Hauptsatz der mechanischen Wärmetheorie. Inauguraldissertation, Universität München. München: Theodor Ackermann; 1879.
104. Landauer R. Irreversibility and heat generation in the computing process. IBM J Res Dev. 1961;5:183–91. https://doi.org/10.1147/rd.53.0183.
105. Feynman RP. The Feynman Lectures on Physics Vol. I Ch. 39: The Kinetic Theory of Gases. https://www.feynmanlectures.caltech.edu/I_39.html. Zugegriffen am 01.08.2025.
106. Alvarez S. A cartography of the van der Waals territories. Dalton Trans. 2013;42:8617. https://doi.org/10.1039/c3dt50599e.
107. Einstein A. Über einen die Erzeugung und Verwandlung des Lichtes betreffenden heuristischen Gesichtspunkt. Ann Phys. 1905;322:132–48. https://doi.org/10.1002/andp.19053220607.
108. De Broglie L. Waves and quanta. Nature. 1923;112:540. https://doi.org/10.1038/112540a0.
109. Thomson GP, Reid A. Diffraction of cathode rays by a thin film. Nature. 1927;119:890. https://doi.org/10.1038/119890a0.
110. Thomson GP. Experiments on the diffraction of cathode rays. Proc Royal Soc London. Series A, Containing Papers Math Phys Character. 1928;117:600–9.
111. Davisson C, Germer LH. Diffraction of electrons by a crystal of nickel. Phys Rev. 1927;30:705–40. https://doi.org/10.1103/PhysRev.30.705.
112. Masuoka F, Momodom M, Iwata Y, Shirota R. New ultra high density EPROM and flash EEPROM with NAND structure cell. In: 1987 international electron devices meeting. IRE; 1987. S. 552–5. https://doi.org/10.1109/IEDM.1987.191485.
113. Lee R, Park S, Seo Y, Kim J, Jung J, Yeo J, Ahn Y, Kim HJ, Kim Y, Lee J, Lee D, Park J, Kim W, Lee B, Noh K, Hong S, Hur SH. Highly scalable and reliable cell characteristics for 1Tb 9Th generation 3D-NAND flash memory. In: 2025 symposium on VLSI technology and circuits (VLSI Technology and Circuits). 2025. S. 1–3. https://doi.org/10.23919/VLSITechnologyandCir65189.2025.11075032.
114. Church GM, Gao Y, Kosuri S. Next-generation digital information storage in DNA. Science. 2012;337:1628. https://doi.org/10.1126/science.1226355.
115. Buko T, Tuczko N, Ishikawa T. DNA Data Storage. BioTech. 2023;12:44. https://doi.org/10.3390/biotech12020044.
116. Puttnam BJ, Luis RS, Phillips I, Tan M, Donodin A, Pratiwi D, Dallachiesa L, Huang Y, Mazur M, Fontaine NK, Chen H, Chung D, Ho V, Orsuti D, Boriboon B, Rademacher G, Palmieri L, Man R, Ryf R, Neilson DT, Forysiak W, Furukawa H. 402 Tb/s GMI data-rate OESCLU-band transmission. In: 2024 optical fiber communications conference and exhibition (OFC). 2024. S. 1–3.

Zeitreisen

3

Die Manipulation der Zeit

Inhaltsverzeichnis

Teleportation und Zeitreisen scheinen auf den ersten Blick zwei völlig unterschiedliche Konzepte zu sein. Das eine verspricht die unmittelbare Überwindung von Raum, das andere die Kontrolle über die Zeit. Doch bei genauerer Betrachtung sind sie untrennbar miteinander verbunden. Beide fordern unsere vertrauten Annahmen über die Realität, des Selbst und die Grenzen des physikalisch Möglichen heraus. In der Wissenschaft teilen Teleportation und Zeitreisen das gemeinsame Fundament der Quantenphysik. Die Quantenverschränkung scheint zu demonstrieren, dass Informationen unabhängig von Raum und Zeit übertragen werden können. Wenn der Raum durch Teleportation überwunden wird, kann das vielleicht auch für die Zeit gelten. Und wenn schon nicht in der Realität, vielleicht zumindest im Metaversum.

© Der/die Autor(en), exklusiv lizenziert an Springer Fachmedien Wiesbaden GmbH, ein Teil von Springer Nature 2026
A. Grasnick, *Praxis der Teleportation*,
https://doi.org/10.1007/978-3-658-48558-0_3

3.1 Philosophie der Zeit

Die Beschäftigung mit der Zeit ist kein modernes Phänomen. Bereits in der Antike wurden die Bedeutungen von Gegenwart, Vergangenheit und Zukunft hinterfragt. Die Zeit wird zu einer relationalen Größe, aber gleichzeitig bleibt sie unfassbar. Die subjektive Wahrnehmung, dass Zeit manchmal schneller oder langsamer vergeht, scheint die Zeitmessung als absolute Realität infrage zu stellen. Zumindest scheint sicher, dass die Zeit in eine Richtung fließt. Oder?

Von Chronos zur Inquisition

Die Beschäftigung mit der Zeit ist eines der ältesten philosophischen Probleme. In der klassischen Philosophie wird die Zeit Teil der Ordnungsstruktur der wahrgenommenen Welt, in der Neuzeit zum Gegenstand exakter Messung und schließlich eine Dimension der Raumzeit.

In der griechischen Antike begegnen sich mehrere Zeitbegriffe. Zuallererst ist Chronos beim vorsokratischen Philosophen Pherekydes[1] eines der drei personifizierten Prinzipien der Welt ([1], S. 11). Neben Chronos als Verkörperung der Zeit nennt Pherekydes noch den bereits etablierten Zeus für das Leben und Chthonie[2] für die Erde. Chronos, die orphische[3] Verkörperung der Zeit, erzeugt wiederum weitere Personifikationen: Chaos,[4] Äther[5] und Erebos[6] (nach den orphischen Hymnen [4], S. 156). Das Chaos ist von Beginn an vorhanden und damit der Urzustand, aus dem alles andere entstehen muss. In Hesiods[7] Theogonie erzeugt das Chaos zunächst nur die Nacht und den Erebos. Erst die Nacht gebiert dann den Äther und das Licht. Der Wechsel von Licht und Dunkel bildet den Rhythmus von Tag und Nacht und damit zugleich einen unmittelbaren Zeitbegriff. Hesiod geht aber über die Betrachtung menschlich erlebbarer Jahres- und Lebenszeiten hinaus. Er schildert in „Werke und Tage" [5] verschiedene Weltalter, die mit dem goldenen Zeitalter begannen, in dem die Menschen glücklich und sorgenfrei lebten. Prometheus aber brachte das Feuer auf die Erde und Pandora lieferte neben ihrem Liebreiz auch einige unerfreuliche Eigenschaften

[1] Pherekydes von Syros (geb. um 584 v. Chr.), griechischer Philosoph, wird mitunter als ein möglicher Lehrer des Pythagoras genannt.

[2] Nachdem Zeus ihr die Erde als Geschenk gemacht hat, nimmt Chthonie den Namen Γῆ (Ge) an (nach [2], S. 338), heute eher als Gaea bzw. Gaia bekannt.

[3] Die Orphiker waren eine religiöse Gemeinschaft, die sich in ihren Schriften auf den mythologischen Autor Orpheus beriefen.

[4] „Siehe, vor allem ward Chaos …", aus Hesiods Theogonie, Vers 115 [3], S. 101.

[5] Personifikation des Himmels und des Lichts.

[6] Personifikation der Unterwelt und der Finsternis.

[7] Hesiod (geb. 700 v. Chr.), griechischer Philosoph.

aus: Lust, Schmeichelei, Lug und Betrug.[8] Damit waren diese Übel in der Welt und die Menschen begannen im folgenden silbernen Zeitalter gewalttätig zu streiten und sich von den Göttern abzuwenden. Dieser negative Trend verstärkte sich im ehernen Zeitalter, als die Menschen „...wild und ungestüm...leidvolle Werke... und Freveltaten" (aus [5], V.145f.) verübten. Danach wurde es im vierten heroischen Zeitalter kaum friedlicher. Zwar waren die Heroen als Halbgötter von gerechterem Wesen, allerdings wurden sie durch beständige Kriege und Kämpfe[9] dezimiert. Bereits Hesiod beklagt, dass er in dem noch schrecklicheren eisernen Zeitalter leben muss (aus [5], S. 17):

> „Lebte ich doch nun nicht beim fünften Geschlecht von Menschen, wäre ich zuvor gestorben oder später geboren! Jetzt nämlich ist das Geschlecht wahrlich von Eisen; nie ruhen sie aus am Tag von Mühe und Leid, und selbst bei Nacht nicht endet die Mühsal; schlimme Sorgen werden ihnen die Götter verhängen."

Für Hesiod ist die menschliche Gerechtigkeit die Basis für die Rückkehr in ein positives Zeitalter, gleichzeitig haben die Götter jederzeit die Möglichkeit einzugreifen.

Heraklit[10] fügt mit dem kindlichen Aion eine personifizierte Lebenszeit ein, die in Form durch Verschieben von Spielsteinen die einzelnen Lebensabschnitte beeinflusst und somit die göttlich lenkende Funktion übernimmt (s. B 52/B 100 [6], S. 132):

> „Die Lebensfülle ist ein Kind (beim Spiel), mit Brettspielsteinchen spielend; ein Kind hat das Amt, königlich zu herrschen/über alles, was die Zeitabschnitte (herbei-)bringen."

Aion (oder Äon), bei Euripides[11] ein weiterer Sohn des Chronos,[12] teilt spielerisch die ausgedehnte Lebenszeit in Abschnitte ein und definiert damit beiläufig den Moment, der aus dem ruhigen Fluss des Lebens ein Vorher und Nachher im zeitlichen Vergleich zu den Ereignissen macht. Kairos, das im Griechischen für den „rechten Augenblick" steht, markiert ein qualitativ herausragendes Ereignis in der Zeit. Es ist der kurze Zeitpunkt, in dem das Handeln gelingen kann. Wenn wir heute eine „Gelegenheit am Schopf packen", dann halten wir im übertragenen Sinn den Kairos an seinem Haar fest. Poseidippos[13] hat dazu

---

[8] Bei Hesiod hebt Pandora den Deckel eines Fasses, das alle Übel enthält. Schönberger weist in seiner Hesiod-Übersetzung darauf hin, dass die Einführung des Fasses eigentlich unnötig ist, da Pandora selbst schon das Übel darstellt. Natürlich ist ein Fass auch keine Büchse und die „Büchse der Pandora" ein Übersetzungsfehler (aus [5], S. 68).

[9] Z. B. beim Streit um die Herden des Ödipus beim siebentorigen Theben oder bei den Auseinandersetzungen in Troja um die schöne Helena.

[10] Heraklit von Ephesos (520 v. Chr.–460 v. Chr.) griechischer Philosoph und Historiker.

[11] Euripides (480–406 v. Chr.), griechischer Dichter.

[12] Nach den Herakliden 899 „Aion, des Chronos Sohn" (αἰών τε χρόνος παῖς) (aus [7], S. 46).

[13] Poseidippos von Pella (310 v. Chr.–240 v. Chr.), griechischer Dichter.

Abb. 3.1 Darstellung des Kairos nach einem Relief auf einem attischen Sarkophag (ca. 160–180 n. Chr.). Das Relief befindet sich im Museo di Antichità, Turin (Inv.-Nr. 610), die Zeichnung wurde nach diesem Objekt angefertigt. (aus [8], S. 325)

ein Epigramm über eine Statue des Lysipp[14] geschrieben, die den Kairos beschreibt und bis heute unser Bild einer Gelegenheit prägt (aus, [8] S. 325)[15]:

> „A. Und warum hängen deine Haare über dein Gesicht? B. Damit der, der mir begegnet, mich bei der Stirnlocke packen kann. A. Und warum, um Himmels willen, ist dein Hinterkopf kahl? B. Weil keiner, an dem ich einst auf meinen geflügelten Füßen vorbeigelaufen bin, mich jetzt, auch wenn er es noch so sehr wünscht, von hinten packen wird.“

Kairos wurde in der Folge gern als geflügelter Jüngling[16] dargestellt, der am Vorderkopf volles, lockiges Haar trägt, am Hinterkopf jedoch kahlköpfig ist. Auf der Schneide eines Messers balanciert er dabei eine Waage und trennt damit messerscharf zwischen verpassten und ergriffenen Gelegenheiten (s. Abb. 3.1). Der Moment des Kairos wird zum erfüllten, aufgeladenen Zeitpunkt, der sich qualitativ aus der quantitativen Lebenszeit des Äon heraushebt. Diese Momente sind es, die eine Lebenszeit in Zeitabschnitte unterteilen. Dadurch erhält die Zeit eine zweite Dimension: Sie ist nicht nur messbar, sondern erlangt auch Bedeutung.

Die Zeit steht auch für Veränderung. Nach Heraklit kann man nicht zweimal in denselben Fluss steigen, da dieser sich „durch das Ungestüm und die Schnelligkeit“ bereits gewandelt hat [9], S. 96), weil eben zwischen beiden einzelnen Momenten Zeit verstrichen ist. Platon[17] lenkt in einem fiktiven Streitgespräch zwischen Sokrates,[18] Hermogenes[19] und

[14] Lysippos (um 400 v. Chr.), griechischer Bildhauer.

[15] Übers. d. Verf.

[16] Häufig wie in Poseidippos Beschreibung auch mit Flügeln an den Fersen.

[17] Platon, lat. Plato (427 v. Chr.–348 v. Chr.), griechischer Philosoph, Schüler des Sokrates.

[18] Sokrates (469 v. Chr.–399 v. Chr.), griechischer Philosoph, Schüler des Archelaos.

[19] Hermogenes (5./4. Jhdt. v. Chr.), griechischer Philosoph, Schüler des Sokrates.

Kratylos[20] den Blick auf die vermeintlichen Wahrheiten von Homer[21] und Heraklit (aus Kratylos 402, [10], S. 57):

> „Ich glaube zu sehen, dass Herakleitos gar alte Weisheit vorbringt, offenbar dasselbe von Kronos und Rhea was auch Homeros schon gesagt hat. ... Herakleitos sagt doch, dass Alles ... geht und nichts bleibt..."

Platon entwirft hier mit „Ἡράκλειτος ὅτι **πάντα χωρεῖ** καὶ ..." (aus 402a [11], S. 267) einen Ausspruch, der von Aristoteles[22] in ähnlicher Form verwendet wurde und durch Simplikios[23] als „**πάντα ῥεῖ**" (panta rhei) bis in unsere Zeit erhalten geblieben ist (z. B. in der lateinisch-griechischen Ausgabe der Kommentare zu Aristoteles [12], S. 1313). Nach Aristoteles ist die Zeit zwar nicht mit der Bewegung gleichzusetzen, hängt aber immer mit dieser zusammen. Die Zeit ist bei Aristoteles das „Maß des Seinsflusses" (aus [13] 774, S. 143):

> „Wie die Bewegung nicht nach der Art des Unteilbaren entsteht, ebenso sind von der Zeit die Jetzt als Grenzen ungeteilt, die Jetzt als Teile aber nicht. Denn als kontinuierliche hat die Zeit selbst Teile, die immer wieder teilbar sind. Daher, selbst wenn sowohl die Bewegung wie auch die Zeit in kontinuierlichem Fluß sind, sind sie doch nicht ohne Bestand, sondern haben im Werden ihr Sein."

Wenn ein Jetzt der vom Vorher und Nachher begrenzte diskrete Abschnitt im kontinuierlichen Fluss des Seins ist, dann kann die Zeit als ein aus vielen Jetzt zusammengesetztes Maß betrachtet werden: „...die Zeit ist nur Zahl..." (aus [13] 789, S. 160). Die Zeit ist wie die Zahl ein aus kleineren Einheiten gebildetes, zählbares und gerichtetes Maß. Daraus erwächst eine bis heute gültige Wahrheit: Zeit lässt sich messen, weil jede Bewegung strukturiert ist; sie bekommt eine Richtung, weil jede Veränderung im Fluss der Zeit geordnet ist.

Der Simplikios stellt in seinen Kommentaren zu Aristoteles auch die Zeitauffassung des Plotin,[24] einem Anhänger und Lehrer der platonischen Lehren dar. Für Plotin ist die Zeit ein bewegtes Abbild des Aion (aus [13] 792, S. 163):

> „Wenn nun einer sagen würde, die Zeit sei das Leben der Psyche in ihrer Übertrittsbewegung von einer Lebensphase in die andere, würde der nicht etwas Vernünftiges sagen? Wenn der

---

[20] Kratylos (geb. Mitte des 5. Jhdt. v. Chr.), griechischer Philosoph, Anhänger der Lehren des Heraklit.

[21] Homer (nach 850 v. Chr.–vor 750 v. Chr.), griechischer Dichter, Schöpfer der Ilias und der Odyssee.

[22] Aristoteles (384 v. Chr.–322 v. Chr.), griechischer Philosoph und Naturforscher, Schüler des Platon; Lehrer Alexanders des Großen.

[23] Simplikios von Kilikien, lat. Simplicius (480–560), griechischer Philosoph, Kommentator des Aristoteles.

[24] Plotin, lat. Plotinus (205–270), römischer Philosoph.

Aion ein Leben im Stand ist, am selben Ort, in gleicher Weise, unendlich, dann muß die Zeit ein Bild des Aion sein, wie eben auch dieses Ganze hier sich zu jenen verhält."

Ordnen wir das mal ein. Wenn die Zeit eine Abbildung des kindlichen Aion ist, der spielerisch die Phasen des Lebens durcheinanderwürfelt, dann ist die Zeit auch wieder eine Serie von Momentaufnahmen des wahrgenommenen Lebens, abgebildet an den Übergängen zwischen den Lebensphasen. Die Einbeziehung des Geistes und der Seele in die Definition der Zeit hat die unmittelbare Konsequenz, dass Geistlose oder gar Unbeseelte die Zeit nicht wahrnehmen können – sie ist für diese bedeutungslos. Die Seele setzt bestimmte Prozesse in Gang, wenn deren Zeit gekommen ist (aus [14], S. 22):

„Und es hat ein jedes seine Zeit: ist diese da, dann gehts herab wie auf den Ruf des Herolds und hinein in den geeigneten Körper, und man möchte bei dem Vorgang fast sagen, sie würden durch magische Gewalten und starke Anziehungskräfte in Bewegung gesetzt und getragen."

Plotins Ausspruch „ein jedes hat seine Zeit" bringt die Zeit in die Verbindung mit dem Schicksal und vermittelt den Gedanken an eine unausweichliche Vorsehung. Natürlich geht auch der Kirchenvater Augustinus[25] von der Annahme aus, dass die Erschaffung der Zeit eine göttliche Aufgabe gewesen sei. Allerdings geht er dann genauer auf die Frage ein „Was also ist die Zeit?"[26] (aus [15], S. 553). Prinzipiell teilt auch Augustinus die Zeit in Vergangenheit und Zukunft, zwischen denen die Gegenwart liegt. Die Zukunft ist demzufolge noch nicht, die Vergangenheit nicht mehr, nur die Gegenwart ist tatsächlich existent. Die Gegenwart wird jedoch nur dadurch zur Zeit, dass sie in die Vergangenheit übergeht. Das führt Augustinus dazu, die Gegenwart als einen Zeitpunkt zu betrachten und er postuliert (aus [15], S. 553):

„Vergangenheit und Zukunft sind nicht, Gegenwart ohne Ausdehnung und Dauer".

Es ist aber genau dieser punktförmige Moment, der Augenblick, der ihm Schwierigkeiten bereitet. Ein Tag lässt sich in 24 h einteilen, diese wieder in flüchtige Teilchen. Auch wenn immer weiter geteilt wird, hat jedes „Augenblicksteilchen" immer noch eine Ausdehnung und müsste daher wieder in Vergangenheit und Zukunft geteilt werden, die ja nicht sind. Dieses Dilemma versucht er mit einer Betrachtung von Sehern und Propheten zu umgehen, welche die Zukunft voraussagen können und denen, die von der Vergangenheit berichten. Es sind demnach die Bilder der Zukunft, von denen uns die Seher berichten und die Bilder der Vergangenheit, die unsere Erinnerung wiedergibt. Also sind es bereits bestehende Bilder einer noch nicht bestehenden Zukunft, die nur den Sehern gegenwärtig sind. Aber vielleicht ist die Gabe nur dadurch erklärbar, dass der Seher aus der Gegenwart auf die Zukunft schließt. Damit ist es für Augustinus klar, dass die Gegenwart der

[25] Augustinus von Hippo (354–430), römischer Bischof und Kirchenlehrer, heute ein Heiliger.

[26] „Quid est. ergo tempus?" (aus [15], S. 552).

bestimmende Teil der Zeit ist und es eigentlich drei gegenwärtige Zeiten gibt (aus [15], S. 553):

> „Gegenwart des Vergangenen, Gegenwart des Gegenwärtigen und Gegenwart des Zukünftigen."

Letztlich ringt er sich durch, den Ablauf von messbaren Handlungen als Zeit zu betrachten, etwa Dauer von Tönen oder das Vorlesen von Silben, weil diese im Geiste gesungen oder vorgelesen, von ähnlicher Dauer sind. Und da hat er einen Punkt: Messbare Zeit ist die Dauer von Etwas, die Bildfolge von Augenblicken oder ganz einfach der Ablauf einer Handlung.

Die antike Sicht auf die Zeit ist dabei kaum von deren Messung zu trennen. Die allgegenwärtige Sonnenuhr zeigt ganz augenscheinlich den Gang der Zeit, die Wasseruhren[27] sind ein offensichtliches Symbol für ihr Verrinnen. Zeit vergeht und verfließt damit unmittelbar durch physische Bewegung. Dem Lauf der Sonne oder dem Fluss des Wassers. In antiken Gerichtsverfahren wurde der Tag in 11 Amphoren eingeteilt, die jeweils eine Ausflusszeit von 51 min benötigten. Das entsprach insgesamt der Länge eines Athener Lichttags im Monat Poseidon[28] ([16], S. 915) und damit der kürzesten Dauer eines Prozesstages – wenn der Fall bei Lichte betrachtet werden sollte. Eine Amphore[29] wurde in 12 Krüge[30] aufgeteilt, die dann einer Zeit von etwas mehr als vier Minuten entsprachen. Da die Redezeit vor Gericht den Prozessbeteiligten in einem bestimmten Volumen[31] zustand, mussten etwaige Unterbrechungen durch das zeitweise Verschließen des Ausflusses mit einem Finger bewerkstelligt werden und damit die Zeit angehalten werden. Es darf angenommen werden, dass der gesamte Tagesverlauf in 12 Amphoren aufgeteilt war,[32] da die antiken Griechen den lichten Tag in 12 temporale Stunden unterteilten. Wenn die Tageszeit über den Sonnenstand oder die Schattenlänge bestimmt wurde, ist es zwangsläufig, dass durch die veränderte Tageslänge im Jahresgang auch die Länge einer Stunde unterschiedlich ausfallen muss. Die frühen antiken Sonnenuhren messen zwar häufig noch Äquinoktialstunden,[33] werden aber etwa ab dem 3. Jahrhundert v. Chr. von den Temporalstunden abgelöst ([17], S. 126). Die variable Stunde auch bei Wasseruhren korrekt zu bestimmen, brachte gewisse technische Herausforderungen mit sich, die durch eine

[27] Klepsydra.

[28] Im gregorianischen Kalender von Mitte Dezember bis Mitte Januar.

[29] Amphoreus.

[30] Χοῦς – Choes oder Chous, ein attisches Chous hatte etwa 3,3 L Inhalt.

[31] Z. B. 1 Amphore oder 12 Choes Redezeit für eine Partei in einem Erbschaftsstreit ([16], S. 914).

[32] Vgl. hierzu [16], S. 914, Anmerkung 45.

[33] Die äquinoktialen Stunden (Äquinoktium = Tag-und-Nacht-Gleiche), werden durch die Zusammenfassung von lichtem Tag und lichtloser Nacht und deren Unterteilung in 24 gleichlange Stunden gebildet.

aufwendigere Mechanik gelöst werden müssten. Bei der Wasseruhr des Ktesibios[34] wurde der Wasserstand von einem Kork-Schwimmer erfasst und über ein Zahnradgetriebe auf einen Zeiger übertragen, wie Vitruv[35] berichtet ([18], S. 473).[36] Allerdings musste auch hier den temporalen Stunden Rechnung getragen werden, was zusätzlich zu einer aufwendigen Skala führt ([18], S. 475):

> „Man schreibe die Stunden unter Zugrundlegung der Analemmen[37] schräg rings um die Säule und verzeichne für jeden Monat eine besondere Zahlenreihe, die Säule aber muss drehbar gemacht werden, so dass sie durch ihre entsprechende Drehung die Zunahme und Abnahme der Stundenlängen in jedem gehörigen Monat zeigt."

Augustinus kannte als römischer Bürger sowohl die temporale Einteilung des lichten Tages in 12 h, als Gelehrter jedoch auch die äquinoktiale Stunde.[38] Möglicherweise war es die Doppelnatur der Stunde, die besonders zur Diskussion über die Zeit anregte. Die geeichte Wasseruhr teilte den Tag unbarmherzig in 24 h gleicher Dauer, die römische Tagesstunde richtete sich dagegen flexibel nach der Zeit zwischen Sonnenaufgang und Untergang.

Während Augustinus noch die Eroberung Roms[39] durch die westgotischen Truppen des Alarich[40] miterlebte, stand Boethius[41] bereits in den Diensten des Ostgoten Theoderich.[42] Boethius hatte das erklärte Ziel, die gesamten Werke des Aristoteles und Platons zu übersetzen und zu kommentieren ([22], S. 12). In seinen Kommentaren betrachtet er, wie seine Vorgänger, die Zeit ebenfalls als einen Teil einer höheren Ordnung, wobei er jedoch

---

[34] Ktesibios von Alexandria (wirkte im 3. Jhdt. v. Chr.), griechischer Erfinder.

[35] Vitruv, selten auch Marcus Vitruvius Polli (ca. 80 v. Chr.–ca. 15 v. Chr.), römischer Architekt und Ingenieur.

[36] „... vielmehr wurde der natürliche Tag von Sonnenaufgang bis Sonnenuntergang in 12 h geteilt. Diesem Umstande musste durch Einschaltung entsprechender Skalen Rechnung getragen werden." (aus [19], S. 38).

[37] Ein Analemma ist die Figur, die sich aus der Beobachtung des Sonnenverlaufs zu einer festen Stunde über das Jahr ergibt. Bei Vitruv ist es diejenige Figur, deren Kenntnis zur Fertigung einer Sonnenuhr notwendig ist ([18], S. 471).

[38] „Denn er [der Tag] besteht aus vierundzwanzig Nacht- und Tagesstunden." (aus [15], S. 557).

[39] Am 24. August 410 von Alarichs Heer eingenommen und drei Tage lang geplündert [20]. Augustinus schreibt aber auch davon, dass diejenigen, die Unterschlupf in den Kirchen gefunden hatten, von den „Barbaren" verschont wurden: „Und sobald selbst die Mordlustigen, die andernorts nach Feindesart tobten, an jene Stätten kamen, wo verwehrt war, was draußen nach dem Kriegsrecht als erlaubt galt, wurde ihrer ganzen mörderischen Wildheit Einhalt geboten ..." (aus [21], S. 5).

[40] Alarich I. (370–410), Heerführer der Westgoten.

[41] Anicius Manlius Severinus Boethius (um 480–ca. 525), römischer Gelehrter und Senator unter dem Ostgoten Theoderich. Boethius wurde noch zu Lebzeiten des Theoderich wegen Verschwörung gegen die Ostgoten angeklagt, verurteilt und zum Tode verurteilt.

[42] Theoderich „der Große" (451–526), Heerführer und König der Ostgoten.

sorgfältig zwischen dem dinglichen Schicksal und der göttlichen Vorhersehung unterscheidet (aus [23], S. 205):

> „Denn die Vorsehung ist jene im höchsten Herrscher aller Dinge selber begründete göttliche Vernunft, die alles ordnet; das Schicksal dagegen die den beweglichen Dingen anhaftende planmäßige Anlage, durch welche die Vorsehung ein jedes in seine Ordnung knüpft. Die Vorsehung umfaßt nämlich alles gleichmäßig, wie verschieden, wie unbegrenzt es sei, das Schicksal aber setzt das einzelne in trennende Bewegung, das dann nach Ort, Form, Zeit verteilt ist, so daß diese Entwicklung der zeitlichen Ordnung, im Überblick des göttlichen Geistes vereinigt, Vorsehung ist, eben diese Vereinigung aber, in der Zeit verteilt und entwickelt, Schicksal genannt wird."

Die Trennung von Schicksal und Vorhersehung hat zweierlei Konsequenzen. Die Vorsehung erschafft alle beweglichen Dinge und stattet diese mit Eigenschaften aus. Das Schicksal ist dann der den Dingen innewohnende Plan, die uns täglich begegnende Ordnung der Natur, welche die Bewegungen der Dinge nach Ort, Zeit, Wirkung und Raum bestimmt. Ein solche Zweiteilung hat den Vorteil, dass sich das Unerklärliche als göttlich gegeben ansehen lässt, die täglichen Beobachtungen sich aber durchaus ergründen und erklären lassen. Dabei ist Boethius' Verknüpfung von Raum und Zeit durchaus bemerkenswert. Interessant ist jedoch seine Interpretation von Aristoteles' und Platons Zeitbegriff. Genau wie diese akzeptiert er den Zeitbegriff als Fluss von Vergangenheit über die Gegenwart in die Zukunft, gleichzeitig betrachtet er aber die Ewigkeit als eine Situation, die sowohl Vergangenheit als auch Zukunft enthält und damit eigentlich eine unendlich andauernde Gegenwart ist – weil ja auch Vergangenheit und Zukunft im göttlichen Wissen, das die „Räume der Vergangenheit und Zukunft umfasst" ([23], S. 267) bereits Teil des ewigen Zustands sind.

Thomas von Aquin sucht weniger nach einer Definition der Zeit, sondern eher nach der Ursache, warum es Raum, Zeit und Bewegung überhaupt gibt.[43] Er macht sich den aristotelischen Begriff des „unbewegten Bewegers"[44] zu eigen, der bei ihm bewegungslos und damit außerhalb der bewegten Zeit ist. Aristoteles hatte in seiner Metaphysik [25] versucht, die Bewegung als solches zu definieren und dabei die bewegten Dinge kategorisiert. Es gibt demnach a) Dinge, die sich immer bewegen, b) Dinge, die sich nie bewegen und c) Dinge, die sich sowohl in Ruhe, als auch in Bewegung befinden können. Gerade aber die Dinge, die sich immer bewegen, müssten – wenn sie keine Lebewesen sind – von irgendetwas anderem bewegt sein, dem ersten Beweger. Thomas von Aquin konstruiert daraus eine Art Gottesbeweis (aus [26], S. 108–109):

> „So also ist es unumgänglich notwendig, dass, was auch immer in Bewegung ist, von anderem bewegt werde. Wenn nun aber dasjenige, was in Bewegung setzt, wieder selber in Bewegung ist, so muss auch dieses wieder von einem anderen den Anstoß zur Bewegung erhal-

---

[43] Thomas von Aquin (1225–1274), gelehrter Dominikaner, heute als Heiliger verehrt.

[44] Obwohl dieser Ausdruck sich wohl so nicht bei Aristoteles findet, sondern eher als das „unbewegt Bewegende" [24].

ten. Es kann jedoch keineswegs in den bewegenden Kräften eine Reihe ohne Ende angenommen werden … Notwendigerweise also muss folgerichtig eine erst bewegende Kraft angenommen werden, die völlig unbeweglich ist und sonach keiner anderen Kraft bedarf; diese ist aber nach dem Geständnisse aller Gott."

Wilhelm von Ockham[45] setzt sein berühmtes Rasiermesser ein, um alles Überflüssige in den Erklärungen der Welt zu entfernen. Wie schon Aristoteles und Boethius vor ihm, betrachtet Ockham die Wörter als Ausdruck der mentalen Begriffe der Seele ([27], S. 5). Als entschiedener Nominalist[46] ist Ockham jedoch der Ansicht, dass die Annahme der realen Existenz durch Vergegenständlichung von Universalbegriffen nicht mit der realen sinnlichen Wahrnehmung vereinbar ist. Mit seiner Analyse der Termini „rasiert" er so die unnötigen und fehlleitenden Elemente der Sprache auf eine glatte Logik. Ockham ist der Überzeugung, dass der Intellekt, sobald er irgendeinen Zeitverlauf bestimmen will, notwendigerweise den Begriff einer gleichförmig gleichschnellen Bewegung bilden muss. Dieser Begriff tritt dem Verstand zwar wie etwas Objektives entgegen, ist aber keine Realität, sondern entsteht erst durch den Akt des Denkens (nach [28], S. 116). Dennoch ist die Zeit zwischen zwei Zeitpunkten mental messbar, wenn durch die Feststellung des Ortes eine dingliche Bewegung im jeweiligen Jetzt die Zeit als Spanne zwischen Früher und Später bestimmt wird. Nach Ockham unterscheidet sich das Früher vom Später durch den größeren Abstand zur Gegenwart ([29], S. 572 ff.). Die Zeit ist damit kein metaphysisches Prinzip mehr, sondern sprachliche Abstraktion, die aus der Beobachtung von Bewegung gewonnen wird.

Die Renaissance belebt nicht nur die Antike wieder, sondern modernisiert und übersetzt deren Ansichten in die neue Zeit. Auch Cusanus[47] bringt die Zeit mit der Ewigkeit und vor allem mit der göttlichen Verbindung von Vater und Sohn in Verbindung. Er versucht die Schwierigkeit zu erklären, wie vor der Erschaffung der Welt dasjenige zeitlich einzuordnen ist, das erst erschaffen wird. Er stellt sich die Frage, ob das, was später sein wird, vielleicht vorher schon immer da war. Wenn das Mögliche aber mit dem bereits Existierenden einhergeht, dann wären die Dinge, egal ob noch virtuell, real oder vergangen, prinzipiell ewig. Und das führt ihn zu dem Gedanken, dass die Zeit ein Bild der Ewigkeit sei ([30], S. 889)[48]:

> „Denn die Zeit verhält sich zur Ewigkeit wie ein Bild zu seinem Vorbild und die zeitlichen Dinge ähneln den ewigen Dingen."

---

[45] William von Ockham (1288–1347), englischer Franziskaner, Theologe und Philosoph.

[46] Im Nominalismus (von lat. Nomen = Name), wird davon ausgegangen, dass Begriffe (insbesondere die „Universalien" wie Ideen, Regeln oder Werte) nur Namen für Dinge sind und keine eigene Existenz haben.

[47] Nikolaus von Kues, lat. Nicolaus Cusanus (1401–1464), deutscher Philosoph, Kardinal und Fürstbischof von Brixen.

[48] Übers. d. Verf.

Giordano Bruno[49] war in seinen Ansichten und Handlungen für seine Zeit außerordentlich unkonventionell,[50] was sich auch in seinen Gedanken zur Unendlichkeit niederschlägt. Bruno lässt den Sinn selbst für das Unendliche sprechen (aus [32], S. 5):

> „Wenn wir genauer darüber nachdenken, setzt der Sinn das Unendliche: Denn wir sehen immer etwas, das von etwas anderem umfasst ist, und wir nehmen weder mit unseren äußeren noch mit unseren inneren Sinnen jemals etwas wahr, das nicht von etwas anderem oder Ähnlichem umfasst ist."

Seine Definition der Unendlichkeit untermauert er noch mit dem unverdächtigen Lukrez,[51] belässt es jedoch nicht bei der sinnlichen Wahrnehmung, sondern erklärt, die Unendlichkeit sei mit unzähligen Erden und Welten[52] angereichert (aus [32], S. 14)[53]:

> „Wo Gottes Hoheit verherrlicht wird, zeigt sich die Größe seines Reiches. Er verherrlicht sich nicht in einer, sondern in unzähligen Sonnen; nicht in einer Erde, einer Welt, sondern in zehnhunderttausend, ich meine in der Unendlichkeit."

Schon Kopernikus'[54] Heliozentrik war im späten 16. Jahrhundert kaum konsensfähig, Brunos Idee eines unendlichen Alls mit unzähligen Sonnensystemen war eine theologische Zumutung und einer der Anklagepunkte der Inquisition. Für Bruno muss es selbst für ein unendliches Universum einen einzigen Ort und damit einen gemeinsamen Raum geben. Daraus folgt, dass es auch eine gemeinsame Zeit geben muss, die unendlich andauert und somit weder Anfang noch Ende kennt.[55] Auch wenn Bruno hier Raum und Zeit als Einheit betrachtet, erkennt er gleichwohl deren Unterschiedlichkeit an (aus [35], S. 77):

> „Doch unterscheiden sich Dauer und Raum dadurch, dass der Raum überall, im Allgemeinen und im Besonderen, unbeweglich bleibt, die Zeit aber in den Dingen, die sich am schnellsten

[49] Giordano Bruno (1548–1600), italienischer Dominikaner und Gelehrter, für seine Kritik an der Kirchenlehre und seine kosmologischen Theorien von der Inquisition zum Tode verurteilt.

[50] Im Prozess gegen ihn gesteht er eine jugendliche Abneigung gegen Marienverehrung und Zweifel an der göttlichen Trinität und an der Inkarnation Christi ([31], S. 14 ff.).

[51] Titus Lucretius Carus (ca. 96–54 v. Chr.), römischer Philosoph. Bruno bezieht sich auf diesen Teil „Postremo ante oculos res rem finire uidetur: aer dissaepit collis atque aera montes, terra mare et contra mare terras terminat omnis; omne quidem uero nihil est. quod finiat extra, est. igitur natura loci spatiumque profundi, quod neque clara suo percurrere fulmina cursu perpetuo possint aeui labentia tractu nec prorsum facere ut restet minus ire meando; usque adeo passim patet ingens copia rebus, finibus exemptis, in cunctas undique partis." (aus „De rerum natura", 998–1007, [33], S. 50).

[52] Wobei er präzisiert, dass es eine unendliche Anzahl von Sonnen gibt und ebenso eine unendliche Zahl an Erden, die um diese Sonnen kreisen (z. B. in [32], S. 52).

[53] Übers. d. Verf.

[54] Nikolaus Kopernikus (1473–1543), preußisch-polnischer Arzt und Astronom.

[55] „Sicut igitur locus unus, infinitum unum, infinitum spatium commune pro universo infinito esse oportet, ita unum tempus commune, una duratio, nec finem neque principium ullum recognoscens." (aus [34], S. 146).

> bewegen, sehr schnell vergeht, in den Dingen, die sich langsamer verändern, langsamer und in denen, die sich nicht verändern, am allerwenigsten, …“

In der Verschränkung von Zeit, Bewegung und Unendlichkeit ruht der Raum in der fließenden Zeit, die dort am schnellsten vergeht, wo die Bewegung am schnellsten ist. Wenn aber keine Bewegung und Veränderung wäre, gäbe es da auch nichts Zeitliches. Es existierte dann nur noch eine einzige Dauer, die Ewigkeit genannt wird. Für Bruno ist die Zeit so etwas wie die innere Signatur der unendlichen Natur. Der Raum ruht, die Zeit fließt, Bewegungslosigkeit wird zur Ewigkeit. In seinem grenzenlosen Kosmos mit unzähligen Sonnen und Erden gibt es kein wirkliches Ende und keine außerweltliche Zeit, sondern eine gemeinsame Ewigkeit, die alles umspannt. In seiner Welt ist wenig Platz für die kirchlichen Lehren, die das althergebrachte unkritisch zementieren. In den Inquisitionsakten werden seine Aussagen und Publikationen argwöhnisch betrachtet. Neben seiner „ketzerischen“ Haltung gegenüber der Kirche sind es auch seine kosmologischen Ansichten, die dem Dogma der Kirche widersprachen. Nach seiner Verhaftung wird er im Beisein des Inquisitors befragt, ob er denn jemals Sätze gelehrt oder verteidigt habe, die dem katholischen Glauben widersprächen. Unumwunden[56] gibt der aus dem Kerker vorgeführte Bruno zu (aus [36], S. 174):

> „So habe ich denn erklärt, dass es unzählige Welten gibt ähnlich dieser Erde, die ich mit Pythagoras für ein ähnliches Gestirn halte, wie den Mond und die anderen Planeten und andere zahllose Sterne; alle diese Weltkörper halte ich für Welten, und ihre Zahl für unbegrenzt, sie machen eine unendliche gesamte Natur aus im unendlichen Raum, und dies heißt das unendliche All, … wodurch allerdings wohl indirekt eine Glaubenslehre angefochten werden dürfte.“

Nach Jahren der Entbehrung und Folter im Kerker der Inquisition wurde er schließlich verurteilt und erwiderte dort, wie ein Zeuge[57] berichtet, ohne Reue und mit „drohender Gebärde“ (aus [36], S. 232):

> „Mit größerer Furcht verkündet ihr vielleicht das Urteil, als ich es entgegennehme!“

Zeit als Dauer und Ordnung

Für den methodischen Zweifler Descartes[58] ist die wahrgenommene Zeit nur ein Attribut der Dauer. In den „Prinzipien der Philosophie“ schreibt er über die Prinzipien der menschlichen Erkenntnis (aus [37], § 57, S. 29):

---

[56] Und aus heutiger Sicht überraschend selbstbewusst und unverzagt.

[57] Das war der zum katholischen Glauben konvertierte Kaspar Schoppe, der seine Meinung in einem Brief an Konrad Rittershausen mitteilte.

[58] René Descartes, lat. Renatus Cartesius (1596–1650), französischer Philosoph und Mathematiker, u. a. auch Namensgeber für das kartesische Koordinatensystem.

> „Wenn wir z.B. die Zeit von der Dauer überhaupt unterscheiden und sagen, sie sei die Zahl der Bewegungen, so ist das nur ein Zustand des Denkens; denn wir bemerken fürwahr in der Bewegung keine andere Dauer, als in den nicht bewegten Dingen…"

Diesen Zweifel an der fundamentalen Begründung der Zeit durch Bewegung illustriert er mit dem Beispiel zweier Körper, die sich eine Stunde lang unterschiedlich schnell bewegen. Dabei betont er, dass die Messung dieser Stunde wiederum nur auf den größten und gleichmäßigsten Bewegungen im astronomischen Maßstab beruht. Auch wenn Descartes die Definition der Zeit als Dauer nur für einen weiteren Zustand des Denkens hält, erkennt er doch die Möglichkeit implizit die tatsächliche Herleitung der Zeitmessung durch Bewegung an.

Die Messung der Zeit zur Bestimmung der Dauer von Bewegungen ist für den Physiker Newton[59] eine alltägliche Aufgabe. Er definiert in den „Mathematischen Prinzipien der Naturlehre" eine absolute Zeit, die gleichförmig verfließt und sich so gut in seine experimentelle Arbeit integrieren lässt ([38], S. 25, Anmerkung I):

> „Die absolute, wahre und mathematische Zeit verfließt an sich und vermöge ihrer Natur gleichförmig, und ohne Beziehung auf irgendeinen äußeren Gegenstand. Sie wird auch mit dem Namen Dauer belegt."

Newtons Definition der gleichförmigen Zeit erscheint auf den ersten Blick vielleicht etwas normativ, fügt sich aber problemlos in seine Idee der „Fluxionsrechnung" ein [39]. Wenn eine variable Größe (die Fluente) sich im zeitlichen Verlauf ändert, dann kann deren Änderungsgeschwindigkeit als Fluss (Fluxion) aufgefasst werden. Um diese Fluxion zu berechnen, behilft sich Newton elegant mit einer Verringerung der zeitlichen Komponente auf einen verschwindend kurzen, verschwindend kleinen Moment. In seiner physikalischen Deutung sind Fluxionen auf eine gleichförmig fließende Zeit bezogen, wobei dies rein rechnerisch nicht zwingend erforderlich wäre. Die Fluxionsrechnung entspricht im Kern dem, was wir heute als Ableitung bezeichnen. Zur tatsächlichen Zeitmessung echter veränderbarer Größen braucht aber auch Newton irgendein Maß, das diese Dauer in Relation zur sinnlichen Wahrnehmung setzt und das ist bei ihm die relative Zeit ([38], S. 25, Anmerkung I)[60]:

> „Die relative, scheinbare und gewöhnliche Zeit ist ein fühlbares und äußerliches, entweder genaues oder ungleiches Maß der Dauer, dessen man sich gewöhnlich statt der wahren Zeit bedient, wie Stunde, Tag, Monat, Jahr."

Genau wie bei der Zeit unterscheidet Newton auch für den Raum, den Ort und die Bewegung zwischen absoluten und relativen Begriffen. Was zunächst nur wie eine weitere philosophische Betrachtung erscheinen mag, hat einen praktischen Nutzen. Die Definition

---

[59] Sir Isaac Newton (1643–1727), englischer Physiker und Mathematiker, Inhaber des Lucasischen Lehrstuhls für Mathematik am Trinity College in Cambridge.

[60] Übers. d. Verf.

der absoluten Zeit als gleichförmigen, gerichteten Verlauf hilft z. B. die relative (natürliche) Einteilung des Erdumlaufs in natürliche Tage zu korrigieren, wenn die Zeit durch Beobachtung gleichförmiger Bewegungen in möglichst exakte Teildauern unterteilt wird. Durch die reale Beobachtung des Sonnenstandes im Jahresverlauf kann die Tag- und Nachtgleiche (Äquinoktium),[61] deren Datum relativ zum fixierten Kalender die Drift anzeigt und zur Angleichung des Kalenderjahres dient, sehr genau bestimmt werden.

Trotz dieser praktischen Handbarkeit war Newtons Auffassung von Raum und Zeit dem Gelehrten Leibniz[62] zutiefst suspekt. Er wendete sich in einem Schreiben an Caroline, die damalige Prinzessin von Wales,[63] und leitete damit den über Caroline vermittelten Briefwechsel mit Samuel Clarke[64] ein, in dem er die Existenz der absoluten Zeit bestritt. Zeit und Raum, so argumentierte Leibniz, seien lediglich Ordnungen des Nach- und Nebeneinander (nach [41], S. 22–28, Zitat ebd., Absatz 16)[65]:

> „Wären Raum und Zeit etwas Absolutes, das heißt, wären sie etwas anderes als bestimmte Ordnungen von Dingen, dann wäre meine Behauptung in der Tat ein Widerspruch. Da dies jedoch nicht der Fall ist, ist die Hypothese [dass Raum und Zeit etwas Absolutes sind] widersprüchlich, das heißt, sie ist eine unmögliche Fiktion.“

Aus heutiger Sicht ist Newtons absolute Zeit ein Idealmaß der klassischen Mechanik. Rechnerisch lässt sich Bewegung auch mit jeder fortschreitenden Zeitskala formulieren. Die absolute Gleichförmigkeit ist keine Notwendigkeit der Rechnung, sondern eine Konvention seines Zeitmaßstabs. Leibniz’ Begriff der Zeit als Ordnung der Sukzession beschreibt die relationale Struktur. Das eigentliche Maß entsteht erst durch Kalibrierung an möglichst gleichförmigen Abläufen wie bei Pendeln, Uhren oder Kalendern.

---

[61] Eine präzise Messung hatte der Dominikaner Ignazio Danti im Zuge der gregorianischen Kalenderreform durchgeführt. Durch ein rundes Loch in mehr als 20 Metern Höhe in der Süd-Fassade der Santa Maria Novella in Florenz verwandelte Danti zwischen 1572 und 1575 die Kirche in eine riesige Camera obscura. Die Abbildung der Mittagssonne auf einer geraden Nord-Süd-Linie ergibt eine messbare Darstellung des Sonnenstandes auf der Meridianlinie. Das mittagliche Sonnenbild liegt am Mittsommertag (höchster Sonnenstand) am nächsten an der Fassade und am Mittwintertag (niedrigster Sonnenstand) am weitesten davon entfernt ([40], S. 68). Aus der Position des Sonnenbilds auf der Mittagslinie konnte Danti dann die Deklination berechnen und damit die Tag- und Nachtgleiche bestimmen.

[62] Gottfried Wilhelm Leibniz (1646–1716), deutscher Mathematiker und Philosoph, Universalgelehrter, bekannt u. a. für seine Beiträge zur Differential- und Integralrechnung und seinen umfangreichen Briefwechsel mit den Gelehrten seiner Zeit.

[63] Caroline von Brandenburg-Ansbach (1683–1737), verheiratet mit Georg August, dem Kurfürsten von Braunschweig-Lüneburg, der 1714 zunächst Prinz von Wales und 1727 König von Großbritannien wurde. Leibniz war mit den beiden durch seine Stellung als Bibliothekar an deren Hof in Hannover bekannt.

[64] Samuel Clarke (1675–1729), englischer Philosoph und Theologe, vertrat die Positionen Newtons im Briefwechsel mit Leibniz.

[65] Übers. d. Verf.

Kant[66] stellt sich in seiner Kritik der reinen Vernunft zunächst die Frage, was Raum und Zeit denn eigentlich seien ([42], S. 78):

> „Was sind nun Raum und Zeit? Sind es wirkliche Wesen? Sind es zwar nur Bestimmungen, oder auch Verhältnisse der Dinge, aber doch solche, welche ihnen auch an sich zukommen würden, wenn sie auch nicht angeschaut würden, oder sind sie solche, die nur an der Form der Anschauung allein haften und mithin an der subjektiven Beschaffenheit unseres Gemüts, ohne welche diese Prädikate gar keinem Dinge beigelegt werden können?"

Schon bei der Betrachtung des Raumes stellt er klar, dass nach seinem Verständnis jede Erörterung die deutliche Vorstellung eines Begriffes wiedergibt, wobei darin bereits dasjenige enthalten ist, was dem Begriff *a priori* mitgeben wurde. In der Konsequenz kann der Raum nicht ohne eine zugrunde liegende Vorstellung erfasst werden, wodurch er eher zu einer Anschauung als zu einem Begriff wird. Der Raum ist also keine Eigenschaft von Gegenständen, sondern lediglich eine subjektiv menschliche Form der sinnlichen Wahrnehmung. Im Wesentlichen ist auch der Kant'sche Zeitbegriff ohne eine Apriori-Vorstellung der Zeit nicht denkbar, da sonst das Nacheinander oder Zugleich von Ereignissen nicht bestimmt werden könnte.

Die klassische Zeitphilosophie lässt sich mit McTaggert[67] nach der Position von Ereignissen in der Zeit ordnen [43]. Die antike und mittelalterliche Sichtweise nahm eine klare Dreiteilung des Flusses der Zeit in Vergangenheit, Gegenwart und Zukunft vor, welche bei McTaggart die moderne Kategorie der A-Reihe bildet. Die schon mit Ockham auftretende zusätzliche Zergliederung in früher und später stellt eine relationale Verbindung zwischen den Zeitpunkten dar. Diese Ordnung bildet bei McTaggart die B-Reihe. Der markante Unterschied zwischen den beiden Reihen ist die innere Ordnung der Ereignisse. Während in der A-Reihe die Ereignisse beständig aus der Zukunft in die Gegenwart und Vergangenheit wechseln, hat die Ordnung der B-Reihe zeitlosen Bestand. Möglicherweise, so sinniert McTaggart, ist die Unterscheidung der A-Reihe nur eine Illusion und die Natur der Zeit offenbart sich nur als B-Reihe. Dann aber müsste konsequenterweise die B-Reihe auch ohne die A-Reihe existieren. Wenn akzeptiert wird, dass Zeit die Abfolge von Veränderung ist, müsste dafür im Prinzip ein früheres Ereignis M beendet sein und ein späteres Ereignis N folgen. Damit die Ereignisse aber nicht in die A-Reihe fallen, müssten sie praktisch aus der Zeitlinie entfernt werden, um nicht ein Teil der Vergangenheit zu werden. Diese Unmöglichkeit führt zur Notwendigkeit einer A-Reihe, die für die Wahrnehmung der Veränderung und den Ablauf der Ereignisse unabdingbar bleibt. In einer posthumen Veröffentlichung wird McTaggart mit einer etwas abweichenden Theorie wiedergegeben [44], deren Hauptargumente Curtis und Robson als „McTaggart One" übersichtlich zusammenstellen (aus [45], S. 43–44):

[66] Immanuel Kant (1724–1804), deutscher Philosoph.

[67] John McTaggart Ellis McTaggart (1866–1925), britischer Philosoph.

„(1) Wenn Zeit existiert, müssen Veränderungen stattfinden.

(2) Wenn Veränderungen stattfinden, müssen Positionen in der Zeit (oder ‚Momente') eine bestimmte Reihe bilden, die A-Reihe.

(3) Die A-Reihe ist widersprüchlich, und daher können Momente keine solche Reihe bilden. Daher

(4) Zeit existiert nicht"

Curtis und Robson arbeiten sich an der Zeit, deren Verfechtern und Gegnern ab, finden jedoch außerhalb der allgemeinen Akzeptanz einer realen Gegenwart wenige Übereinstimmungen über die Existenz von Vergangenheit und Zukunft.

Der Streit um die Objektivität der Zeit spitzt sich in den gegensätzlichen Grundansätzen von Präsentismus und Eternalismus zu. In Priors[68] Zeitlogik kann McTaggarts Unvereinbarkeit beider Zeitreihen durch einen logischen Ansatz aufgelöst werden, wenn dabei alle Aussagen von der Gegenwart her betrachtet und damit verglichen werden [46]. Diese Betrachtung kann durchaus als eine Vorform des Präsentismus angesehen werden ([47], S. 22), der prinzipiell besagt, dass nur der aktuelle Moment wirklich existiert [48]. Die dahinterliegende Idee, dass die Gegenwart „realer" ist als Vergangenheit oder Zukunft, kann als spezielle Form der A-Theorie angesehen werden, bei der sich die Ereignisse von der Zukunft über die Gegenwart in die Vergangenheit bewegen ([49], S. 213).

Dagegen hält der Eternalismus Vergangenheit, Gegenwart und Zukunft für gleichermaßen real. Das Jetzt ist keine herausragende Eigenschaft, sondern nur eine Position im Gefüge der Raumzeit. Die physikalische Begründung stützt sich auf die spezielle Relativitätstheorie und die darin enthaltene Relativität der Gleichzeitigkeit. Wenn verschiedene Beobachter das gleiche entfernte Ereignis von verschiedenen Standpunkten aus beobachten, lässt die Relativität außerhalb der eigenen Perspektive keine exakte Gleichzeitigkeit des Ereignisses zu. Die Beobachter haben demzufolge verschiedene Gegenwarten. Diese Betrachtung der vierdimensionalen Raumzeit als unbeweglicher Block zwingt das Jetzt in eine subjektive Wahrnehmung und scheint so die These zu bestätigen, dass es keine global privilegierte Gegenwart gibt, sondern nur eine B-artige Ordnung von früher und später. Formulierungen des Blockuniversums wie das Rietdijk-Putnam-Maxwell-Argument sind jedoch problematisch. Es kann entgegengehalten werden, dass Rietdijks Behauptung, es existiere für uns kein gegenwärtiges Ereignis, welches für einen möglichen entfernten Beobachter nicht schon in der Vergangenheit liege [50], sei eine unzulässige Ausdehnung der Relativitätstheorie auf die Bestimmtheit zukünftiger Ereignisse. Der von Putnam angeführte „unprivilegierte Beobachter" stützt die Blocksicht ohne globale Gegenwart, begründet aber keinen Determinismus [51]. Ein Schluss auf Vorbestimmung folgt aus Putnams Argument allein nicht. Maxwells These, die Relativitätstheorie sei unvereinbar mit der Ansicht einer zumindest teilweise unbestimmten Zukunft [52], hängt wiederum stark von der Interpretation des Begriffes der Unbestimmtheit ab [53]. Darüber hinaus könnten weitere Einwände geltend gemacht werden, die sich gegen einzelne Prämissen des Argumentes wenden [54]. Dennoch sind die Betrachtungen von Rietdijk, Putnam und Maxwell

[68] Arthur Norman Prior (1914–1969), neuseeländischer Philosoph und Logiker.

ein starkes Argument für die physikalisch untermauerte Möglichkeit des Eternalismus, da Vergangenheit und Zukunft ja bereits festgelegt seien. Die Idee des Blockuniversums hat durch das Andromeda-Paradoxon des späteren Physik-Nobelpreisträgers Roger Penrose[69] zusätzlichen Auftrieb erhalten. Bei der Bestimmung des Zeitpunktes eines sehr weit entfernten Ereignisses können diese Zeitpunkte für zwei bewegte Personen deutlich auseinanderliegen (aus [55], S. 201)[70]:

> „Stellen Sie sich zwei Menschen vor, die langsam auf der Straße aneinander vorbeigehen. Die Ereignisse in der Andromeda-Galaxie (der unserer Milchstraße am nächsten gelegenen großen Galaxie, etwa 20.000.000.000.000.000.000 Kilometer entfernt), die von den beiden Menschen als gleichzeitig mit dem Moment ihres Vorbeigehens beurteilt werden, könnten einen Unterschied von mehreren Tagen ausmachen. Für eine der Personen ist die Raumflotte, die mit der Absicht gestartet wurde, alles Leben auf dem Planeten Erde auszulöschen, bereits unterwegs, während für die andere Person die Entscheidung, ob diese Flotte gestartet werden soll oder nicht, noch nicht einmal getroffen wurde!“

Der scheinbare Widerspruch des Andromeda-Paradox' entsteht erst mit der Relativitätstheorie. Welche Vorgänge in der Andromeda-Galaxie als gleichzeitig mit dem lokalen Aufeinandertreffen gelten, hängt vom Bewegungszustand der beiden Passanten ab. Da sie sich in entgegengesetzte Richtungen bewegen, kann die so bestimmte Gegenwart um mehrere Tage auseinanderliegen. Bei der Bestimmung der jeweiligen Jetzt-Dort auf Andromeda für die bewegten Jetzt-Hier Passanten auf der Erde (in der Entfernung D zu Andromeda) kann die Zeitdifferenz Δt mittels der Personengeschwindigkeit v im Verhältnis zur Lichtgeschwindigkeit c bestimmt werden. Spazierten beide Personen mit dem gleichem v aufeinander zu, wäre die resultierende Begegnungsgeschwindigkeit $2v$.

$$\Delta t = \frac{2v \cdot D}{c^2}$$

Mit einer Geschwindigkeit von $v = 1\ m/s$ und der von Penrose genannten Entfernung von $D = 2 \bullet 10^{22}\ m$ ergäbe sich ein Wert von $\Delta t = 5{,}14$ Tagen. Wenn in der Gegenwart einer der Personen der Start schon stattgefunden hat, kann es in der (späteren) Gegenwart der anderen Person eigentlich keine Unsicherheit mehr darüber geben, ob der Start stattfinden wird oder nicht – auch wenn diese Person das nicht wissen kann. Die Zukunft der späteren Person ist in dieser Hinsicht demnach schon vorbestimmt. Penrose schreibt dazu (aus [55], S. 304)

> „Es scheint sich abzuzeichnen, dass, wenn überhaupt etwas definitiv ist, dann muss die gesamte Raumzeit tatsächlich definitiv sein! Es kann keine ‚unsichere' Zukunft geben. Die gesamte Raumzeit muss feststehen, ohne jeglichen Spielraum für Unsicherheit. Tatsächlich scheint dies Einsteins eigene Schlussfolgerung gewesen zu sein. Darüber hinaus gibt es über-

---

[69] Sir Roger Penrose (geb. 1931), britischer Mathematiker und Physiker, Nobelpreis für Physik 2020.

[70] Übers. d. Verf.

haupt keinen Zeitfluss. Wir haben nur ‚Raumzeit' – und überhaupt keinen Spielraum für eine Zukunft, deren Bereich unaufhaltsam von einer festgelegten Vergangenheit eingeschränkt wird!"

Unsere Begriffsbestimmung der Zeit hängt demnach stark davon ab, wie wir Realität interpretieren. Wir müssen akzeptieren, dass unsere intuitive Vorstellung vom Wesen der Zeit mit der Relativität der Gleichzeitigkeit kollidiert.

Zeitreisen und Paradoxien

Die Relativität der Gegenwart in der vierdimensionalen Welt liefert den Stoff für fantastische Geschichten über das Reisen in der Zeit. Schon Kant hatte die drei Dimensionen des Raumes in den Zusammenhang mit der Zeit gestellt (s. z. B. § 12, [56], S. 38). Fechner[71] brachte 1846 unter dem Pseudonym Dr. Mises eine Schrift über die vierte Dimension des Raumes heraus, in der er launig mit der praktischen Anwendung der Zeit im Raum spielte. Für seine Zeitmaschine hatte sich der englische Schriftsteller H. G. Wells[72] allerdings die vierte Dimension von Newcomb ausgeborgt, der in der Tradition Riemanns[73] mehrdimensionale Hyperräume zur Beschreibung beliebig gekrümmter Raumgeometrien nutzte [58]. Wells weicht jedoch von der reinen Geometrie ab und bringt unmittelbar die Zeit als vierte Dimension ins Spiel (aus [59], S.4):

> „Es gibt keinen Unterschied zwischen der Zeit und einer der drei Dimensionen des Raumes, außer dass sich unser Bewusstsein auf ihrer Linie bewegt."

Es darf angenommen werden, dass neben dem erwähnten Newcomb auch der unerwähnt gebliebene Hinton[74] einen gewissen Einfluss auf Wells' Schaffen genommen hatte, insbesondere mit seiner Abhandlung über den vierdimensionalen Raum in den „Scientific romances" [60]. Mit Wells und Hinton wird die vierte Dimension erzählerisch begehbar. Wie Hinton selbst schreibt, ist es aber kaum möglich, die zusätzliche Dimension geometrisch darzustellen (aus [61], S. 207)[75]:

> „Alle Versuche, eine vierte Dimension zu visualisieren, sind vergeblich. Sie muss mit einer Zeiterfahrung im dreidimensionalen Raum verbunden sein."

---

[71] Gustav Theodor Fechner (1801–1887), deutscher Arzt, Physiker und Philosoph.

[72] Herbert George Wells (1866–1946), britischer Science-Fiction-Autor.

[73] Bernhard Riemann (1826–1866), deutscher Mathematiker. Hier ist sein Habilitationsvortrag gemeint [57].

[74] Charles Howard Hinton (1853–1907), britischer Mathematiker und Science-Fiction Autor.

[75] Übers. d. Verf.

Die eindimensionale Zeit fügt dem dreidimensionalen Raum die vierte Dimension hinzu und erlaubt so einen handhabbaren Zugang. In Wells Geschichte wird die Zeit einfach als weitere Koordinate behandelt und kann wie eine Strecke in beliebiger Richtung zurückgelegt werden. Die Zeitmaschine ist dafür nur das Vehikel und fährt mit dem Reisenden auf der Zeitlinie entlang, wobei sie selbst ortsfest bleibt. Dabei könnten Ereignisse auf der Reise den Verlauf der Zeit beeinflussen und spätere Wirkungen verursachen. Die Science-Fiction-Literatur lotet gerade solche Konsequenzen aus. Dabei geht es weniger um die physikalisch korrekte Wiedergabe als vielmehr um gedankliche Experimente, die zu überraschenden Konsequenzen führen.

Eine unmittelbare Folge entstünde scheinbar offensichtlich, wenn die eigene Geburt durch Verhinderung der Zeugung unmöglich wird. Nat Schachner[76] hatte in den frühen 1930er-Jahren eine solche Situation in seiner Geschichte „Ancestral Voices“ [62] beschrieben. Die erste Zeitreise verschlägt den Protagonisten unversehens nach Aquileia in das Jahr 452 – ungünstigerweise zu dem Zeitpunkt, als die Hunnen gerade die Stadt erobern. Indem er einen der antiken Hunnen im Kampf tötet, besiegelt er nicht nur sein eigenes Schicksal, sondern gleichzeitig auch das von vielen Tausenden verschiedener Ethnien, die allesamt Nachfahren des Hunnen gewesen wären. Mit dieser Geschichte etabliert Schachner nicht nur eine frühe literarische Version des späteren „Großvater-Paradoxons“, er versteht seine Fiktion in der Zeit des aufkommenden Nationalsozialismus auch als Satire auf den Mythos der Rassenreinheit und der „sauberen“ Abstammungslinie ([62], S. 141). Nebenbei entsteht hier auch eine Form des Butterfly-Effektes. Eine einzelne Handlung in der Vergangenheit verursacht eine große Wirkung in der Zukunft. Das unfreiwillige und frühzeitige Ableben des Hunnen zu Zeiten Attilas verursacht in Schachners Gegenwart das Verschwinden von Tausenden.

Zum Ende des zweiten Weltkrieges beschrieb der Schriftsteller René Barjavel[77] in seinem Roman „Le Voyageur imprudent“ (dt.: Der unvorsichtige Reisende) eine ähnliche Handlung. Darin gelingt es dem Reisenden Saint-Menoux mit Hilfe der chemischen Substanz „Noëlite 3“,[78] in die Vergangenheit zu reisen. Seine Absicht, Napoleon Bonaparte zu töten misslingt, Saint-Menoux erschießt unabsichtlich einen anderen Mann. Nach und nach dämmert ihm, dass der Mann, den er getötet hatte, sein eigener Vorfahr war. Die Konsequenz aus dieser Handlung schildert Barjavel in der Ausgabe von 1958 im Post-Scriptum (aus [63], S. 292)[79]:

> „Denken Sie mal darüber nach: Er [Saint-Menoux] hat seinen Vorfahren getötet, bevor dieser Zeit hatte, eine Frau zu heiraten und Kinder zu bekommen. Also verschwindet er, das ist klar. Er existiert nicht, er hat nie existiert. Es hat nie einen Pierre Saint-Menoux gegeben. Nun gut … Aber wenn Saint-Menoux nicht existiert, wenn er nie existiert hat, dann konnte er sei-

[76] Nathaniel (Nat) Schachner (1895–1955), amerikanischer Jurist und Schriftsteller.

[77] René Henri Gustave Barjavel (1911–1985), französischer Science-Fiction Autor.

[78] Die in der Geschichte der fiktive Chemiker Essaillon erfunden hatte, um seine Gegenwart zu verewigen. Sie eignet sich, in Pillenform eingenommen, hervorragend um (je nach Farbe) eine Stunde, einen Tag oder ein Jahr in Vergangenheit oder Zukunft zu reisen.

[79] Übers. d. Verf.

nen Vorfahren nicht töten! … Also hat sein Vorfahre sein Schicksal ganz normal weitergelebt, hat geheiratet, Kinder bekommen, die wiederum Kinder bekommen haben, die wiederum Kinder bekommen haben …“

Das Großvater-Paradoxon wird in verschiedenen Abwandlungen als naheliegende Zeitreise-Konsequenz immer wieder erzählerisch und filmisch aufgegriffen, wie z. B. in der Science-Fiction-Komödie „Zurück in die Zukunft“. Eine solche Idee ist logisch widersprüchlich und inkonsistent, weil eine bereits stattgefundene (wahre) Begebenheit durch eine andere (nun wahre) Vergangenheit dadurch zu einer falschen Vergangenheit würde. Auch David Lewis beschäftigt sich aus philosophischer Sicht mit der Frage, ob ein Enkel (Tim) seinen verhassten Großvater in der Vergangenheit töten könnte [64]. Wenn es die Möglichkeit dazu gäbe, spräche logisch zunächst nichts dagegen einen tödlichen Schuss. Gleichzeitig kann er die alte Vergangenheit, in der der Großvater weiterlebt, nicht einfach durch eine neue ersetzen, in der er stirbt. Zeitreisen sind nach Lewis logisch möglich, solange Konsistenz gewahrt bleibt. Der Reisende kann im Sinne seiner Fähigkeiten vieles tun, aber nichts, bei dem daraus ein Widerspruch entsteht. Die Vergangenheit steht fest, alle Versuche, sie zu ändern, führen in selbstkonsistenten Schleifen immer wieder nur zu ihr. Im Resultat behauptet Lewis zumindest die grundsätzlichen Möglichkeiten von Zeitreisen (aus [64])[80]:

> „Zeitreisen, behaupte ich, sind möglich. Die Paradoxien der Zeitreise sind Kuriositäten, keine Unmöglichkeiten. Sie beweisen nur so viel, was kaum jemand bezweifelt hätte: dass eine mögliche Welt, in der Zeitreisen stattfinden, eine höchst seltsame Welt wäre, die sich grundlegend von der Welt unterscheidet, die wir für unsere halten.“

Ein interessanter Punkt findet sich am Ende von Lewis’ Diskussion. Wenn die Zeit sich immer an den Punkten verzweigen würde, an denen die Vergangenheit verändert wird, dann könnten sich die jeweiligen Zweige ohne jegliche Wechselwirkung konsistent entwickeln. Diesen Gedanken hatte Prior in seiner Schrift „Opposite number“ schon vorher untersucht [65], wobei der Logiker sich dabei auf die gleichlautende Story [66] des Science-Fiction-Autors Wyndham[81] bezog. Wyndham hatte in seiner Geschichte die Idee der unaufhörlichen Spaltung der Zeit entwickelt, wobei sich aus jedem Zeitpunkt zwei neue Zweige in die Zukunft entwickeln. Der Zeitreisende Peter Ruddle erzählt seinem eigenen Ich von der Unmöglichkeit, diese Zeitpunkte in der Vergangenheit präzise zu treffen und den sich daraus entwickelnden Verwicklungen in anderen Zukünften. Der Logiker Prior greift Wyndhams Idee auf und spaltet zur Erläuterung den Lebensweg des Ich amöbenartig in ein großes Y auf. Der gemeinsame Stamm ist die Vergangenheit, verzweigt sich dann aber in einen Ast des eigenen Ich und dem des anderen Du. Auch wenn Prior diese Bifurkation logisch modellieren kann, so neigt er doch dazu, eine bereits vollständig definierte Zukunft abzulehnen.

[80] Übers. d. Verf.

[81] John Wyndham Harris (1903–1969), englischer Science-Fiction-Autor.

Auf dieser Unbestimmtheit baut Thomason[82] formal auf. In „Indeterminist time and truth-value gaps" [67] entwickelt er eine Semantik für die verzweigende Zeit und zeigt damit die Ungewissheit von Zukunftsaussagen an einem bestimmten Jetzt. Die Zukunft findet bei Lewis in einer Pluralität von Welten bzw. einem modalen Realismus statt. Lewis unterscheidet präzise zwischen der Verzweigung von Welten und deren Divergenz. Bei der Verzweigung haben die Welten noch einen gemeinsamen Stamm, an dem sie sich überschneiden, bevor sie sich unterschiedlich fortsetzen. Bei der Divergenz haben die verschiedenen Welten zwei identische Anfangsabschnitte, die sich aber nicht überschneiden (s. [68], S. 206). Bei Prior und Thomason ist die Verzweigung ein „echter" Ast mit gleicher Basis, deren verschiedene Zukünfte sich aber in der gleichen Welt abspielen. Nach Belnap[83] ist das zentrale Postulat dieser „Branching space-time", dass alles einen kausalen Ursprung hat. Es ist demnach eine Geschichte und Entscheidungspunkte ([69], S. 385).

Allerdings können Reisen in die Vergangenheit zu einer kausalen Schleife führen, wenn z. B. eine Handlung des Zeitreisenden in der Vergangenheit erst die Reise in der Zukunft möglich macht. In Heinleins[84] Geschichte „By his Bootstraps" [70] wird der Student Wilson von einem Unbekannten über ein Zeitportal rekrutiert, erhält Anweisungen, die er später selbst verfassen wird und wächst allmählich in die Rolle des Unbekannten hinein, der später sein jüngeres Ich anwirbt. Einladung, Instruktionen und Karriere verursachen sich gegenseitig. Der Ursprung der ganzen Kette liegt ausschließlich in der Schleife – der namensgebenden Bootstrap von Identität und Lebenslauf.

Fast selbstverständlich bedient sich auch Stanislaw Lem des Bootstrap-Paradoxons. In den „Sterntagebüchern" [71] gerät der Pilot Ijon Tichy auf der siebenten Reise in einen Zeitstrudel und trifft in seinem Raumschiff auf zahlreiche vergangene und zukünftige Versionen seiner selbst. Sie geraten miteinander in handfesten Streit und führen schließlich genau diejenigen Handlungen durch, die sie zuvor erlebt haben oder anschließend erleben werden. Am Ende ist jeder Handgriff zugleich Ursache und Wirkung innerhalb einer geschlossenen Kausalkette. Lem macht daraus eine groteske, aber streng selbstkonsistente Bootstrap-Schleife. Nichts entsteht von außen, alles kommt aus der Schleife selbst.

Viele Erzählungen verhindern Widersprüche, indem sie die Vergangenheit als fest behandeln. Versuche, sie zu ändern, führen selbstkonsistent immer wieder genau zu ihr. Der kritische Eingriff in den Zeitverlauf scheitert an einem Sperrmechanismus, der durch Notwendigkeit, Zufall oder Schicksal dargestellt wird.

Diese erzählerischen Schleifen ordnen Ursachen und Wirkungen, sie sagen aber noch nichts darüber aus, wie das Vergehen der Zeit sich für den Reisenden anfühlt. Die Beziehung zwischen Zeit und Bewusstsein bleibt ein Kernproblem der Philosophie. Die Zeit mag als messbare Größe unabhängig vom Beobachter bestehen, die psychologische Zeit entsteht jedoch erst im Erleben. Schon Augustinus betonte, dass Vergangenheit nur in der

[82] Richmond H. Thomason (geb. 1939), amerikanischer Mathematiker und Philosoph.

[83] Nuel Belnap (1930–2024), amerikanischer Philosoph und Logiker.

[84] Robert Anson Heinlein, hier unter dem Pseudonym „Anson MacDonald" (1907–1988), amerikanischer Science-Fiction-Autor.

Erinnerung an Vergangenes bestünde, Zukunft die Erwartung des Geistes sei und selbst die gegenwärtige Zeit nur mit der Hilfe von Vorstellungen im Geiste messbar würde (s. [15], S. 577–585). Augustinus bekennt freimütig, dass die Zeit zwar etwas Vertrautes und Bekanntes ist, er sich aber außerstande sieht, ihr Wesen zu erklären ([15], S. 553):

> „Was also ist die Zeit? Wenn niemand mich danach fragt, weiß ich's, will ich's aber einem Fragenden erklären, weiß ich's nicht."

Genau an diese Ambivalenz knüpft Husserl[85] an. Zwar sei die Zeit „das Allerbekannteste", doch sobald man versucht, „objektive Zeit und subjektives Zeitbewusstsein in das rechte Verhältnis zu setzen" oder zu verstehen, „wie sich zeitliche Objektivität […] im subjektiven Zeitbewusstsein konstituieren kann", gerate man in „Schwierigkeiten, Widersprüche und Verworrenheiten" ([72], S. 368). In seiner phänomenologischen Betrachtung wird daher alles Vorgeformte ausgeklammert. Husserl versucht, das zu beschreiben, was gegeben ist, bevor es als etwas erkannt oder interpretiert wird. Adorno hält dem entgegen, dass die „vorgeblich originären Begriffe" bei Husserl notwendig voraussetzungsvoll bleiben [73], S. 14) und die Phänomenologie damit bereits Vermittlungen mitführt, die sie zu eliminieren beansprucht. Dennoch kann dieser Zugang bei der Analyse von Zeitphänomenen einen Wert haben, insofern er die Zeitlichkeit im Erleben verankert. Für Husserl sind Zeitobjekte nie punktuell gegeben. Sie entfalten sich innerhalb einer Struktur von Jetzt-, Vergangenheits- und Erwartungsauffassungen. Wahrnehmung und primäre Erinnerung sind dabei zusammenhängende Bewusstseinsprozesse ([73], S. 399). Dass Husserl Zeit nicht einfach voraussetzt, sondern aus den jeweiligen Bewusstseinsakten ableitet, bestätigt bereits Adornos Einwand, dass die „vorgeblich originären Begriffe" notwendig vermittelt bleiben. Zeitbewusstsein erscheint nicht als unmittelbare Gegebenheit, es stellt sich als bereits strukturierte Einheit von Gegenwart, Vergangenheit und Erwartung dar.

Während Husserl Zeit als Abfolge von Gegenwart, Erinnerung und Erwartung innerhalb eines Bewusstseinsstroms beschreibt, verwirft Dennett[86] genau dieses Modell. In „Time and the observer" [74] argumentiert er, dass es kein Zentrum gibt, in dem Wahrnehmung zeitlich geordnet eintrifft. Bewusstsein ist ein Effekt verteilter Prozesse, die parallel ablaufen und erst nachträglich als Abfolge erscheinen. Es gibt weder ein privilegiertes Jetzt noch eine einheitliche Innenperspektive, in der sich Zeit entfaltet. Dennett erklärt dies wunderbar anschaulich an einem stalinesken[87] und einem orwellschen[88] Modell. Bei

[85] Edmund Husserl (1859–1938), österreichisch-deutscher Mathematiker und Philosoph.

[86] Daniel Clementt Dennett (1942–2024), amerikanischer Philosoph.

[87] Hier bezieht sich Dennett auf den sowjetischen Diktator Josef Stalin (1878–1953), in Anspielung auf „inszenierte Schauprozesse, sorgfältig vorbereitete Darstellungen mit falschen Zeugenaussagen und gefälschten Geständnissen, ergänzt durch vorgetäuschte Beweise." (aus [74], S. 191, Übers. d. Verf.).

[88] Hier ist natürlich der englische Schriftsteller George Orwell (1903–1950) gemeint, insbesondere mit seiner „erschreckenden Vision vom Ministerium für Wahrheit in 1984 [75], das eifrig die Ge-

der stalinesken Variante wird die zeitliche Ordnung vor dem Erleben wie für einen Schauprozess inszeniert. Das Gehirn sortiert Ereignisse, bevor überhaupt etwas als bewusst erscheint. Was als unmittelbare Gegenwart gilt, ist also bereits ein Produkt verdeckter Vorzensur. In der orwellschen Variante entsteht erst eine vorläufige Version, die nachträglich umgeschrieben wird – wie ein bereits gedruckter Bericht, der später aus dem Archiv entfernt und ersetzt wird. Die Erinnerung erscheint dann als ursprüngliches Erleben, obwohl sie rekonstruiert ist. Beide Fälle unterlaufen Husserls Modell eines innerlich erlebten Zeitstroms. Es gibt keinen privilegierten Zeitpunkt, an dem etwas als Jetzt bewusst wird. Zeit ist ein Effekt nachträglicher Ordnung, unabhängig davon, ob diese vor der Erscheinung (Stalin) oder danach (Orwell) stattfindet.

Metzinger[89] verwendet mit seinem „phänomenalen Selbstmodell“ eine Terminologie, die scheinbar an Husserls phänomenologisches Konzept anschließt. Erleben entsteht bei ihm aber nicht aus einem inneren Zentrum, sondern aus einem Modellvorgang. Wahrnehmung, Körpergefühl und zeitliche Ordnung wirken unmittelbar, weil das Gehirn Zustände erzeugt, die genau diesen Eindruck liefern. Beim Rubber-Hand-Experiment ([76], S. 3–12) zeigt sich das deutlich. Das Körpergefühl ist nicht das direkte Resultat einer äußeren Realität, sondern das vom Modell erzeugte Erleben. Eigenes und fremdes Körperteil sind Ergebnisse dieser Konstruktion. Das gilt bei Metzinger ebenso für Zeitlichkeit. Was wie eine Abfolge oder Dauer der Gegenwart erscheint, ist das Ergebnis einer Modellbildung. Es gibt keinen erlebbaren Zeitstrom, nur Zustände, die so organisiert sind, dass sie als zeitlich erscheinen. Ein Wesen, das Zeit so wahrnimmt, kann nach Metzinger auch mental in der Zeit reisen, da es gegenwärtige Erfahrungen mit vergangenen vergleichen, halluzinieren und träumen kann ([76], S. 60). Idealerweise kann das Wesen noch zwischen Realität und Fiktion unterscheiden, was im wirklichen Dasein überlebenswichtig ist.

Die Debatte verschiebt sich in jüngerer Zeit wieder weg von innerer Erfahrung und Bewusstseinsströmen. Die Zeit wird nicht mehr allein der Rahmen verstanden, indem etwas geschieht. Vielmehr ist die Zeit nun eine Art Ordnungssystem und die Beziehung von Zuständen, keine schlichte Abfolge. Der Philosoph Callender[90] schlägt vor, den Eindruck eines Zeitflusses als Resultat eines systemischen Konflikts zu verstehen. Die Wahrnehmung operiert nur innerhalb eines kurzen, aber ausgedehnten Präsenzfensters, während kognitive Prozesse größere zeitliche Spannen umfassen. Aus dieser Asymmetrie entsteht der Eindruck eines Verlaufs. Was wie der Fluss der Zeit scheint, ist das Zusammenwirken zweier unterschiedlicher Verarbeitungstakte [77].

Während Callender die Spannung zwischen Wahrnehmung und Verarbeitung noch als Fluss deutet, setzt die physikalische Zeitkritik radikaler an. Sie streicht den Fluss vollständig aus der Beschreibung. Nach Rovelli[91] besteht keine Notwendigkeit, Zeit überhaupt zu

schichte umschrieb und damit allen Nachfolgern den Zugang zur (echten) Vergangenheit verwehrte“ (aus [74], S. 191, Übers. d. Verf.).

[89] Thomas Metzinger (geb. 1958), deutscher Philosoph.

[90] Craig Callender (geb. 1968), amerikanischer Philosoph.

[91] Carlo Rovelli (geb. 1956), italienischer Physiker.

verwenden. Als Physiker vertritt er die Ansicht, dass eine grundlegende Beschreibung der Natur den Begriff der Zeit nicht benötigt [78].[92] Seine Begründung ist dabei sowohl überraschend als auch einleuchtend. Die Verwendung der Zeit ist demnach nur eine oberflächliche Betrachtung der Dinge und hilft so, sich einer tieferen Wahrheit anzunähern und dadurch ein ausreichendes und vor allem verständliches Modell der Natur zu entwickeln. Eine Flüssigkeit hat z. B. in alltäglicher Beobachtung eine Oberfläche, die bei atomarer Betrachtung verschwindet. Tatsächlich postuliert Rovelli, dass bei relativistischer Betrachtung, die Zeitkoordinate eine frei gewählte Bezeichnung ohne echte physikalische Interpretation sei und für eine Lösung der Gleichungen die Zeit nicht benötigt würde. Gemessen wird in der Relativitätstheorie demnach nicht die Zeit; es sind lediglich gleichberechtigte Variablen und deren relative Entwicklung zueinander. Nach dieser Betrachtung wird keine globale Zeit benötigt, nichts, was sich von Vergangenheit über Gegenwart in die Zukunft bewegt.

Auch Barbour[93] hatte sich mit der Natur der Zeit beschäftigt [79].[94] Radikal löst er die Dauer als notwendige Größe in der Beschreibung von Dynamik zugunsten reiner Konfigurationen auf. Schon in seinem Werk vom „Ende der Zeit“ beschreibt er das, was er für die nächste Revolution der Physik hält [80]. Eine wesentliche Rolle spielt dabei die Analyse realer Uhren, die bei Barbour eben nicht den Ablauf einer objektiven Zeit anzeigen, sondern nur eine Veränderung physikalischer Zustände darstellen. Barbour genügt es, die Welt als eine Folge möglicher Anordnungen zu beschreiben. Jede vollständige Konfiguration des Universums, die Lage aller Teilchen oder Felder, bildet einen Punkt in einem hochdimensionalen Konfigurationsraum. Bewegung entsteht, wenn diese Punkte eine Bahn bilden – was dann üblicherweise der Verlauf der Zeit wäre. Diese Bahn lässt sich aber auch ohne Bezug auf eine vorgegebene Zeit bestimmen. Sie ist die Verbindung zwischen zwei Konfigurationen, für die das Wirkungsprinzip minimal wird, also diejenige unter allen denkbaren Verbindungen, die sich tatsächlich verwirklicht.

Solche Argumente können jedoch nicht unwidersprochen bleiben. Smolin[95] und Carroll halten an der Realität der Zeit fest. Für sie ist der Zeitfluss keine bloße Erscheinung oder rechnerische Bequemlichkeit, sondern ein grundlegendes Merkmal der Welt. Während Barbour und Rovelli den Begriff der Zeit aus der Physik zu entfernen versuchen, sehen Smolin und Carroll in ihrer Wirklichkeit die Voraussetzung für jede Veränderung überhaupt. Smolin kritisiert mit der Barbour'schen Zeitelimination zugleich auch Hawkings Idee der imaginären Zeit, bei der sich der Unterschied zwischen Raum und Zeit rechnerisch auflöst. In seiner euklidischen Raumzeit ist die Zeit nur noch eine weitere Richtung

[92] Hier aus einem Essay, das Rovelli für einen Wettbewerb über des „Foundational Questions Institute“ (FQxI) über die Natur der Zeit verfasst hatte. Im Laufe der Jahre hatte FQxI mehr als 27 Mio. USD an Zuschüssen in verschiedenen Ausschreibungen über grundsätzliche Fragen vergeben, so zum Beispiel auch über Intelligenz in der physischen Welt.

[93] Julian Barbour (geb. 1937), britischer Physiker.

[94] Dafür gewann Barbour im Wettbewerb FQxI-Wettbewerb über die Natur der Zeit den ersten Preis.

[95] Lee Smolin (geb. 1955), amerikanischer Physiker.

des Raumes (s. z. B. [81], S. 171). Dagegen schreibt Smolin an. Er argumentiert, dass zeitlose Theorien in der Kosmologie praktisch bedeutungslos bleiben müssen, weil sie keine Beobachterperspektive zulassen. Nur wenn man einen Informationsfluss und kausalen Ablauf der Ereignisse innerhalb des Universums zulässt, kann man Physik betreiben – womit Zeit wieder unausweichlich real wird. Nach Smolin hat die Idee zeitloser Zustände außerhalb der Physik Konsequenzen. Wenn beispielsweise Ökonomen den Markt als ein System in einem einzigen Gleichgewichtszustand betrachten, an denen sich Angebot und Nachfrage eingependelt haben, wird die Tatsache ignoriert, dass menschliches Handeln zu vielen verschiedenen marktausgleichenden Gleichgewichten führen kann ([82], ab S. 225).

Auch Carroll[96] widerspricht einer notwendigerweise zeitlosen Physik, jedoch aus einer anderen Richtung. In „From Eternity to Here" [83] führt er den Zeitpfeil auf den Anstieg der Entropie zurück. Der Unterschied zwischen Vergangenheit und Zukunft ergibt sich für ihn aus den statistischen Eigenschaften des Universums. Die „starke Hand der Entropie" (nach [83], S. 26) ordnet die Zeit. Die Vergangenheit war noch geordnet, die Zukunft wird zunehmend unordentlicher. Zeit wird von der Illusion zum Ausdruck der thermodynamischen Asymmetrie der Welt, die sich unvermeidlich in eine Richtung bewegt, in der jegliche Ordnung verloren geht.

Aber auch unter der Annahme, dass Zeit real ist, muss diese nicht erlebt oder durch Bewusstsein konstituiert werden, um eine Bedeutung zu haben. Sie entsteht durch Ordnung, Synchronisation und Übergängen zwischen Systemzuständen. Erst vor diesem Hintergrund stellt sich erneut die Frage, wie Erleben überhaupt an zeitliche Ordnung anschließen kann und was geschieht, wenn die Kontinuität ausfällt oder ersetzt wird. Für Zeitreisen und teleportationsähnliche Szenarien hat das eine überraschende Pointe. Transportzeit ist nicht identisch mit erlebter Zeit. Auch wenn eine Übertragung, Speicherung oder Rekonstruktion objektiv eine Dauer benötigt, muss diese ‚Reise' nicht als Zeit erlebt werden. Das Bewusstsein bleibt nicht an die physikalische Prozessabfolge gebunden, sondern kann eine durchgehende Kontinuität ‚erzeugen', auch wenn faktisch eine Lücke vorliegt. Bei Vollnarkose, traumlosem Tiefschlaf und fiktiver Wiederbelebung aus kryogenem Zustand vergeht die äußere Zeit ohne inneres Zeiterleben. Zwischen Einschlafen und Erwachen liegt keine subjektive Spanne. Die Zeit hört auf und setzt wieder ein, ohne dass eine Dauer wahrgenommen wurde. Der Strom des Erlebens bricht ab, aber die Ich-Persistenz wird rückwirkend behauptet. Genau dieser Mechanismus könnte es erlauben, Teleportation als unmittelbar zu erleben, obwohl sie physikalisch keineswegs instantan war. Das führt zur eigentlichen Frage, mit der die Philosophie an die Physik übergibt:

Ist Unmittelbarkeit eine Eigenschaft der Welt oder nur eine Eigenschaft des Erlebens?

[96] Sean Michael Carroll (geb. 1966), amerikanischer Physiker.

3.2 Physikalische Zeit

> „Von Stund' an sollen Raum für sich und Zeit für sich völlig zu Schatten herabsinken und nur noch eine Art Union der beiden soll Selbständigkeit bewahren."

Mit diesen Worten formulierte Hermann Minkowski 1908 in seiner Kölner Rede die geometrische Grundlage der Relativitätstheorie ([84], S. 431). Zeit wird nun nicht mehr als eigenständige Größe behandelt, sondern als eine mit dem Raum verbundene Dimension innerhalb einer vierdimensionalen Welt. Bei Minkowski wird ein Raumpunkt x, y, z an einem Zeitpunkt t zu einem Weltpunkt x, y, z, t. Wird dieser gedankliche Punkt mit einer wahrnehmbaren Substanz verbunden, so lässt er sich leicht auf seinem Lebensweg in der Welt, als Raumpunkt in der Zeit, auf seiner Weltlinie verfolgen. Auch wenn die Zeitspanne nicht eingegrenzt wird und von $-\infty$ bis $+\infty$ reicht, so gibt es doch einen Zeitpunkt $t = 0$, an dem die Zeiten zu $t < 0$ und $t > 0$ auseinanderfallen. Diese Trennung der Zeiten führt geometrisch zu den sogenannten Lichtkegeln, die sich zum Zeitpunkt $t = 0$ eines Ereignisses E definieren lassen. Der Vergangenheitskegel enthält all diejenigen Ereignisse, die vor E stattgefunden und E verursacht haben. Im Zukunftskegel befinden sich dann die Ereignisse, die zukünftig von E beeinflusst werden. Die Beeinflussung kann jedoch mit keiner größeren Geschwindigkeit als mit der Lichtgeschwindigkeit verursacht werden.

Abb. 3.2 zeigt den Minkowski-Raum. Links ist der Lichtkegel im dreidimensionalen Raum (ct, Raum_1, Raum_2) dargestellt. Raum_1 und Raum_2 repräsentieren nur zwei von drei möglichen Raumrichtungen; sie bilden hier also eine Projektion des eigentlich dreidimensionalen Raums auf eine zweidimensionale Ebene, damit der vierdimensionale Minkowski-Raum (ct, x, y, z). Der Lichtkegel markiert alle Ereignisse, die von einem Ursprungspunkt $E(0)$ mit höchstens Lichtgeschwindigkeit erreicht werden können (Zukunftskegel) bzw. auf ihn eingewirkt hatten (Vergangenheitskegel). Rechts ist ein Schnitt entlang einer Raumrichtung dargestellt. Hier werden die Lichtlinien $ct = \pm \mathit{Raum}$ sichtbar, die die Grenzen zwischen raumartigen und zeitartigen Bereichen markieren. Zusammen illustrieren die beiden Ansichten den geometrischen Zusammenhang zwischen Raum, Zeit und Kausalität im Minkowski-Formalismus als das, was ein Ereignis beeinflussen kann (und dem, was es verursacht hat (Vergangenheitskegel)).

Als Ausgangspunkt seiner geometrischen Deutung übernahm Minkowski hierbei Einsteins Relativität der Zeit (aus [84], S. 437).

> „Jedoch scharf erkannt zu haben, daß die Zeit des einen Elektrons ebenso gut wie die des anderen ist, …, ist erst das Verdienst von A. Einstein. Damit war nun zunächst die Zeit als ein durch die Erscheinungen eindeutig festgelegter Begriff abgesetzt."

Einstein hatte im Jahre 1905 der von Minkowski erwähnten Arbeit die Relativität von Längen und Zeiten postuliert und dabei noch zwischen Raum und Zeit unterschieden [85], verwendete aber 1916 in seiner allgemeinen Relativitätstheorie Minkowskis elegante

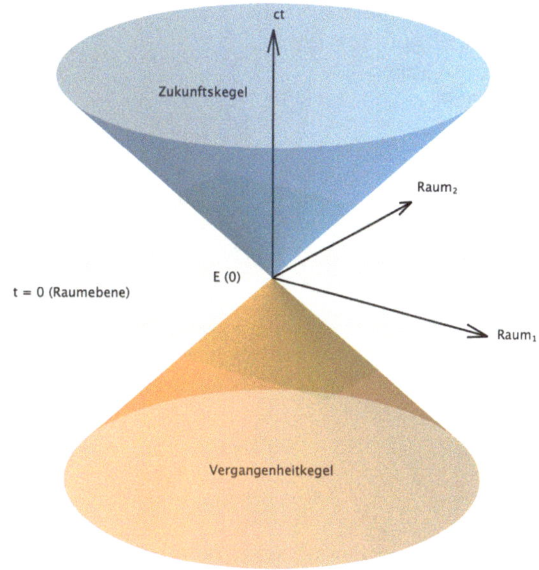

Abb. 3.2 Darstellung des Minkowski-Raums, Grasnick (2025)

„formale Gleichwertigkeit der räumlichen Koordinaten und der Zeitkoordinate“ (aus [86], S. 769). Raum und Zeit wurden nun zu einem vierdimensionalen Kontinuum, in dem Gravitation als Krümmung der Raumzeit beschrieben wird. Massen und Energien bestimmen diese Krümmung und damit die Bewegung der Körper. Die Zeit wird zur vierten Koordinate eines dynamischen Feldes und verschwindet so als eigenständige physikalische Größe aus den Grundgleichungen. Der Zeitparameter, den klassische Mechanik und Newton'sche Gravitation noch voraussetzen, wird hier durch die Struktur der Raumzeit selbst bestimmt.

Jeder Beobachter kann (wie in Abb. 3.3 dargestellt) als Ursprung eines eigenen Lichtkegels betrachtet werden. Im Moment seiner Beobachtung befindet er sich im Ereignis $E(0)$, dem Punkt in der Raumzeit, in dem die Spitzen des Doppelkegels aufeinander stehen. Bewegt er sich, verschiebt sich dieser Ursprung entlang seiner eigenen Weltlinie, wodurch sich eine Folge von Lichtkegeln ergibt. Diese bilden als Eigenzeit des wandernden Beobachters eine kontinuierliche Abfolge lokaler Raumzeitbereiche, in denen jeweils neue Gleichzeitigkeitsebenen definiert sind.

Einstein hatte mit der Relativitätstheorie gezeigt, dass Gleichzeitigkeit kein absoluter, sondern ein vom Bewegungszustand abhängiger Begriff ist. Zwei Ereignisse, die für einen ruhenden Beobachter gleichzeitig sind, erscheinen einem bewegten Beobachter zeitlich versetzt. Diese Relativität der Gleichzeitigkeit führt zwangsläufig zur Relativität der Zeit selbst: Uhren laufen in unterschiedlichen Bezugssystemen verschieden schnell. Dieser als Zeitdilatation theoretisch vorhergesagte Effekt wurde später auch experimentell bestätigt.

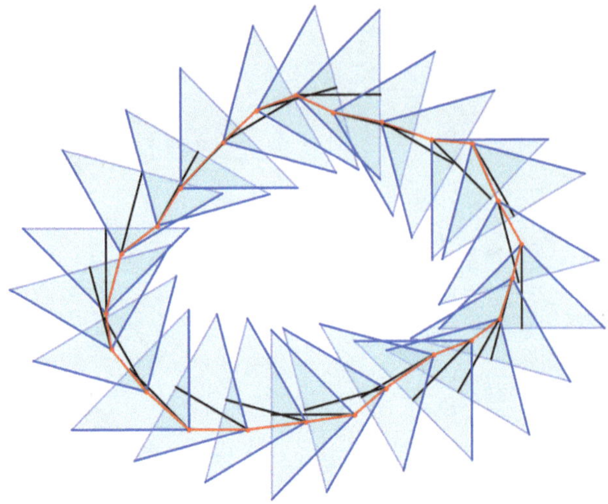

Abb. 3.3 Folge lokaler Lichtkegel mit geschlossener zeitartiger Weltlinie, Grasnick (2025)

1941 bestimmten Rossi[97] und Hall,[98] die Zerfallsraten von Myonen[99] unterschiedlicher Energie in der Erdatmosphäre und stellten fest, dass die langsameren („weicheren") Myonen etwa dreimal schneller zerfallen als die energiereicheren. Diese Beobachtung stand „im Einklang mit den theoretischen Vorhersagen, die auf der relativistischen Geschwindigkeitsänderung einer sich bewegenden Uhr basieren"[100] (aus [88], S. 223).

Es ist wenig intuitiv, sich zwei unterschiedliche Elementarteilchen als Uhren vorzustellen. Einfacher wird es, wenn sich die Relativität auch an echten Uhren zeigt. Das gelang 1972, als Hafele[101] und Keating[102] den Nachweis mit Atomuhren erbrachten, die an Bord von Verkehrsflugzeugen um die Erde geflogen wurden [89]. Wie von Einstein vorhergesagt, liefen die Uhren bei der Weltumrundung nach Osten langsamer, auf der entgegengesetzten Route nach Westen dagegen schneller. Nach ihrer Rückkehr wichen sie von identischen Referenzuhren am Boden genau um die relativistisch erwarteten Beträge ab.[103] Heute ist die Berücksichtigung dieser Effekte in der Satellitennavigation selbstverständlich. Die Borduhren der GPS-Satelliten müssen sowohl die kinematische als auch die

[97] Bruno Benedetto Rossi (1905–1993), italienischer Physiker, später am Manhattan-Projekt in Los Alamos beteiligt.

[98] David B. Hall (1915–1998), amerikanischer Physiker, wie Rossi am Manhattan-Projekt beteiligt, später Leiter der Los Alamos Reaktor-Abteilung. Deutlich bekannter als er war seine Ehefrau Jane Hamilton Hall (1915–1981), die als erste Frau Direktorin in Los Alamos wurde.

[99] Damals wurden diese Teilchen von ihren Entdeckern noch als „Mesotron" bezeichnet, weil ihre Masse irgendwo zwischen Protonen und Elektronen lag [87].

[100] Übers. d. Verf.

[101] Joseph Carl Hafele (1933–2014), amerikanischer Physiker.

[102] Richard E. Keating (1941–2006), amerikanischer Astronom.

[103] Viel war das allerdings nicht. Auf der Ostreise verloren sie etwa 59 Nanosekunden, gewannen auf der Westreise dagegen etwa 273 Nanosekunden [89] – eine Folge der Erdrotation.

gravitative Zeitdilatation kompensieren, um Positionsfehler im Kilometerbereich zu vermeiden. Zeit ist damit eine Koordinate, deren Messwert vom Bewegungszustand und vom Gravitationsfeld des Beobachters abhängt.

Um diesen Zusammenhang besser zu verstehen, soll noch einmal deutlich gemacht werden, was in der Relativitätstheorie überhaupt als Zeit gemessen wird. Die Eigenzeit ist hier diejenige Zeit, die auf der Uhr des bewegten Beobachters angezeigt wird. Sie entsteht also nicht dadurch, dass von außen zwei Zeitpunkte in der Raumzeit bestimmt werden und deren Differenz eine absolute Dauer festlegt, sondern meint die eigene Zeit des Beobachters auf Basis seiner mitgeführten Uhr. Von Laue[104] hat diesen Begriff 1911 präzisiert, indem er ein unendlich kleines Weltlinienelement betrachtete, das ein Körper in einem Augenblick durchläuft ([90], S. 75). Der von der Uhr registrierte Zeitzuwachs wird dort als Eigenzeit dieses Elementes bezeichnet. Für einen endlichen Abschnitt der Bewegung ergibt sich die gesamte Eigenzeit durch das Aufaddieren aller solcher kleinen Stücke, also durch Integration entlang der gesamten Weltlinie. Der Zeitablauf eines Beobachters ist damit untrennbar an seinen tatsächlichen Weg durch die Raumzeit gebunden. Zwei verschiedene Wege durch die Raumzeit – etwa bei unterschiedlichen Geschwindigkeiten – führen deshalb zu verschieden großen Eigenzeiten, selbst wenn Anfangs- und Endpunkt identisch sind.

Mit diesem Begriff der Eigenzeit lässt sich nun auch erklären, was in einem Gravitationsfeld geschieht. Die Allgemeine Relativitätstheorie ersetzt die Newton'sche Gravitationskraft durch die Geometrie der Raumzeit. In der Nähe großer Massen ist diese Geometrie so verändert, dass die Eigenzeit eines dort befindlichen Beobachters langsamer vergeht als die eines Beobachters in größerer Entfernung. Der Unterschied entsteht nicht durch eine Veränderung des Uhrwerks, sondern durch die unterschiedliche Struktur der Raumzeit in den jeweiligen Bereichen.

Damit lässt sich ein entscheidender Punkt der Allgemeinen Relativität formulieren. Der Ablauf der Zeit folgt der Geometrie der Raumzeit, nicht einer äußeren Gesetzmäßigkeit. Diese Geometrie legt fest, wie sich Uhren verhalten, ob sie synchron laufen oder nach und nach voneinander abweichen. In einem Gravitationsfeld ist die Geometrie verzerrt, die Zeitdilatation nichts anderes als ein Ausdruck der Verzerrung. Die Uhr geht nicht nach, weil der Weg, den sie durch die Raumzeit nimmt, eine andere geometrische Länge besitzt.

Im einfachsten Fall eines statischen, kugeligen Gravitationsfeldes[105] lässt sich die Verzerrung der Raumzeit recht einfach erkennen. Die Geometrie ist dort so strukturiert, dass die Eigenzeit eines Beobachters umso langsamer verläuft, je näher er dem Mittelpunkt der Kugel kommt, da dort die Gravitation zunimmt.

Eine mathematische Lösung der Einstein'schen Feldgleichungen im kugelsymmetrischen Gravitationsfeld hatte Schwarzschild[106] 1916 gefunden [91]. Am Ende seiner Arbeit weist er darauf hin, dass seine Lösung ein Verhalten zeigt, das unmerklich von der

[104] Max von Laue (1879–1960), deutscher Physiker, Nobelpreis für Physik 1914.

[105] Etwa in der Umgebung einer ruhenden Masse.

[106] Karl Siegmund Schwarzschild (1873–1916), deutscher Astronom und Physiker.

klassischen Newton'schen Gravitation abweicht. Weyl vereinfachte die Lösung für eine „inkompressible" Flüssigkeitskugel ([92], S. 208). In den Jahren nach Schwarzschilds Veröffentlichung wurde zunehmend deutlich, dass seine Lösung nicht nur das Gravitationsfeld beschreibt, sondern auch Konsequenzen für den Ablauf der Zeit besitzt. Zwar hatte Einstein schon 1911 gezeigt, dass der Gang einer Uhr neben der Geschwindigkeit des Uhrenträgers auch von der Gravitation abhängt [93], ein experimenteller Nachweis gelang aber erst Pound[107] und Rebka.[108] In ihrem 1959 veröffentlichten Versuch [94] maßen sie die Frequenzverschiebung von Gammastrahlen bei Änderung des Gravitationspotenzials und wiesen dabei die von Einstein vorhergesagte[109] Verringerung der Frequenz nach. Das Ergebnis entsprach exakt der durch die gravitative Zeitverlangsamung erwarteten Verschiebung und bestätigte damit zum ersten Mal im Labor, dass Vorgänge unter dem Einfluss veränderter Gravitation unterschiedlich schnell ablaufen.

In schwachen Feldern bleibt dieser Effekt gering, in starken Feldern dagegen wird die Raumzeit so stark gekrümmt, dass Licht abgelenkt wird und sich Minkowskis Lichtkegel merklich einander zuneigen. Im statischen Schwarzschildfeld reicht diese Neigung noch nicht aus, zeitartige Linien zu schließen und die Zukunftsrichtung bleibt eindeutig. Gelingt es jedoch, die Lichtkegel noch weiter zu kippen, könnte die zeitartige Richtung so stark deformiert werden, dass eine zeitartige Linie nach einem endlichen Weg wieder zu ihrem Ausgangspunkt zurückführt. In der Allgemeinen Relativität ergibt sich die Neigung der Lichtkegel allein aus der Struktur der Raumzeitgeometrie, die hier auch die Gravitation repräsentiert. Diese Geometrie kann auf unterschiedliche Weise deformiert werden. Durch die Gravitation großer, aber auch durch eine globale Rotation der Raumzeit.

Ein Beispiel für eine solche extreme Raumzeit wurde von Kurt Gödel[110] vorgestellt [95]. Seine Lösung beschreibt ein homogenes, rotierendes Universum, in dem die globale Rotation der Materieverteilung die Lichtkegel mitdreht. In Gödels Modell entsteht die Neigung der Lichtkegel nicht dadurch, dass Licht von einer Masse angezogen oder abgelenkt würde, sondern weil die gesamte Raumzeit eine globale Rotation besitzt. Die Materie des Universums rotiert nun relativ zu dem, was Gödel den „Kompass der Trägheit" nennt: jene Richtungen, in die ein freischwebender Körper ohne äußere Kräfte weisen würde. Diese Trägheitsrichtungen sind gegeneinander verdreht. Dadurch steht die Zeitrichtung nicht mehr senkrecht auf dem 3D-Raum, sondern erhält einen stetigen Anteil in der Kreisrichtung. Die Lichtkegel folgen dieser schiefen Zeitachse und neigen sich zunehmend tangential, bis ihre Achse so weit gekippt ist, dass eine zeitartige Weltlinie nach einem endlichen Umlauf wieder zum Zeitpunkt ihres Ausgangsereignisses zurückreichen kann. Die Zeitlinie schließt sich.

Die Abb. 3.3 zeigt eine stark vereinfachte Projektion. Dargestellt ist nur eine einzige Raumrichtung zusammen mit der Zeit und es wird ausschließlich der jeweilige Zukunfts-

[107] Robert Vivian Pound (1919–2010), amerikanischer Physiker.

[108] Glen Anderson Rebka (1931–2015), amerikanischer Physiker.

[109] ... und von Schwarzschild und Weyl berechnete…

[110] Kurt Gödel (1906–1978), österreichischer Mathematiker und Philosoph.

kegel berücksichtigt. Die tatsächliche Raumzeit ist vierdimensional, doch die Reduktion erlaubt eine anschauliche Darstellung der gekippten Lichtkegel und des grundlegenden Mechanismus, durch den geschlossene zeitartige Kurven entstehen können.

Jeder blaue Kegel hat seinen Scheitel in einem diskreten Ereignis (roter Punkt) und repräsentiert den lokalen Zukunftsbereich dieses Ereignisses. Die rote Linie verbindet diese Ereignisse so, dass jedes Segment innerhalb des jeweiligen Zukunftskegels verläuft und damit zeitartig bleibt. Durch die fortschreitende Neigung der Zeitachsen entsteht eine Weltlinie, die nach endlich vielen Schritten wieder an ihren Ausgangspunkt zurückkehrt. Die Darstellung macht anschaulich, wie in einer hinreichend verdrehten Raumzeit geschlossene zeitartige Kurven entstehen können, ohne dass die Bahn in der Raumprojektion einfach ein Kreis wäre.

Aus Gödels geschlossenen Kurven folgt eine erstaunliche Konsequenz. Wenn eine Lösung der Einstein'schen Feldgleichungen ergeben kann, dass sich Zeitlinien schließen, entsteht schon aus der Theorie selbst die Möglichkeit des Aufeinandertreffens zweier Zeitpunkte. Gödels Beispiel konnte zwar nicht einfach verworfen werden, da seine Konstruktion die mathematischen Anforderungen an ein gravitationstheoretisches Modell erfüllte. Allerdings kollidierte sie mit den kosmischen Beobachtungen, die seit den Arbeiten von Friedmann,[111] Lemaître[112] und Hubble ein expandierendes Universum favorisierten. Friedman verwarf Einsteins Idee eines statischen Kosmos und leitete aus der Krümmung der Raumzeit dynamische Weltmodelle ab, in denen sich der kosmische Radius zwangsläufig verändert [96]. Lemaître verband diese theoretischen Lösungen anschließend mit astronomischen Befunden und deutete die beobachtete Rotverschiebung als Folge einer allgemeinen Expansion des Universums [97, 98]. Hubbles[113] Messungen der Galaxienentfernungen bestätigten diese Sicht in Form seines Rotverschiebungsgesetzes [99]. Ein global rotierender stationärer Kosmos ließ sich damit nicht vereinbaren.[114] Gödels Pointe blieb dennoch bestehen. Einsteins Feldgleichungen schließen geschlossene zeitartige Kurven nicht aus, wenn sich die Geometrie der Raumzeit irgendwie deformieren lässt. Um vom mathematisch zulässigen, kosmologisch aber unwahrscheinlichen rotierenden Universum zu plausibleren geschlossenen Kurven zu gelangen, verschob sich die Frage von globalen Modellen zu lokalen Strukturen der Raumzeit. Untersucht wurde nun, ob kompakte rotierende Objekte dieselben Verzerrungen der Zeitrichtung erzeugen können, die Gödel nur im Maßstab des gesamten Kosmos demonstriert hatte.

Die von Kerr[115] präsentierte mathematische Lösung der Feldgleichungen stellte zunächst nur eine algebraische Raumzeit mit einem zusätzlichen Spinning-Parameter dar

---

[111] Alexander Alexandrowitsch Friedmann (1888–1925), russischer Physiker und Mathematiker.

[112] Georges Edouard Lemaître (1894–1966), belgischer Priester und Physiker.

[113] Edwin Powell Hubble (1888–1953), amerikanischer Astronom.

[114] Gödel selbst wies allerdings schon selbst darauf hin, dass seine Lösung keine Rotverschiebung für entfernte Objekte liefert und daher ohne Kombination von Rotation und Expansion nicht mit den Hubble-Beobachtungen vereinbar sei ([95], S. 450).

[115] Roy Patrick Kerr (geb. 1934), neuseeländischer Mathematiker.

[100]. Die Möglichkeit geschlossener zeitartiger Kurven ergab sich erst aus den späteren Analysen der globalen Struktur dieser Lösung. Boyer[116] und Lindquist[117] vermerken in ihrer analytischen Erweiterung der Kerr-Lösung – gestützt auf einen Hinweis Carters[118] -, dass ein Bereich existiert, in dem die räumliche Umlaufrichtung ihre zeitliche Orientierung wechselt [101]. Da diese Richtung aufgrund ihrer gekippten Winkel geschlossen ist, entstehen dort zwangsläufig geschlossene zeitartige Kurven.

Diese theoretische Lösung zeigt, dass geschlossene Zeitverläufe nicht auf Gödels globales Modell beschränkt sein müssen. Die Lichtkegel können auch lokalen Systemen kippen, sofern diese rotieren, was bei kompakten astronomischen Objekten kaum zu vermeiden ist. Wenn nun die Kerr-Lösung als mögliche Außenraumgeometrie eines äußerst massereichen Körpers anzusehen ist, rücken Schwarze Löcher in den Mittelpunkt der Betrachtung. In ihnen konzentriert sich die Gravitation so stark, dass die Raumzeit selbst die zentrale dynamische Größe wird. Jeder kollabierende Stern, der eine anfängliche Drehbewegung besitzt, erzeugt ein Schwarzes Loch, dessen äußeres Feld durch die Kerr-Geometrie beschrieben wird. Damit wird die Kippung der Lichtkegel in der Umgebung solcher Objekte zu einer direkten Konsequenz der Gravitation selbst und nicht mehr zu einer Besonderheit exotischer kosmologischer Modelle.

Ein rotierendes Schwarzes Loch scheint damit nicht nur durch die Gravitation die Bahnen des Lichtes zu krümmen, sondern die zeitliche Orientierung selbst zu verändern. Je stärker die Krümmung wird, desto deutlicher verschiebt sich auch die lokale Struktur der Zukunftsrichtung. In extremen Fällen könnte diese Verzerrung theoretisch so weit reichen, dass die Drehung die Rolle der Zeit übernimmt und sich die Zeitkurve schließt.

Im Inneren eines rotierenden Schwarzen Lochs können geschlossene Zeitkurven zwar mathematisch auftreten, sie würden aber physikalisch unerreichbar bleiben. Die Idee, zwei getrennte Raumzeitregionen als Zeitmaschine zu koppeln, geht auf die Arbeiten von Morris[119] und Thorne[120] Ende der 1980er-Jahre zurück [102]. Sie schlugen eine eigene Lösung der Feldgleichungen vor, in der ein durchschreitbares Wurmloch prinzipiell als Zeitmaschine dienen kann. Zugleich wiesen die Physiker auch darauf hin, dass die dafür erforderliche Materie eine Energiedichte besitzen müsste, die alle Energiebedingungen der Relativitätstheorie verletzt und damit eigentlich schon selbst eine Unmöglichkeit darstellt. Da sie es aber auch nicht völlig ausschlossen,[121] wurde die Idee rasch aufgegriffen und

[116] Robert Hamilton Boyer (1932–1966), amerikanischer Mathematiker, erschossen beim „University of Texas Tower Shooting“.

[117] Richard W. Lindquist, amerikanischer Physiker.

[118] Brandon Carter (geb. 1942), australischer Physiker, später mit Steven Hawking am „No-Hair-Theorem” beteiligt.

[119] Michael S. Morris, amerikanischer Physiker.

[120] Kip Stephen Thorne (geb. 1940), amerikanischer Physiker, Nobelpreis für Physik 2017.

[121] Da nach ihrer Ansicht die Quantenfeldtheorie „verlockende“ Hinweise auf die mögliche Existenz eines solchen Materials liefern würde.

führte zu einer Reihe weiterer Modelle, die versuchten, solche Zeitmaschinenkonfigurationen ohne offenkundige Widersprüche zur Relativitätstheorie zu realisieren.

In der Stringtheorie bilden die hypothetischen eindimensionalen Fäden die Grundlage des Universums, in dem die Elementarteilchen wie Photonen nur jeweils einen bestimmten Schwingungszustand der Strings repräsentieren. Ohne hier näher auf die Stringtheorie eingehen zu wollen,[122] ergibt sich hier für die Raumzeit eine interessante Konsequenz. Während ein Partikel auf seiner Reise durch die Lichtkegel eine Weltlinie beschriebe, würde ein eindimensionaler String bereits eine Weltfläche bilden. Höherdimensionale Objekte,[123] die als „Brane“ bezeichnet werden, könnte so höherdimensionale Welträume formieren.

Richard Gott[124] zeigte, dass zwei nahezu lichtschnell vorbeiziehende kosmische Strings eine Raumzeit erzeugen können, in der geschlossene Zeitkurven auftreten [107]. Gotts kosmische Strings unterscheiden sich aber deutlich von den Fäden der Stringtheorie. Er bezieht sich konkret auf die hypothetischen kosmischen Strings nach Kibble,[125] die als eindimensionale topologische Defekte im frühen Universum entstehen könnten und theoretisch ausgedehnte String-Netzwerke bilden [108]. Die entstehende Raumzeit besitzt einen globalen Winkeldefekt, der bei hinreichend schneller Relativbewegung zweier solcher Strings die Lichtkegel so kippt, dass geschlossene zeitartige Kurven möglich werden.

Frolov[126] und Novikov[127] wählten einen anderen Zugang. Sie untersuchten Raumzeiten, in denen geschlossene zeitartige Kurven durch die Struktur stark deformierter Gravitationsfelder selbst entstehen. In ihren Modellen genügt eine geeignete Verknüpfung rotierender oder beschleunigter Bereiche, um Regionen zu erzeugen, in denen die zeitliche Ordnung umschlägt und ein Weg wieder zu seinem Ausgangspunkt zurückführt [109]. In solchen Fällen können „Wurmlöcher“[128] unterschiedliche Raumzeitregionen miteinander verbinden. Abb. 3.4 (links) zeigt eine einzelne Fläche mit zwei sphärischen Einsenkungen, die als „Münder“ eines Verbindungstunnels zwei Raumzeiten miteinander verbinden. Wenn sich die Münder des Wurmloches relativ so zueinander bewegen, dass geschlossene Weltlinien entstehen, könnte beim Durchgang durch das Wurmloch die paradoxe Situation auftreten, dass die Ankunftszeit vor der Abreise liegt. Die rechte Darstellung zeigt den Grenz-

[122] Hierzu gibt es ausgezeichnete Literatur von deren Befürwortern (z. B. vom bekannten amerikanischen Physiker Michio Kaku [103]) oder deren Kritikern (z. B. vom Physik-Nobelpreisträger Robert B. Laughlin [104]).

[123] In der die verschiedenen Stringtheorien zusammenfassenden M-Theorie auch mit bis zu 11 Dimensionen [105].

[124] John Richard Gott III (geb. 1947), amerikanischer Physiker. Zu dem Thema Zeitreisen hat er ein lesenswertes Buch verfasst [106].

[125] Tomas Walter Bannermann Kibble (1932–2016), britischer Physiker, geadelt von Queen Elizabeth II.

[126] Waleri Pawlowitsch Frolow (geb. 1946), russischer Physiker.

[127] Igor Dmitrijewitsch Nowikow (geb. 1935), russischer Physiker.

[128] Die Bezeichnung Wurmloch und die grafische Darstellung (die auch Frolov und Novikov übernommen hatten (in der Abb. 3.4 links) wurden ursprünglich von Charles Misner und John Wheeler Ende der 1950er-Jahre eingeführt [110].

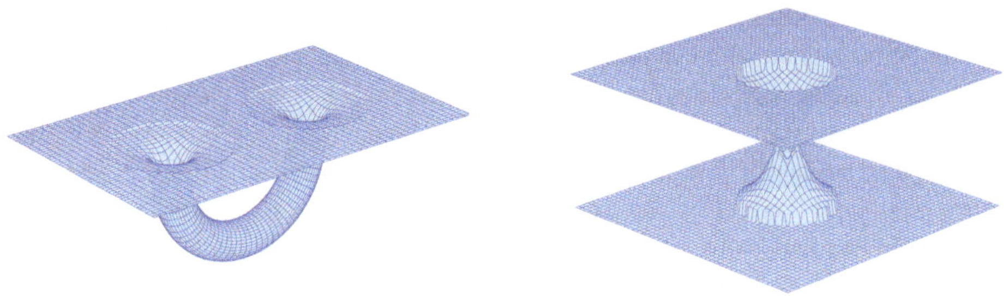

Abb. 3.4 Einbettungsdiagramme statischer Wurmlöcher, Grasnick (2025), in Anlehnung an Frolov & Novikov (1990) [109])

fall, bei dem die Masse in einer schmalen Region konzentriert ist. Hier werden zwei separate flache Räume durch einander zugewandte Trichter repräsentiert. Diese Darstellung macht die Verbindung zwischen den beiden ansonsten getrennten Raumzeitregionen besonders deutlich und illustriert, wie das Wurmloch als ‚Brücke' zwischen diesen Räumen fungiert.

Die Konstruktionen bleiben innerhalb der klassischen Relativitätstheorie mathematisch zulässig, setzen jedoch Konfigurationen voraus, für die kein physikalischer Entstehungsprozess bekannt ist. Dennoch werden sie so beschrieben, dass sie vorstellbar und hypothetisch möglich bleiben. Wenn die beiden Öffnungen relativ bewegt oder unterschiedlichen Gravitationsfeldern ausgesetzt werden, bricht die Zeitsynchronisation, sodass ein Weg durch das Wurmloch früher enden kann, als er begonnen wurde. Zudem zeigten sie, dass die nichttriviale Topologie eines solchen Wurmlochs geschlossene zeitartige Kurven zulassen kann, die vollständig innerhalb der Raumzeit des Wurmlochs verlaufen.

Derartige mathematisch zulässige, aber physikalisch kaum begründbaren Zeitmaschinenmodelle führten Hawkings schließlich zu seiner Chronology-Protection-Vermutung [111]. Er betrachtete dabei ausdrücklich nur Raumzeiten ohne Singularitäten, also Fälle, in denen die geometrische Beschreibung der Raumzeit noch solide funktioniert. Hawking argumentierte, dass sich mit endlichen kosmischen Strings keine geschlossenen zeitartigen Kurven erzeugen lassen und dass eine Raumzeit, in der solche Kurven beinahe entstehen, von der Quantentheorie selbst destabilisiert würde. Dadurch würde die Geometrie so verändert, dass die Bildung geschlossener zeitartiger Kurven verhindert wird. Diese Überlegungen stützen seine Vermutung, dass die Gesetze der Physik das Auftreten geschlossener zeitartiger Kurven nicht zulassen.

Alle untersuchten Beispiele zeigen, dass die Allgemeine Relativitätstheorie die zeitliche Struktur der Raumzeit verändern kann. Von globalen Rotationen über lokale Extremfelder bis zu idealisierten topologischen Konstruktionen eröffnet die Theorie eine Vielzahl mathematischer Wege, auf denen sich Zeitverläufe schließen könnten. Doch keiner dieser Ansätze führt zu einem physikalisch erreichbaren Szenario. Entweder sind die Voraussetzungen unplausibel, die Modelle instabil oder ihre Bildung scheitert an den Rückwirkungen quantenfeldtheoretischer Effekte. Die Frage geschlossener zeitlicher Schleifen bleibt damit eine Möglichkeit der Gleichungen, nicht der physikalischen Welt.

3.3 Zeit im Multiversum

Die Virtualisierung räumlicher und zeitlicher Ordnungen kann ein Geflecht aus parallelen Verlaufsformen erzeugen, deren Zusammenhalt nicht mehr durch eine physikalische Metrik, sondern durch konsistente Regelwerke hergestellt wird. In VR entsteht damit ein funktionales Multiversum aus koexistierenden Prozessräumen, die jeweils eigene Zeitstrukturen implementieren. Diese Räume überlappen, konkurrieren und greifen im virtuellen Netzwerk ineinander. Genau an diesen Übergängen zeigen sich sowohl technische Grenzen als auch gestalterische Möglichkeiten.

Zeitmodelle und Kausalität

VR-Systeme stützen sich auf mehrere zeitlichen Schichten, die jeweils eigene Metriken und Anforderungen besitzen. Trotz unterschiedlicher Terminologien in den bekannten Game-Engines ergibt sich technisch dieselbe Struktur.

Als Bezug dient die Systemzeit, eine unverzerrte Echtzeit, an der sich alle weiteren Zeitebenen ausrichten. Innerhalb der VR-Anwendung existiert eine skalierbare Weltzeit, die dramaturgische Abläufe koordiniert und von der Systemzeit aus abgeleitet wird. Darunter arbeitet eine deterministische Logikzeit mit festen Schritten, in der Physik- und Zustandssysteme aktualisiert werden. Für die Darstellung benötigt das System schließlich eine variable Renderzeit, die der Bildrate folgt und unabhängig von der Logikzeit funktioniert. Diese mehrschichtige zeitliche Architektur von Echtzeitsystemen lässt sich auf vier funktionale Zeitebenen reduzieren, die trotz verschiedener Bezeichnungen in aktuellen Game-Engines dieselbe Struktur bilden. Die Tab. 3.1 fasst diese Ebenen engine-agnostisch zusammen.

Die eben eingeführte Systemzeit ermöglicht zwar eine verlässliche zeitliche Referenz innerhalb eines einzelnen VR-Systems, verliert jedoch ihre übergeordnete Bedeutung, sobald mehrere Geräte oder Clients beteiligt sind. Da deren physische Uhren kaum exakt synchron laufen und Nachrichten mit variabler Verzögerung eintreffen, kann die Systemzeit in verteilten Szenarien keine gemeinsame Ereignisordnung herstellen. Deshalb greifen verteilte VR-Architekturen auf logische Zeitsysteme zurück, die unabhängig von einer globalen Uhr funktionieren. Lamport-Uhren[129] erzeugen in verteilten Systemen eine vollständige Ordnung aller Ereignisse. Sie bilden damit eine künstliche Zeitachse, die ausschließlich aus den Ereignissen gewonnen wird. Damit lässt sich zwar jede Abhängigkeit als Vorher-Nachher-Beziehung rekonstruieren, doch es lässt sich nicht entscheiden, ob zwei Ereignisse tatsächlich voneinander abhängen oder ob sie unabhängig entstanden sind.

[129] Nach dem amerikanischen Mathematiker Leslie Lamport (geb. 1941), der 1978 einen Algorithmus zur Synchronisierung eines Systems logischer Uhren vorgestellt hatte [112].

Tab. 3.1 Zeitarchitektur von VR-Systemen

Zeitebene	Eigenschaften	Typische Funktion im VR-System
Systemzeit	unverzerrt, monoton, Grundlage aller Takte	Referenz für Zeitmessung, Profiling, Latenz
Weltzeit	skalierbar, dramaturgisch steuerbar	Steuerung von Abläufen, Szenenlogik, Timelines
Logikzeit	fester Zeitschritt, deterministische Aktualisierung	Physik, Kollisionen, Zustandssysteme
Renderzeit	variable Frameintervalle, lastabhängig	Bildaufbau, visuelle Ausgabe, Projektion

Vektorielle Uhrwerke[130] erweitern diese Konstruktion, indem sie pro Prozess eine eigene Zeitkomponente führen. Dadurch lässt sich nicht nur bestimmen, ob ein Ereignis vor einem anderen liegt, es lässt sich auch entscheiden, ob zwei Ereignisse unabhängig entstanden sind. Ein Ereignis besitzt damit nicht mehr einen einzigen logischen Zeitwert, sondern einen Zeitvektor, dessen Komponenten die lokale und die empfangenen Zeitstände aller Teilnehmer kodieren. Diese Fähigkeit ist in Multiuser-VR notwendig, etwa wenn mehrere Teilnehmende gleichzeitig denselben virtuellen Gegenstand manipulieren und Konflikte vermieden werden sollen.

Wie in Tab. 3.1 dargestellt, beruhen VR-Systeme lokal auf einer mehrschichtigen Zeitarchitektur aus Systemzeit, Weltzeit, Logikzeit und Renderzeit. Diese Schichtung definiert die zeitliche Ordnung innerhalb eines einzelnen Systems. In der Informatik wird Zeit in verteilten Systemen seit Langem nicht primär als physikalische Größe, sondern als eine Ordnungsrelation verstanden. Logische Zeitstempel ergänzen die Systemzeit dort, wo eine gemeinsame Taktbasis fehlt. Auch in VR ist diese Sichtweise die operative Grundlage verteilter Interaktion. Sobald mehrere Clients, Server oder Instanzen beteiligt sind, existiert eine Menge partiell geordneter Ereignisfolgen. Die Aufgabe des Systems besteht nun darin, alle diese Ordnungen zueinander stabil zu halten und in einer gemeinsamen Aktion zusammenzuführen. Die in den virtuellen Welten koexistierenden, nur teilweise gekoppelten lokalen Zeitlinien müssen in der globalen Anwendung kausal rekonstruiert und auf der Weltzeit der Handlung abgebildet werden.

Wenn lokale Zeitschichten durch logische Ordnungsrelationen global strukturiert werden können, müssen Interaktionsräume nicht mehr als einheitliche Welt behandelt werden. In Anlehnung an das Brettspiel „Dungeons & Dragons“[131] wurden seit den 1970er-Jahren Multi-User Computerspiele entwickelt, die häufig in mittelalterlichem Ambiente die Bekämpfung von Monstern und das Lösen von Aufgaben zum Inhalt hatten. Die heutige Be-

[130] Die Idee solcher Zeitstempel wurde u. a. von Colin Fidge [113] oder Friedemann Mattern [114] vorgestellt.

[131] Ein von Gary Gygax (1938–2008) und Dave Arneson (1947–2009) in den 1970er-Jahren vorgestelltes Spiel.

zeichnung Multi-User-Dungeon (MUD)[132] geht auf Trubshaw[133] und Bartle[134] zurück, in deren Spiel sich mehrere Benutzer durch verbundene Räume bewegen und kommunizieren konnten [116].

Mit der wachsenden Zahl gleichzeitiger Teilnehmer und der technischen Limitierung früher Computer stießen Mehrbenutzerwelten rasch an Grenzen. MUDs waren ursprünglich als einzelner Weltzustand konzipiert, der von allen verbundenen Nutzern gemeinsam geteilt wurde. Rechenleistung, Speicher und Netzwerkkapazität begrenzten damit unmittelbar die maximale Ausdehnung der Welt wie auch die Zahl der gleichzeitig möglichen Interaktionen. Mit dem Übergang von textbasierten MUDs zu grafischen Mehrbenutzerwelten und „Massively Multiplayer Online Games",[135] verschärften sich diese Probleme nochmals.

Systeme wie Ultima Online[136] übernahmen zwar viele Strukturprinzipien der MUDs, skalierten sie jedoch auf sehr viele gleichzeitige Spieler. Dieses Rollenspiel erlaubte den Spielern in einem virtuellen Ökosystem miteinander Kämpfe auszutragen, sich in Gaststätten zu vergnügen oder sogar Häuser zu bauen und darin ein Unternehmen zu starten [117]. Mit der Skalierung virtueller Welten wurde die Vorstellung einer einzigen, global geteilten Welt technisch aufgegeben. Bartle beschreibt, dass virtuelle Welten stattdessen in mehreren „Inkarnationen" betrieben werden, die jeweils auf eigenen Server-Clustern laufen und auch als „Shards" bezeichnet werden. Dieser Begriff stammt von Ultima Online und bezeichnet explizit mehrere Kopien einer vermeintlich einheitlichen Welt. Bartle schildert das „Sharding" beinahe poetisch (aus [115], S. 128, Fußnote 17)[137]:

> „Es ist, als wäre ein Spiegel, der die Welt reflektierte, in unzählige kleine Stücke zerbrochen, wobei jedes dieser Stücke die ursprüngliche Welt widerspiegelt, jedoch auf leicht unterschiedliche Weise."

Gemeint ist aber Folgendes: Jede Inkarnation implementiert eine eigene Instanz derselben Weltstruktur. Unterschiede zwischen den Shards sind in der Regel gering, ihre Zustände und Ereignisfolgen jedoch vollständig getrennt. Konsistenz, Identität und Persistenz werden ausschließlich innerhalb einer solchen Weltinstanz garantiert. Eine globale Synchronisation zwischen den Shards ist nicht vorgesehen ([115], Kap. 2–3).

Obwohl die Aufteilung virtueller Welten in getrennte Inkarnationen eine architektonische Konsequenz der Skalierung ist, erklärt sie noch nicht deren zeitliche Organi-

---

[132] Eine textbasierte virtuelle Welt, in der mehrere Spieler gegeneinander antreten konnten. Bartle weist selbst darauf hin, dass die Abkürzung MUD eigentlich „Multi User DUNGOEN" bedeutet, die Trubshaw als Tribut an die Fortran-Portierung des Spiels ZORK wählte ([115], S. 7).

[133] Roy Trubshaw, britischer Programmierer und IT-Manager.

[134] Richard Allan Bartle (geb. 1960), britischer Game-Entwickler.

[135] Der Begriff geht auf die Bezeichnung „Massively Multiplayer Online Role-Playing Game" zurück, die im Zusammenhang mit Ultima Online Ende der 1990er-Jahre geprägt wurde.

[136] Von Richard Gariotts Firma „Origin Systems" ab 1997 vertrieben.

[137] Übers. d. Verf.

sation. Eine formale Grundlage für den Zeitbegriff in verteilten Systemen findet sich in der Theorie der ereignisdiskreten Simulation. Fujimoto[138] beschreibt parallele Simulationen als eine Menge logisch getrennter Prozesse, die jeweils eine eigene lokale Simulationszeit fortschreiben. Eine globale Fortschrittsuhr wird dabei nicht vorausgesetzt. Zeitliche Ordnung wird über Zeitstempel und die Einhaltung von Abhängigkeiten zwischen den Ereignissen sichergestellt. Optimistische Simulationsverfahren wie Time Warp verdeutlichen, dass diese Ordnung nicht strikt vorwärtsgerichtet sein muss. Später eintreffende Ereignisse können frühere Annahmen über den Systemzustand nachträglich korrigieren, sodass Zeit hier als rekonstruierbare Struktur erscheint [118].

Aufbauend auf dieser Theorie klassifizieren Macedonia[139] und Zyda[140] vernetzte virtuelle Umgebungen als Systeme, in denen Kommunikation, Views, Daten und Prozesse auf mehrere Hosts verteilt sind und Skalierung daher eine Frage von Verteilung und Koordination wird [119]. Für die zeitliche Organisation ist dabei nicht ein globaler Takt entscheidend, sondern die praktische Beherrschung von Latenz und Variabilität der Verzögerung (Jitter) unter Echtzeitanforderungen menschlicher Wahrnehmung. Gleichzeitig zeigen sie, dass starkes Konsistenzverlangen, Kausalitätsanspruch und zuverlässige Kommunikation nicht beliebig mit Echtzeit-Interaktion vereinbar sind und daher die Skalierbarkeit begrenzen (ebd.). Die technischen Ursachen liegen in den Eigenschaften verteilter Netzwerke selbst. Auch bei Synchronisationsprotokollen kann keine exakte globale Zeit angenommen werden, da Übertragungsverzögerungen, Taktabweichungen und Paketverluste in einem Netzwerk unvermeidlich sind. Virtuelle Umgebungen unterscheiden sich folglich weniger durch ihre grafische Darstellung als durch die Art, wie sie unter Netzwerkverzögerungen Zustandsänderungen, Kausalität und Konsistenz handhabbar halten. Während Fujimoto in der ereignisdiskreten Simulation zeigt, dass zeitliche Ordnung prinzipiell revidierbar ist, betonen Macedonia und Zyda für vernetzte virtuelle Umgebungen die gegenteilige Bedingung. Unter Echtzeitanforderungen interaktiver Systeme ist ein „Zurückgehen in der Zeit“ nicht zulässig, da verspätete Korrektheit die Handlungsfähigkeit stärker beeinträchtigt als begrenzte Inkonsistenz.

Die Spannung zwischen prinzipieller Revidierbarkeit und der Forderung nach Echtzeit wird in heutigen Systemen nicht durch ein einheitliches Zeitmodell aufgelöst, sondern durch strukturelle Trennung. An die Stelle eines Zurückdrehens der Zeit treten Mechanismen wie Instancing, Snapshots und Checkpoints, die zeitliche Abweichungen auslagern. Ereignisse werden in getrennten Weltinstanzen, gespeicherten Zuständen oder verzweigten Fortsetzungen neu kontextualisiert. Zeit erscheint damit als Ensemble koexistierender, lokaler Zeitlinien.

Instancing[141] bezeichnet die parallele Ausführung zeitlich entkoppelter Teilräume innerhalb einer virtuellen Umgebung. Der Begriff wird in der Literatur zu verteilten virtu-

---

[138] Richard Masao Fujimoto, amerikanischer Computerwissenschaftler.

[139] Michael Macedonia, amerikanischer Computerwissenschaftler und Offizier.

[140] Michael Zdya, amerikanischer Computerwissenschaftler VR- und Game-Designer.

[141] Auch Dungeon Instancing, weil bestimmte Schauplätze instanziert werden.

ellen Umgebungen und Online-Welten verwendet, um Situationen zu beschreiben, in denen identische Szenen oder Aufgaben mehrfach gleichzeitig existieren, ohne einen gemeinsamen Ereignisverlauf zu teilen ([120], S. 112). Ziel ist es, Abhängigkeiten lokal zu begrenzen und damit trotz verteilter Systeme die Echtzeit-Interaktion mit der virtuellen Welt sicherzustellen. Das bedeutet, dass jede Instanz einen eigenen Ablauf besitzt, der nicht auf andere Instanzen zurückwirkt. Ein typisches Beispiel sind Szenarien in Mehrbenutzerumgebungen, in denen mehrere Spieler denselben Ausgangszustand einer Aufgabe oder Umgebung teilen, diese jedoch unabhängig voneinander durchlaufen. Die Instanzen werden danach nicht wieder in die Zeitlinie des Gesamtsystems „eingefädelt", sondern über sorgsam definierte Übergabepunkte abgeschlossen, an denen ausgewählte Zustandsänderungen in die globale Welt integriert werden.

Dagegen friert ein Snapshot den Systemzustand zu einem definierten Zeitpunkt ein. Der Snapshot speichert den Referenzzustand, ohne den laufenden Betrieb anhalten oder die Zeit rückwärts manipulieren zu müssen. Ereignisse nach dem Snapshot verändern diesen Zustand nicht, der Snapshot wirkt auch nicht auf die laufende Welt zurück. Snapshots ermöglichen somit einen Zugriff auf vergangene Zeitpunkte, ohne die Echtzeitbedingungen interaktiver Systeme zu verletzen. Sie schaffen eine Trennung zwischen laufender Zeit und gespeicherter Zeit und bilden eine Voraussetzung für alle späteren Formen von Replay, Undo oder verzweigter Fortsetzung.

Checkpoints bezeichnen gespeicherte Zustände eines Systems, zu denen eine Ausführung gezielt zurückkehren kann. Im Unterschied zu Snapshots dienen sie nicht nur der Archivierung, sondern markieren Neustartpunkte. Der zeitliche Verlauf zwischen zwei Checkpoints gilt als abgeschlossen, bei einer Rückkehr wird die Ausführung neu aufgenommen. Das bedeutet aber keine vollständige Revidierbarkeit des Vergangenen, der Checkpoint fungiert eher als zeitlicher Anker. Von ihm aus kann die Welt „wiederbelebt" werden, ohne dass der frühere Verlauf global korrigiert oder synchronisiert werden müsste. Zeit wird hier verzweigt, nicht zurückgedreht.

Prinzipiell ist auch das Branching eine Verzweigung. Hier ist es aber die gezielte Abspaltung eines neuen Fortsetzungsstrangs aus einem Zustand heraus. Im Unterschied zu Instancing, das parallele Zeitlinien trennt, entsteht beim Branching eine neue Zeitlinie aus einem bestehenden Verlauf. Der ursprüngliche Zustands- und Ereignisverlauf bleibt bestehen. Die Abweichung erzeugt eine zusätzliche, eigenständige Version. Damit wird kein vergangenes Ereignis korrigiert oder aufgehoben. Stattdessen wird die Zukunft vervielfacht. Ab einem Abzweigpunkt existieren mehrere lokale Fortsetzungen nebeneinander. Kausalität bleibt innerhalb jeder Version erhalten, während zwischen den Versionen keine zeitliche Rückkopplung vorgesehen ist. Branching realisiert somit eine Multiversumsstruktur, ohne die Echtzeitbedingungen interaktiver Systeme zu verletzen.

Es zeigt sich, dass Zeit in heutigen virtuellen Welten nicht als einheitliche, global fortschreitende Größe verstanden werden kann. Der lineare Fluss der Zeit wird zu einem Ensemble koexistierender Zeitlinien. Das Multiversum virtueller Welten ist also kein spekulatives Konzept, es ist eine architektonische Notwendigkeit, um in verteilten Systemen eine geordnete Interaktion unter Echtzeitbedingungen handhabbar umzusetzen.

Zeit als Ressource

Die technische Realisierung von Präsenz im virtuellen Raum ist letztlich ein Management begrenzter Zeitbudgets. Latenzen definieren die obere Grenze dessen, was als unmittelbar erlebt werden kann. Jede Verzögerung zwischen Bewegung, sensorischer Rückmeldung und visueller Aktualisierung verändert die Wahrnehmung und damit die Schwelle zwischen Immersion und Irritation. Diese Begrenzung erzwingt eine Aufteilung der verfügbaren Zeit auf unterschiedliche Verarbeitungsschritte. Simulation, Darstellung und Ausgabe konkurrieren um denselben zeitlichen Rahmen und müssen priorisiert werden. Verfahren mit festen Zeitschritten und strikter Fortschreibung begünstigen die Vorhersagbarkeit, reagieren jedoch empfindlich auf Schwankungen im zeitlichen Ablauf. Entkoppelte Verarbeitungsmodelle vergrößern den Handlungsspielraum, verlagern das Problem aber auf die Ebene der zeitlichen Rekonstruktion. Um trotz unvermeidlicher Verzögerungen einen angenehmen Eindruck der Gegenwart zu erzeugen, greifen virtuelle Systeme auf Vorhersage- und Korrekturverfahren zurück. Die wahrgenommene Aktualität entsteht dabei nicht aus einem exakt berechneten Moment, sondern aus einer fortlaufenden Annäherung. Vergangene Zustände werden extrapoliert, neue Informationen geschickt eingepasst und Abweichungen nachträglich geglättet. Mit der Verlagerung von Berechnungen in verteilte Infrastrukturen verschiebt sich diese Problematik weiter. Je größer die räumliche Distanz zwischen Eingabe, Verarbeitung und Ausgabe ist, desto stärker wird Zeit zu einer gestaltbaren, aber auch fragilen Ressource. Synchronisation, Pufferung und Verzögerungsausgleich ersetzen die Vorstellung einer einheitlichen Gegenwart durch eine Zeitmechanik, in der das „Jetzt" fortlaufend stabilisiert werden muss.

Die Auffassung von Zeit als begrenzter Ressource in interaktiven Systemen ist in der Forschung zu Virtual Reality und verteilten Echtzeitsystemen etabliert. Bereits frühe Arbeiten zur Telepräsenz betonen, dass die Qualität des Erlebens wesentlich von der Geschwindigkeit und Unmittelbarkeit der Interaktion abhängt [121]. Slater[142] und Wilbur[143] unterscheiden zwischen dem subjektiven Eintauchen in eine virtuelle Umgebung und dessen technischer Umsetzung. Immersion bezeichnet zunächst das Gefühl, von dieser Umgebung umgeben und von der physischen Außenwelt abgeschottet zu sein. Die Wahrnehmung der eigenen Präsenz im virtuellen Raum entsteht nicht vordergründig aus der Genauigkeit der Darstellung. Es ist vielmehr eine zeitlich akzeptable Kopplung von realer Handlung und virtueller Rückmeldung. Wahrnehmbare Verzögerungen innerhalb dieser Schleife unterbrechen den Eindruck unmittelbarer Wirksamkeit und reduzieren das Gefühl von Präsenz [122].

Aus wahrnehmungspsychologischer Perspektive ist Zeit nun aber nicht als punktuelle Größe organisiert, sondern als eine Integration von Ereignissen über eine gewisse Zeitspanne. Der Psychologe Pöppel kann diese Zeit sogar quantifizieren (aus [123], S. 62)[144]:

---

[142] Mel Slater, amerikanischer Computerwissenschaftler, insbesondere im Bereich Virtuelle Realität.

[143] Sylvia Wilbur (geb. 1938), amerikanische Computerwissenschaftlerin.

[144] Übers. d. Verf.

„Wir kommen daher zu dem Schluss, dass unser Gehirn einen integrativen Mechanismus bereitstellt, der Abfolgen von Ereignissen zu einheitlichen Formen formt, und wir stellen in Bezug auf diese Integration die Hypothese auf, dass es eine obere zeitliche Grenze von etwa drei Sekunden gibt."

Pöppels Drei-Sekunden-Gegenwart ist heute so etwas wie der klassische Referenzwert, in den ganz automatisch die verschiedensten Darbietungen aufgeteilt werden. Noch heute gilt fast selbstverständlich, dass eine Textzeile in drei Sekunden gelesenen werden sollte, ein zusammenhängender Sprechertext nach drei Sekunden eine kleine Pause haben darf und eine Slide mindestens drei Sekunden unverändert angezeigt werden sollte. Aber Pöppel liefert noch eine weitere Zahl. Um zwei Ereignisse in eine zeitliche Ordnung bringen zu können, müssen diese mindestens 30 Millisekunden voneinander getrennt sein.

In virtuellen Systemen kann diese Problematik als Latenzbudget formuliert werden, das sich aus mehreren aufeinanderfolgenden Verarbeitungsschritten zusammensetzt. Simulation, Bildsynthese und Ausgabe können sich dabei auf eine bemerkbare Dauer aufaddieren. Schon bei den ersten Simulatoren in den 1950er-Jahren konnte beobachtet werden, dass ein „input-to-output lag" zu einer Simulator-Sickness führen kann [124]. Casali[145] berichtet in diesem Zusammenhang von zeitlichen Verzögerungen (Lag) bis zu 350 Millisekunden[146] (ebd., S. 52).

LaViola[147] untersuchte die Theorien der „Cybersickness" in der Virtuellen Realität und kam unter anderem zu dem Schluss, dass ein „Lag" zwischen Aktion und der daraus resultierenden Darstellung am Display zu unangenehmen und sogar krankheitsähnlichen Symptomen führen kann [125]. Der zeitliche Begriff ist bei LaViola noch unbestimmt, er spricht lediglich von einer „signifikanten" Verzögerung.

Einen konkreten Wert dazu können Dizio[148] und Lackner[149] liefern. Eine Latenz zwischen der Kopfbewegung im Head-Mounted-Display und dem dazu passenden Bild unterhalb von 19 Millisekunden führt zu einem Wert, an dem ein Unterschied zwischen Bewegung und Anzeigen kein unangenehmes Gefühl mehr erzeugt.

Die Notwendigkeit, visuelle Update-Latenzen unterhalb solcher experimentell bestimmten Schwellen zu halten, macht eine sinnvolle Erfassung der gesamten Verarbeitungskette erforderlich, die in der VR-Technik als Motion-to-Photon-Latenz bezeichnet wird. Sie beschreibt die gesamte zeitliche Kette von einer physischen Bewegung des Nutzers bis zur sichtbaren Aktualisierung am Display und umfasst Sensorik, Verarbeitung, Simulation, Bildsynthese und Anzeige. Stauffert et al. zeigen in ihrer Übersicht, dass Motion-to-

[145] John, G. Casali, amerikanischer Psychologe und Ingenieur, forscht vor allem zu Human Factors und Ergonomie.

[146] Hierbei muss gesagt werden, dass es sich um eine Flugsimulator handelte, bei dem große Latenzen eher akzeptabel sein können.

[147] Joseph J. LaViola, amerikanischer Computerwissenschaftler auf dem Gebiet 3D-Interfaces und VR.

[148] Paul DiZio, amerikanischer Psychologe.

[149] James Lackner, amerikanischer Physiologe.

Photon-Latenz nicht als einzelner Grenzwert verstanden werden darf, sondern als Zusammenspiel aus absoluter Verzögerung, zeitlicher Stabilität und Vorhersagefehlern [126]. Cybersickness steht dabei weniger mit konstanten Verzögerungen als mit inkonsistenten oder unerwarteten zeitlichen Abweichungen in Zusammenhang. Die Autoren zitieren unterschiedliche Arbeiten zur Latenz, von denen vielleicht der Artikel von Carmack am interessantesten ist. Zwar empfiehlt Carmack[150] ebenso wie DiZio und Lackner eine Motion-to-Photon-Latenz unterhalb von 20 Millisekunden, allerdings war seine Meinung als CTO des VR-Headset-Entwicklers Oculus (später von Facebook übernommen) von einigem Einfluss.

Da selbst optimierte Motion-to-Photon-Budgets nicht beliebig weiter verkleinert werden können, müssen kürzere Latenzen auch durch andere Verfahren erzwungen werden. Eine bewährte Idee ist die Vorhersage der Zukunft aus der Interpretation der Vergangenheit. Im Kern beruhen diese Ansätze auf der Annahme, dass Bewegungen des Kopfes vorhersagbar sind. Auf Basis aktueller Sensordaten werden zukünftige Posen extrapoliert und zur Bildsynthese herangezogen, bevor die tatsächliche Messung vorliegt. Die zeitliche Ordnung wird dadurch bewusst verletzt. Das dargestellte Bild referenziert einen Zustand, der zum Zeitpunkt der Darstellung noch nicht eingetreten ist. Erst nach Eintreffen der realen Sensordaten erfolgt eine Korrektur durch Reprojektion oder Nachführung.

Diese Verfahren verschieben noch einmal den Zeitbegriff. Die visuelle Gegenwart ist kein fixierter technischer Systemzustand mehr. Sie ist nun eher ein konstruiertes Zeitfenster, das zudem laufend angepasst wird. Die Vorhersage wird damit zum Ausdruck eines grundlegenden Kompromisses. Die virtuelle Gegenwart ist immer ein Ergebnis kontrollierter Ungenauigkeit.

Zeitgestaltung und Zeitreisen

Während physikalische Zeit in virtuellen Umgebungen nur vermittelt existiert, entsteht subjektive Zeit unmittelbar aus der Kopplung des technischen Systems mit der Wahrnehmung. Die Differenz zwischen beiden bildet den eigentlichen Spielraum des Erlebens. Zeit wird in VR weniger gemessen als konstruiert.

Zeitdilatation, Zeitkompression oder gar ein vollständige „Time-Freeze“ sind mehr als reine Dekorationseffekte. Sie greifen direkt in die temporale Identität der virtuellen Szene und Handlung ein. Geisterspuren früherer Handlungen, Undo-Sequenzen oder Wiederholungen schaffen alternative Verlaufsformen. Wichtig ist dabei, dass der Übergang zwischen den Varianten der Zeit aus der narrativen Sicht plausibel bleibt, wobei das nicht einmal physikalisch korrekt sein muss.

Die Identität eines zu teleportierenden Avatars bildet dabei einen Ankerpunkt. Ein Avatar, dessen Zustand zwischen den Zeitschichten übertragen wird, muss eine Trans-

[150] John D. Carmack, (geb. 1970), amerikanischer Game-Developer, Entwickler von Wolfenstein und Doom.

formationsfunktion besitzen, die seine Wiedererkennbarkeit stabil hält, auch wenn sich die Weltlinie verzweigt. Der Avatar fungiert damit als Träger einer zeitübergreifenden Identität, deren Zustand zwischen unterschiedlichen Zeitschichten transformiert werden muss. Wird lediglich die Weltlinie variiert, bleibt Identität erhalten. Wird der avatarbezogene Zustand selbst unverständlich verändert, bricht die Illusion in sich zusammen.

Die gute Nachricht ist, dass Zeitreisen in VR keine exotische Physik oder die Lösung der Einstein'schen Feldgleichungen benötigen, weil die Struktur der Applikation selbst alternative Zeitlinien bereitstellt. In der Single-Timeline-Mechanik wirken sich Änderungen rückwirkend auf denselben Zustandspfad aus. Replays, Rollbacks und Spielphysik erzeugen eindeutige Zeitlinien. Multiversale Mechaniken erzeugen hingegen mit jeder Entscheidung eine neue Instanz der Welt. Snapshots, Branches und Merges bilden zeitliche Verzweigungen, die parallel existieren können.

Paradoxien müssen nicht verhindert werden, es genügt, wenn die Zugehörigkeit einer Handlung zu einer bestimmten Zustandsversion eindeutig ist. Das wunderbare daran ist, dass VR ein Multiversum nicht darstellt, sondern erzeugt. Zeitreisen und Teleportation sind daher ein implizites Grundverhalten der virtuellen Realität.

Literatur

1. Diels H. Zu Pherekydes von Syros. In: Archiv für Geschichte der Philosophie. Berlin: Georg Reimer; 1888. S. 11–5.
2. Gothein M. Der Gottheit lebendiges Kleid. In: Archiv für Religionswissenschaft. Leipzig: B. G. Teubner; 1906. S. 337–64.
3. Hesiod. Theogonie. In: Kern von Hartmann B, Herausgeber. Hesiods Werke. Tübingen: J. C. B. Mohr; 1911. S. 91–175.
4. Athanassakis AN, Wolkow BM, Herausgeber. The orphic hymns. Baltimore: The Johns Hopkins University Press; 2013.
5. Hesiod. Werke und Tage: griechisch/deutsch. Ditzingen: Reclam; 2018.
6. Reinhardt H. Der Gott Heraklits. Fribourg: Academic press; 2015.
7. Euripides. Euripides Herakliden zum Schulgebrauche. München: Verlag der Lindauer'schen Buchhandlung; 1870.
8. Poseidippos. 275. – Posidippus: On the statue of Time by Lysippus. In: The Greek Anthology with an English Translation by W. R. Paton in five Volumes. London/New York: William Heinemann & G. P. Putnam's Sons; 1918. S. 325.
9. Diels H. Die Fragmente der Vorsokratiker. Berlin: Weidmannsche Buchhandlung; 1906.
10. Platon. Platons Werke. Berlin: G. Reimer; 1824.
11. Platon. ΠΛΑΤΩΝ Platonis Philosophi quae exstant graece. Biponti: Ex Typographia Societatis; 1782.
12. Simplicius DH. Commentaria in Aristotelem Graeca. Berolini: Georgii Reimeri; 1895.
13. Sonderegger E. Simplikios: Über die Zeit: ein Kommentar zum Corollarium de tempore. Göttingen: Vandenhoeck und Ruprecht; 1982.
14. Plotin. Die Enneaden des Plotin. Bd. 2. Berlin: Weidmannsche Buchhandlung; 1880.
15. Augustinus A, Fischer N. Confessiones: lateinisch – deutsch = Bekenntnisse. Düsseldorf Zürich: Artemis & Winkler; 2004. https://doi.org/10.1515/9783050091655.

16. Meier MHE, Schömann GF. Das Attische Recht und Rechtsverfahren unter Benutzung des Attischen Prozesses. Leipzig: O. R. Reisland; 1915.
17. Schaldach K. Die antiken Sonnenuhren Griechenlands. Berlin: Topoi; 2021.
18. Vitruv. Zehn Bücher über Architektur/De architectura libri decem. Wiesbaden: matrixverlag; 2015.
19. Merckel C. Die Ingenieurtechnik im Alterthum. Berlin: Julius Springer; 1899.
20. von Rummel P. Ereignis und Narrativ: Erzählungen der Plünderung Roms im August 410 zwischen Textüberlieferung und Archäologie. In: Lipps J, Machado C, Herausgeber. The sack of Rome in 410 AD: the event, its context and its impact proceedings of the conference held at the German Archaeological Institute at Rome, 04-06 November 2010 Deutsches Archäologisches Institut Rom. Wiesbaden: Dr. Ludwig Reichert; 2013. S. 17–33.
21. Augustinus A. Aurelius Augustinus' Werke. Paderborn/München/Wien: F. Schöningh; 1979.
22. Vogel C. Boethius' Übersetzungsprojekt: philosophische Grundlagen und didaktische Methoden eines spätantiken Wissenstransfers. Wiesbaden: Harrassowitz; 2016.
23. Boethius AMS, Gegenschatz E, Gigon O. Trost der Philosophie: lateinisch und deutsch = Consolatio philosophiae. Artemis & Winkler, Düsseldorf Zürich; 2002. https://doi.org/10.1515/9783050093116.
24. Bordt M. Unbewegter Beweger. In: Rapp C, Corcilius K, Herausgeber. Aristoteles-Handbuch. Stuttgart: J.B. Metzler; 2021. S. 430–4. https://doi.org/10.1007/978-3-476-05742-6_67.
25. Avicenna. Die Metaphysik Avicennas. Halle/New York: Rudolf Haupt; 1907.
26. von Aquin T. Die katholische Wahrheit oder theologische Summa des heiligen Thomas von Aquin. Regensburg: G. J. Manz; 1886.
27. Wilhelm K, P. Summe der Logik | Summa logica: Über die Termini Tl I (Kap. 1–4, 63–77). Hamburg: Lat.-Dt. Parallelausgabe. Felix Meiner; 2017.
28. Hochstetter E. Studien zur Metaphysik und Erkenntnislehre Wilhelms von Ockham. Berlon & Leipzig: Walter de Gruyter & Co; 1927.
29. Jiang L. Ockhams Theorie der Modalitäten: Metaphysische, natürliche und historische Notwendigkeit. Berlin: Logos; 2016. https://doi.org/10.30819/3433.
30. de Cusa N. Metaphysical speculations. Minneapolis: De Principio; 1998.
31. Blum PR. Giordano Bruno. München: C. H. Beck; 1999.
32. Bruno G. De l'infinito, universo e mondi. Lipsia: Weidmann; 1830.
33. Diels H, Lucretius Carus T. De Rerum Natura. Berlin: Weidmannsche Buchhandlung; 1923.
34. Bruno G. Jordani Bruni Nolani opera latine conscripta publicis sumptibus edita. Neapoli: Apud Dom. Morano; 1879.
35. Bruno G. Acrotismus seu Rationes articulorum physicorum adversus peripateticos. Krafft, Vitebergae; 1588. https://doi.org/10.11588/DIGLIT.2408.
36. Bruno G. Kabbala, Kyllenischer Esel, Inquisitionsakten. Jena: Eugen Diederichs; 1909.
37. Descartes R. Prinzipien der Philosophie. Berlin: L. Heimann; 1870.
38. Newton I. Mathematische Principien der Naturlehre. Berlin: Robert Oppenheim; 1872.
39. Newton I. The method of fluxions and infinite series. London: Woodfall; 1736.
40. Heilbron JL. The sun in the Church: cathedrals as solar observatories. Cambridge, MA: Harvard University Press; 1999.
41. Ariew R, Leibniz GW, Clarke S. G. W. Leibniz and Samuel Clarke Correspondence. Indianapolis/Cambridge: Hackett Publishing; 2000.
42. Kant I. Kritik der reinen Vernunft. Leipzig: Felix Meiner; 1919.
43. McTaggart JE. The unreality of time. In: Stout GF, Herausgeber. Mind. Thomas Nelson and Sons & Kraus Reprint, Edinbourgh & vaduz; 1964.
44. McTaggert JE. The nature of existence. Cambridge: The University Press; 1927.
45. Curtis BL, Robson J. A critical introduction to the metaphysics of time. New York: Bloomsbury; 2016.

46. Prior A. Past, present and future. Clarendon/Oxford; 1967. https://doi.org/10.1093/acprof:oso/9780198243113.001.0001.
47. Jakobsen D, Øhrstrøm P, Hasle PFV. In celebration of past, present and future. In: Hasle P, Blackburn P, Øhrstrøm P, Herausgeber. Logic and philosophy of time – themes from prior. Aalborg: Aalborg Universitetsforlag; 2018. S. 9–28.
48. Markosian N. A Defense of Presentism (2004). In: Haslanger S, Kurtz RM, Herausgeber. Persistence. MIT Press; 2006. S. 307–42. https://doi.org/10.7551/mitpress/5307.003.0028.
49. Zimmerman D. The privileged present: defending an "a-Theory" of time. In: Sider T, Hawthorne J, Zimmerman DW, Herausgeber. Contemporary debates in metaphysics. Malden, MA: Blackwell; 2008. S. 211–25.
50. Rietdijk CW. A rigorous proof of determinism derived from the special theory of relativity. Philos Sci. 1966;33:341–4. https://doi.org/10.1086/288106.
51. Putnam H. The Journal of Philosophy, Inc.: Time and Physical Geometry. J Philos. 1967;64:240–7. https://doi.org/10.2307/2024493.
52. Maxwell N. Are probabilism and special relativity incompatible? Philos Sci. 1985;52:23–43.
53. Stein H. On relativity theory and openness of the future. Philos Sci. 1991;58:147–67. https://doi.org/10.1086/289609.
54. Thyssen P. The Rietdijk-Putnam-Maxwell Argument. 2024. https://hal.science/hal-04437611.
55. Penrose R. The emperor's new mind: concerning computers, minds, and the laws of physics. New York: Penguin Books; 1991.
56. Kant I. Prolegomena zu einer jeden künftigen Metphysik, die als Wissenschaft wird auftreten können. Leipzig: Felix Meiner; 1920.
57. Riemann B. Bernhard Riemann „Über die Hypothesen, welche der Geometrie zu Grunde liegen". Berlin/Heidelberg: Springer; 2013.
58. Newcomb S. The philosophy of hyper-space. Science. 1898;7:1–7.
59. Wells HG. Die Zeitmaschine. Minden in Westf.: J. C. C. Bruns; 1904.
60. Hinton CH. What is the fourth dimension? In: Scientific romances. London: Swan Sonnenschein, Lowrey & Co.; 1886.
61. Hinton CH. The fourth dimension. Swan Sonnenschein, Lowrey & Co. und John Lane: London/New York; 1901.
62. Schachner N et al. Astounding Stories. 1933;12:70–83.
63. Barjavel R. Le voyageur imprudent. Paris: Denoël; 1958.
64. Lewis D. The paradoxes of time travel. In: Schneider S, Herausgeber. Science fiction and philosophy. Wiley; 2016. S. 357–69. https://doi.org/10.1002/9781118922590.ch26.
65. Prior AN. Opposite number. Rev Metaphys. 1957;11(2):196–201.
66. Wyndham J. Opposite number. In: The seeds of time. London: Michael Joseph; 1974. S. 140–60.
67. Thomason RH. Indeterminist time and truth-value gaps. Theoria. 1970;36:264–81. https://doi.org/10.1111/j.1755-2567.1970.tb00427.x.
68. Lewis DK. On the plurality of worlds. Malden: Blackwell Publishers; 2001.
69. Belnap N. Branching space-time. Synthese. 1992;92:385–434.
70. MacDonald A. By his bootstraps. Astounding Science-Fiction. 1941;28:9–101.
71. Lem S. Sterntagebücher. Berlin: Volk und Welt; 1978.
72. Husserl E. Edmund Husserls Vorlesungen zur Phänomenologie des inneren Zeitbewußtseins. Max Niemeyer: Halle a.d.S; 1928.
73. Adorno TW, Adorno G, Tiedemann R. Zur Metakritik der Erkenntnistheorie: Studien über Husserl und die phänomenologischen Antinomien. Frankfurt am Main: Suhrkamp; 1990.
74. Dennett, D.C.: Time and the observer: The where and when of consciousness in the brain, (2005).

75. Orwell G. Neunzehnhundertvierundachtzig (1984). Zürich: Diana; 1974.
76. Metzinger T. Der Ego-Tunnel: eine neue Philosophie des Selbst: von der Hirnforschung zur Bewusstseinsethik. Berlin: Berliner Taschenbuch Verl. BvT; 2011.
77. Callender C. Time, flow, and space. Behav Brain Sci. 2019;42:e246. https://doi.org/10.1017/S0140525X19000438.
78. Rovelli C. Forget time. http://arxiv.org/abs/0903.3832. 2009. https://doi.org/10.48550/arXiv.0903.3832.
79. Barbour J. The Nature of Time. http://arxiv.org/abs/0903.3489. 2009. https://doi.org/10.48550/arXiv.0903.3489.
80. Barbour JB. The end of time: the next revolution in physics. Oxford: Oxford University Press; 2001.
81. Hawking SW. Eine kurze Geschichte der Zeit: die Suche nach der Urkraft des Universums. Reinbek bei Hamburg: Rowohlt; 1994.
82. Smolin L. Time reborn. Toronto: Knopf Canada; 2013.
83. Carroll S. From eternity to here: the quest for the ultimate theory of time. East Rutherford: Penguin Publishing Group; 2010.
84. Minkowski H. Raum und Zeit. In: Hilbert D, Herausgeber. Gesammelte Abhandlungen von Hermann Minkowski. Leipzig/Berlin: B. G. Teubner; 1911. S. 431–44.
85. Einstein A. Zur Elektrodynamik bewegter Körper. Ann Phys. 1905;322:891–921. https://doi.org/10.1002/andp.19053221004.
86. Einstein A. Die Grundlage der allgemeinen Relativitätstheorie. Ann Phys. 1916;354:769–822. https://doi.org/10.1002/andp.19163540702.
87. Anderson CD, Neddermeyer SH. Mesotron (intermediate particle) as a name for the new particles of intermediate mass. Nature. 1938;142:878. https://doi.org/10.1038/142878c0.
88. Rossi B, Hall DB. Variation of the rate of decay of mesotrons with momentum. Phys Rev. 1941;59:223–8. https://doi.org/10.1103/PhysRev.59.223.
89. Hafele JC, Keating RE. Around-the-world atomic clocks: predicted relativistic time gains. Science. 1972;177:166–8. https://doi.org/10.1126/science.177.4044.166.
90. von Laue M. Das Relativitästprinzip der Lorentztransformation. Braunschweig: Friedr. Vieweg & Sohn; 1921.
91. Schwarzschild K. Über das Gravitationsfeld eines Massepunktes nach der EINSTEINschen Theorie. In: Sitzungsberichte der Königlich Preussischen Akademie der Wissenschaften. Berlin: Verlag der Königlichen Akademie der Wissenschaften; 1916. S. 189–96.
92. Weyl H. Raum – Zeit – Materie. Vorlesungen über die Allgemeine Relativitätstheorie. Berlin: Julius Springer; 1918.
93. Einstein A. Über den Einfluß der Schwerkraft auf die Ausbreitung des Lichtes. Ann Phys. 1911;340:898–908. https://doi.org/10.1002/andp.19113401005.
94. Pound RV, Rebka GA. Gravitational red-shift in nuclear resonance. Phys Rev Lett. 1959;3:439–41. https://doi.org/10.1103/PhysRevLett.3.439.
95. Gödel K. An example of a new type of cosmological solutions of Einstein's field equations of gravitation. Rev Mod Phys. 1949;21:447–50. https://doi.org/10.1103/RevModPhys.21.447.
96. Friedman A. Über die Krümmung des Raumes. Z Physik. 1922;10:377–86. https://doi.org/10.1007/BF01332580.
97. Lemaître G. Un Univers homogène de masse constante et de rayon croissant rendant compte de la vitesse radiale des nébuleuses extra-galactiques. Annales de la Société Scientifique de Bruxelles. 1927;47:49–59.
98. Lemaître G. A homogeneous universe of constant mass and increasing radius accounting for the radial velocity of extra-galactic nebulae. Mon Not R Astron Soc. 1931;91:483–90. https://doi.org/10.1093/mnras/91.5.483.

99. Hubble E. A relation between distance and radial velocity among extra-galactic nebulae. Proc Natl Acad Sci USA. 1929;15:168–73. https://doi.org/10.1073/pnas.15.3.168.
100. Kerr RP. Gravitational field of a spinning mass as an example of algebraically special metrics. Phys Rev Lett. 1963;11:237–8. https://doi.org/10.1103/PhysRevLett.11.237.
101. Boyer RH, Lindquist RW. Maximal analytic extension of the Kerr metric. J Math Phys. 1967;8:265–81. https://doi.org/10.1063/1.1705193.
102. Morris MS, Thorne KS. Wormholes in spacetime and their use for interstellar travel: a tool for teaching general relativity. Am J Phys. 1988;56:395–412. https://doi.org/10.1119/1.15620.
103. Kaku M, Kober H, Kaku M. Die Physik der unsichtbaren Dimensionen: eine Reise durch Zeittunnel und Paralleluniversen. Reinbek bei Hamburg: Rowohlt-Taschenbuch-Verl; 2013.
104. Laughlin RB, Reuter H, Laughlin RB. Abschied von der Weltformel: die Neuerfindung der Physik. München Zürich: Piper; 2008.
105. Witten E. String theory dynamics in various dimensions. Nuclear Physics B. 1995;443:85–126. https://doi.org/10.1016/0550-3213(95)00158-O.
106. Gott JR, Kober H, Gott JR. Zeitreisen: in Einsteins Universum. Reinbek bei Hamburg: Rowohlt Taschenbuch Verl; 2003.
107. Gott JR. Closed timelike curves produced by pairs of moving cosmic strings: Exact solutions. Phys Rev Lett. 1991;66:1126–9. https://doi.org/10.1103/PhysRevLett.66.1126.
108. Kibble TWB. Topology of cosmic domains and strings. J Phys A Math Gen. 1976;9:1387–98. https://doi.org/10.1088/0305-4470/9/8/029.
109. Frolov VP, Novikov ID. Physical effects in wormholes and time machines. Phys Rev D. 1990;42:1057–65. https://doi.org/10.1103/PhysRevD.42.1057.
110. Misner CW, Wheeler JA. Classical physics as geometry. Ann Phys. 1957;2:525–603. https://doi.org/10.1016/0003-4916(57)90049-0.
111. Hawking SW. Chronology protection conjecture. Phys Rev D. 1992;46:603–11. https://doi.org/10.1103/PhysRevD.46.603.
112. Lamport L. Time, clocks, and the ordering of events in a distributed system. Commun ACM. 1978;21:558–65. https://doi.org/10.1145/359545.359563.
113. Fidge CJ. Timestamps in message-passing systems that preserve the partial ordering. In: Proceedings of the 11th Australian Computer Science Conference (ACSC-11), Brisbane; 1988. S. 56–66. (Australian Computer Science Communications, Bd. 10, Nr. 1).
114. Mattern F. Virtual time and global states of distributed systems. In: Cosnard M. et al., Herausgeber. Proc. workshop on parallel and distributed algorithms. North-Holland: Elsevier; 1989. S. 215–26.
115. Bartle RA. Designing virtual worlds. Berkeley: New Riders; 2006.
116. Bartle R. Hearts, clubs, diamonds, spades: players who suit MUDs. J MUD Res. 1996;1:19.
117. Damer B. Avatars! Exploring and building virtual worlds on the Internet. Berkeley: Peachpit Press; 1998.
118. Fujimoto RM. Parallel discrete event simulation. Commun ACM. 1990;33:30–53. https://doi.org/10.1145/84537.84545.
119. Macedonia MR, Zyda MJ. A taxonomy for networked virtual environments. IEEE MultiMedia. 1997;4:48–56. https://doi.org/10.1109/93.580395.
120. Carless S. Gaming hacks: 100 industrial-strength tips & tools. Beijing: O'Reilly; 2005.
121. Steuer J. Defining virtual reality: dimensions determining telepresence. J Commun. 1992;42:73–93. https://doi.org/10.1111/j.1460-2466.1992.tb00812.x.
122. Slater M, Wilbur S. A Framework for Immersive Virtual Environments (FIVE): speculations on the role of presence in virtual environments. Presence: Teleoperators & Virtual Environments. 1997;6:603–16. https://doi.org/10.1162/pres.1997.6.6.603.

123. Pöppel E. Mindworks: time and conscious experience. Boston/San Diego/New York: Jovanovich; 1988.
124. Casali JG. Vehicular simulation-induced sickness. Virginia Polytechnic Institute and State University; 1986.
125. LaViola JJ. A discussion of cybersickness in virtual environments. SIGCHI Bull. 2000;32:47–56. https://doi.org/10.1145/333329.333344.
126. Stauffert J-P, Niebling F, Latoschik ME. Latency and cybersickness: impact, causes, and measures. A Review Front Virtual Real. 2020;1:582204. https://doi.org/10.3389/frvir.2020.582204.

Portale ins Metaversum

4

Der Eintritt in die virtuelle Welt

Inhaltsverzeichnis

Die Entwicklung virtueller Welten hat eine neue Dimension der Mensch-Maschine-Interaktion eröffnet. Television im ursprünglichen Sinne bedeutete „Fernsehen" und meinte damit die Übertragung von Bildern über große Distanzen. Die inhaltliche Bedeutung verschiebt sich, wenn damit die virtuelle Realität verbunden wird. Während die Television die Sicht einer entfernten Kamera überträgt, vermittelt die Telepräsenz das Gefühl, an einem anderen Ort zu sein. Dort wechselt der Standpunkt vom passiven Zuschauer zum aktiven Teilnehmer, der mit der virtuellen Welt interagieren kann.

© Der/die Autor(en), exklusiv lizenziert an Springer Fachmedien Wiesbaden GmbH, ein Teil von Springer Nature 2026
A. Grasnick, *Praxis der Teleportation*,
https://doi.org/10.1007/978-3-658-48558-0_4

4.1 Von Milgram zur Transferfunktion

„Der Schein soll nie die Wirklichkeit erreichen,
Und siegt Natur, so muß die Kunst entweichen.“
(Friedrich Schiller 1800 an Goethe, aus [1], S. 863)

Taxonomie

Die Sprache der künstlichen Realität ist so alt wie der Begriff selbst. Wenn Artaud[1] in den 1930er-Jahren über die virtuelle Realität sprach, meinte er die Illusion des Theaters, die die „Ruhe der Sinne“ stört und damit eine Art „virtuelle Revolte“ entfacht ([2], S. 28). Dem Theater unterliegt bei Artaud ein alchimistisches Prinzip, das aus einer geringen Anzahl von realen Grundlagen eine imaginäre Wirklichkeit erzeugt. Die virtuellen Künste entwickeln ihre Wirkung durch Fantasien, Trugbilder und Halluzinationen, die über die virtuelle Realität des Theaters mit realen Mitteln erzeugt wird ([2], S. 49)[2]:

> „… und das Prinzip des Theaters … sollte als Ausdruck einer Identität verstanden werden …, die zwischen der Welt, in der sich die Figuren, Objekte, Bilder und allgemein alles, was die virtuelle Realität des Theaters ausmacht, entwickelt, und der rein fiktiven und illusorischen Welt … besteht.“

Der Begriff etablierte sich vor allem durch die Kunstphilosophin Langer,[3] die alle die Dinge, die nicht real greifbar sind, als virtuell bezeichnete und im Schillerschen Sinne den „Schein“ von der Wirklichkeit löste (aus [3], S. 49)[4]:

> „Das Wissen, dass das, was vor uns liegt, keine praktische Bedeutung in der Welt hat, ermöglicht es uns, unsere Aufmerksamkeit auf sein Aussehen als solches zu richten“

Den Anschein, ein künstlich erzeugtes dreidimensionales Objekt im Realen zu sehen, konnte Sutherland[5] Ende der 1960er-Jahre tatsächlich erwecken [4]. In seinem kopfmontierten Display wurde das stereoskopische Bildpaar des Objektes positionsabhängig mittels zweier Bildröhren in die Augen eingespiegelt. Die dazu verwendeten Prismen waren halbdurchlässig verspiegelt, wodurch ein Betrachter sowohl den Raum, als auch das 3D-Objekt sehen konnte. Auch wenn die dargestellten Objekte nur aus Linien zusammen-

[1] Antoine Marie Joseph Paul Artaud (1896–1948), französischer Schauspieler, Autor, Regisseur und Theoretiker des Theaters, Gründer des „Theaters der Grausamkeit“.

[2] Übers. d. Verf.

[3] Susanne Katherina Langer (1895–1985), amerikanische Philosophin.

[4] Übers. d. Verf.

[5] Ivan Edward Sutherland (geb. 1937), amerikanischer Computerwissenschaftler, besonders aktiv auf dem Gebiet der Computergrafik.

gesetzt waren, so erfüllte dieses System damals schon das, was wir heute als überlagerte Realität („Augmented Reality“) bezeichnen würden.

Der Medienkünstler Krueger[6] fasste derartige menschengemachte Veränderungen der Natur unter dem Begriff „Artificial Reality“ zusammen. Er ging davon aus, dass zukünftige Displays einen Raum erzeugen können, der multisensorisch als Realität wahrgenommen werden kann ([5], S. 76). Das Gefühl, an einem anderen Ort zu sein, kann dann überzeugend erschaffen werden, wenn eine vollständige künstliche Realität im Video projiziert wird. Krueger kritisierte Sutherlands Head-Mounted-Display, weil es die Bewegungsfreiheit einschränkt, sah es aber gleichzeitig als eine Empfehlung für portable Video-Brillen ([5], S. 99–100). Seine nachgeschobene Idee der Kontaktlinsendisplays ist besonders deshalb interessant, weil er hier schon die Idee des „Foveated Rendering“ vorwegnimmt. In seinem Buch „Artificial Reality II“ akzeptiert er den 1989 von Lanier[7] etablierten Oberbegriff „Virtual Reality“ als Bezeichnung für dreidimensionale, mit Stereo-Headset und Interaktions-Handschuhen ausgestattete Realitäten ([6], XIII). Lanier selbst sah diesen Begriff als eine Erweiterung des reinen Headset Erlebnisses an. Nach seiner Vorstellung sollte das auch den eigenen Avatar umfassen, der mit körperlicher Präsenz im virtuellen Raum mit Objekten und anderen Avataren interagieren würde (S. 15, [7]). Die zunächst übliche Bezeichnung „Virtual Environment“ wurde mit den Aktivitäten von Laniers Firma VPL[8] [9] und in der Zusammenarbeit mit der NASA-Forschung zu Tele-Operationen [10] in der wissenschaftlichen Literatur bekannt. Schon 1987 werden in einem Artikel von Scientific American über die Schnittstellen künftiger Supercomputer ganz beiläufig VPLs Datenhandschuhe und die Head-Mounted-Displays der NASA vorgeschlagen [11]. Dabei wird noch Kruegers „Artificial Realities“ verwendet, bereits ab 1989 wird der Begriff „Virtual Reality“ in einem Interview mit Lanier fast selbstverständlich genutzt. Lanier gibt unverblümt zu, dass er diesen Begriff nicht mag, weil er zu technisch sei – ihm aber nichts Besseres eingefallen war (aus [12], S. 110)[9]:

> „‚Virtual‘ bedeutet etwas, das nur als elektronische Darstellung existiert und keine andere konkrete Existenz hat. Es ist, als wäre es da, auch wenn es nicht da ist. Es ist nicht unbedingt das richtige Wort. Mir gefällt es besser als „künstlich“. Mir gefällt es besser als ‚synthetic‘, ‚shared‘, ‚Dream‘, ‚Telereality‘. Ich weiß nicht. Ich mag es nicht. Ich finde, es klingt nerdig, aber mir fällt nichts Besseres ein. Ich weiß nicht, wie ich es nennen soll. Manche Leute nennen es nach William Gibson ‚Cyberspace‘, aber ich finde das schrecklich.“

[6] Myron W. Krueger (geb. 1942), amerikanischer Computerwissenschaftler und -künstler.

[7] Jaron Lanier (geb. 1960), amerikanischer Informatiker und VR-Pionier.

[8] VPL = Visual Programming Language. Die Firma befasste sich zunächst mit der Entwicklung einer visuellen Programmiersprache, später nutzten sie diese Technologie um ihre Datenhandschuhe anzusteuern [8].

[9] Übers. d. Verf.

Der von Lanier erwähnte Cyberspace stammt aus Gibsons[10] 1984 erschienenem Roman „Neuromancer", in dem die Protagonisten einen Teil ihres Lebens im namensgebenden computergenerierten Raum verbringen. Die deutsche Übersetzung gibt für den Cyberspace folgende Erklärung (aus [13], S. 72):

> „Kyberspace. Unwillkürliche Halluzination, tagtäglich erlebt von Milliarden Berechtigten in allen Ländern, von Kindern zur Veranschaulichung mathematischer Begriffe… Grafische Wiedergabe abstrahierter Daten aus den Banken sämtlicher Computer im menschlichen System."

Inwieweit Lanier tatsächlich den Begriff geprägt hat, mag diskutiert werden, insbesondere, weil der Begriff schon einige Jahre vorher von Damien Broderick[11] verwendet wurde. In Brodericks Novelle „The Judas Mandala" kommen virtuelle Realitäten zwar vor, aber sind schwer dem heutigen Begriff zuzuordnen. Wenn Broderick in Yang, 9. Kapitel [14], schreibt[12]: „Wir phasen zufällig in virtuelle Zeitsequenzen ein. Die vertikale Komponente beträgt weniger als eine Nanosekunde. Unser Entropiegradient wurde um neunzig Grad zur Hauptkontinuität abgelenkt.", dann ist das kaum erhellend. Auch eine spätere Lesart macht das kaum klarer [14].

> „Im Prinzip sind wir der einzige dysentropische Wahrscheinlichkeitsvektor in diesen ‚virtuellen Realitäten': Die Ontologie ist plastisch. Um uns herum gibt es eine Art einvernehmlichen Kokon, der unsere unmittelbare Umgebung synchron verändert."

Auch wenn sich aus der Science-Fiction-Literatur keine saubere Definition ableiten lässt, hat zumindest die Presse die Begriffe Virtual Reality und Cyberspace begierig aufgegriffen [15]. Spätestens seit 1991, als an der Universität Leicester ein Kolloquium mit dem Titel „Real World Visualisation – Virtual World – Virtual Reality" stattfand [16], darf der Name Virtuelle Realität als etabliert gelten. Mit der allgemeinen Verwendung des Begriffs Virtual Reality war jedoch weder geklärt, was genau virtuell ist, noch wie sich unterschiedliche Formen künstlicher Wirklichkeit zueinander verhalten. Die Begriffe wurden parallel in Kunst, Technik, Wissenschaft und Presse verwendet, ohne dass ihre Reichweite oder Abgrenzung genau bestimmt war. Virtuelle Realität fungierte damit weniger als präzise Kategorie, denn als Sammelbezeichnung für sehr unterschiedliche technische Ausprägungen.

Vor diesem Hintergrund war der Versuch von Milgram[13] und Kishino[14] folgerichtig, künstliche Realitäten in einem Modell zu platzieren. Sie beginnen damit, ein Ende der Betrachtung festzuzurren, indem sie gängige Betrachtung übernehmen, die Virtuelle Realität

[10] William Gibson (geb. 1948), amerikanischer Science-Fiction Autor.

[11] Damien Francis Broderick (1944–2025), australischer Science-Fiction Autor.

[12] Übers. d. Verf.

[13] Paul Milgram, kanadischer Wissenschaftler im Bereich Human-Computer Interfaces.

[14] Fumio Kishino, japanischer Computerwissenschaftler im Bereich KI, 3D und HCI.

sei eine synthetische Welt, in die ein Besucher vollständig eintauchen und mit der er interagieren kann. Am anderen Ende steht die Realität und zwischen beiden spannt sich das Realitäts-Virtualitäts-Kontinuum auf. Die Forscher meinen aber mit Realität keineswegs nur die ohne Hilfsmittel wahrgenommene Umgebung, sondern auch das, was über Kameras erfasst werden kann. Dazu müssen sie nun sorgfältig zwischen realen und virtuellen Objekten unterscheiden. Sie legen zunächst fest, dass in ihrem Kontext reale Objekte all diejenigen Objekte sind, die über eine tatsächliche objektive Existenz verfügen. Auch wenn diese Betrachtung philosophisch fragwürdig ist, da die Bestätigung realer Existenz eben auch nur ein durch die Sinne vermitteltes Zeugnis ist, kann die Beschreibung operationell taugen, wenn sich virtuelle Objekte ausreichend davon abheben. Das gelingt hier nur teilweise, weil die Beschreibung „Virtuelle Objekte sind Objekte, die im Wesentlichen oder in ihrer Wirkung existieren, jedoch nicht formal oder tatsächlich" wiederum eine Interpretation ist. Noch schwieriger wird es, wenn Milgram und Kishino von ihrer Ankündigung abweichen, zwischen realen und virtuellen Objekten zu unterscheiden. Indem sie erlauben, dass ein reales Objekt auch aufgenommen und wiedergegeben werden kann, vermischen sich Objekt und dessen Darstellung. Der Unterschied zwischen realen und virtuellen Objekten liegt also hier in ihrem vermeintlichem Existenzstatus. Demzufolge definieren sie virtuelle Objekte, die nur nach ihrer Wirkung existieren, jedoch nicht tatsächlich real sind. Auch dieser Punkt ist angreifbar, da ja ein virtuelles Objekt durchaus von einem realen abgeleitet sein kann, ohne dass dies direkt zum Zeitpunkt der Wiedergabe verfügbar ist. Sie versuchen die Schwäche der Unterscheidung damit zu heilen, indem sie definieren, virtuelle Objekte müssen beschrieben beziehungsweise modelliert sein. Damit wird Virtualität faktisch über Modellhaftigkeit definiert - nicht über Sein oder Nichtsein. Diese begriffliche Unschärfe ist im historischen Kontext erklärbar, da Anfang der 1990er-Jahre virtuelle Objekte in der Regel synthetisch konstruiert wurden und selten auf realen 3D-Scans basierten. Unter diesen Bedingungen konnte die Annahme, Virtualität sei an Modellierung und Simulation gebunden, als praktikable Vereinfachung gelten.

Nach ihrer problematischen Objektunterscheidung führen die Forscher ein zweites, ausdrücklich davon unabhängiges Kriterium ein, das die Bildqualität als Aspekt der Abbildung von Realität betrifft. Sie unterscheiden hierbei zwischen direkter und indirekter Sicht auf Objekte und erlauben damit ausdrücklich, auch über Kamera oder Scanner erfasste und anschließend rekonstruierte Objekte weiterhin als real zu klassifizieren. Entscheidend ist dabei, dass diese Unterscheidung nicht zwischen realen und virtuellen Objekten verläuft, sondern ausschließlich zwischen unterschiedlichen Formen der Darstellung. Virtualität wird hier an den zuvor gesetzten Existenzstatus des dargestellten Objekts gebunden. Das Kriterium der Bildqualität verhindert den in den frühen 1990er-Jahren verbreiteten Fehlschluss, ein realistisch aussehendes Bild müsse notwendig eine reale Sache darstellen.

Mit der Unterscheidung zwischen realen und virtuellen Bildern greifen Milgram und Kishino schließlich auf eine klassische Definition der geometrischen Optik zurück. Ein reales Bild liegt dort vor, wo Lichtstrahlen konstruktiv zu einem Bildpunkt zusammenlaufen, der dort prinzipiell mit einem Sensor detektiert werden könnte. Virtuelle Bilder

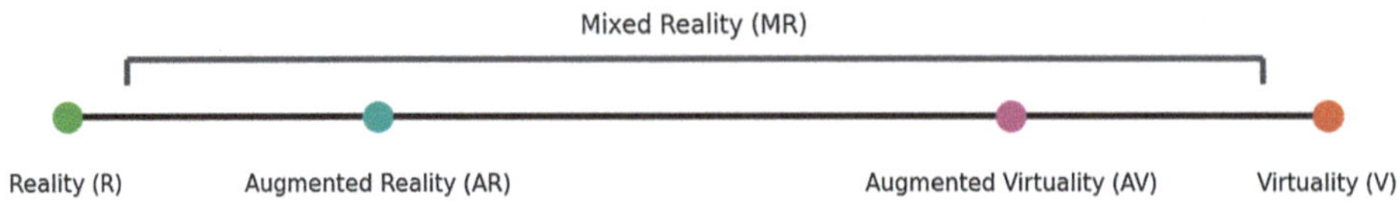

Abb. 4.1 „Reality-Virtuality Continuum" nach Milgram und Kishino, Grasnick (2025)

hingegen besitzen keinen solchen physikalischen Bildort, sondern entstehen aus der rückwärtigen Konstruktion divergierender Strahlen, wie bei Spiegelbildern oder im Stereoskop.[15] Die Übertragung strahlenoptischer Begriffe auf andere Darstellungsverfahren ist jedoch nicht unproblematisch, da sie etwa holografische Rekonstruktionen, die auch reale Bildlagen erzeugen können, nur unzureichend erfasst. Die abschließende Annahme, virtuelle Bilder können in Mixed-Reality andere Objekte oder Umgebungen grundsätzlich nicht verdecken, ist als zeitgebundene Designkonvention zu verstehen. Sie reflektiert die technischen Einschränkungen früher Systeme, ist jedoch mit heutigen Verfahren der Tiefenerfassung und Szenenrekonstruktion in nicht mehr vereinbar. Insgesamt entsteht eine Sammlung scheinbarer Abgrenzungen, die kaum die Begriffe eindeutig klären. Die Popularität des „Reality-Virtuality Continuum" erklärt sich aber weniger aus der inneren Stringenz der Kriterien als aus der Einfachheit des resultierenden Kontinuums und dem Bedürfnis nach einer einprägsamen Ordnung in einem begrifflich überhitzten Feld. Unabhängig davon, wie präzise die eigentliche Definition von real und virtuell dabei gelungen sein mag, sie eignet sich dennoch für die heute verbreitete grafische Umsetzung des Kontinuums. Links und rechts bilden Realität und Virtualität die Eckpunkte, zwischen denen die Bereiche Augmented Reality (AR, näher an der Realität) und Augmented Virtuality (AV, näher an der Virtualität) liegen. Alles, was weder ausschließlich real noch rein virtuell ist wird vom Oberbegriff Mixed Reality (MR) umfasst (Abb. 4.1).

Milgram und Kishino formulieren stattdessen drei leitende Fragestellungen, die als Entscheidungshilfe für den Entwurf und Vergleich von MR-Systemen dienen: Wie viel wissen wir über die dargestellte Welt? Wie realistisch können wir sie wiedergeben? Und in welchem Ausmaß wird beim Beobachter die Illusion erzeugt, sich innerhalb dieser Welt zu befinden? Die Dimensionen „Extent of World Knowledge", „Reproduction Fidelity" und „Extent of Presence Metaphor" sind entsprechend nicht als Klassifikationskriterien zu verstehen, sondern als unabhängige Achsen, entlang derer sich Gestaltungsoptionen systematisch einnorden lassen. Alle drei Dimensionen sind in Analogie zum eigentlichen Kontinuum als Verläufe von minimaler zu maximaler Ausprägung zu verstehen.

Die Dimension Extent of World Knowledge (EWK) wird eingeführt, um eine Schwäche des Reality-Virtuality Kontinuums zu adressieren. Das Kontinuum beschreibt ausschließlich das sichtbare Mischungsverhältnis realer und virtueller Inhalte, erlaubt jedoch keine Aussage darüber, unter welchen systemischen Voraussetzungen diese Mischung

[15] Ehrlicherweise muss auch im Stereoskop aber das Bild keineswegs virtuell sein, wie James Clerk Maxwell schon vor 150 Jahren mit seinem Real-Image-Stereoskop zeigte (s. [17], S. 148).

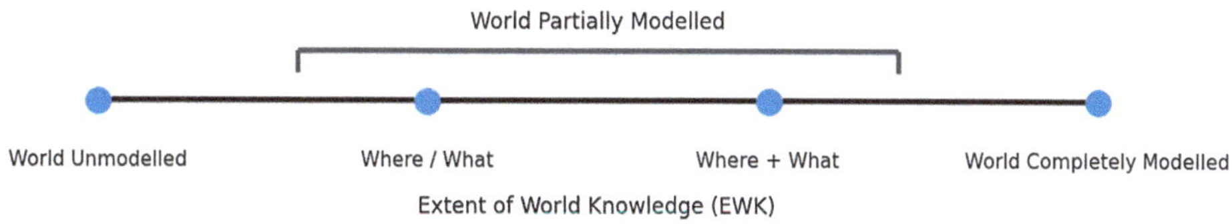

Abb. 4.2 „Extent of World Knowledge" nach Milgram und Kishino, Grasnick (2025)

zustande kommt. EWK bezieht sich daher nicht auf die Darstellung, sondern auf das Maß an Wissen, das dem System selbst über die zusammengesetzte Welt zur Verfügung steht. Dabei wird zwischen Ortswissen (Where) und Objektwissen (What) unterschieden. Where-Wissen liegt vor, wenn dem System quantitative Informationen über Positionen oder Strukturen verfügbar sind, ohne dass diese einer Objektidentität zugeordnet werden können. Das wäre zum Beispiel der Fall, wenn ein Bediener seinen Cursor auf eine bestimmte Bildposition setzt und dadurch die Position des Fadenkreuzes exakt bestimmen kann, nicht aber, welches Objekt sich darunter befindet. What-Wissen bezeichnet den umgekehrten Fall, bei dem zwar ein Objektmodell vorliegt, dem System jedoch die räumliche Position dieses Objekts in der realen Szene fehlt. Eine solche Situation könnte eintreten, wenn ein bekanntes, synthetisches Objekt in MR vor einer realen, stereoskopischen Szene platziert wird, allerdings nicht zu der realen Szene registriert ist, da deren räumliche Daten noch unbekannt sind. Das Objekt findet sich dann zwar scheinbar im 3D-Raum, die Position ist aber unbekannt. Diese Unterscheidung zwischen Orts- und Objektwissen bildet die Grundlage der Dimension Extent of World Knowledge. Um die unterschiedlichen Wissenslagen als zusammenhängenden Entwurfsraum zu verstehen, wird EWK grafisch als kontinuierliche Achse dargestellt (Abb. 4.2).

Die in der Abbildung aus der Originalpublikation übernommene Bezeichnung „Where/What" sollte logisch als „Where oder What" gelesen werden. Dieser Bereich umfasst jene Fälle, in denen entweder Orts- oder Objektwissen vorliegt, ohne dass beide Wissensarten gleichzeitig vorhanden sind.

Mit „Reproduction Fidelity" und „Extent of Presence Metaphor" trennen Milgram und Kishino bewusst zwei Dinge, die im damaligen Diskurs oft zusammenfallen: Bildqualität und Präsenz. Sheridan[16] unterteilt Präsenz zwar bereits in mehrere Achsen und macht so deutlich, dass hohe sensorische Qualität allein keine Präsenz garantiert [18]. Dennoch bleibt die Qualität der visuellen und sensorischen Darstellung bei ihm funktional an die Präsenz gebunden. Dagegen bespricht Naimark[17] eher seine eigene Wortschöpfung „Realspace Imaging",[18] die, als Prozess der Aufzeichnung und Darstellung sensorischer Informationen, nicht mehr von der unvermittelten Realität zu unterscheiden sein soll [19].

[16] Thomas B. Sheridan (geb. 1929), amerikanischer Ingenieur, vor allem an der Schnittstelle zwischen Robotik und Telepräsenz aktiv.

[17] Michel Naimark (geb. 1952), amerikanischer Medienwissenschaftler und -künstler.

[18] Das liegt sicher auch daran, dass er „Virtual Reality" für eine „völlig bizarre Sammlung" hält [19].

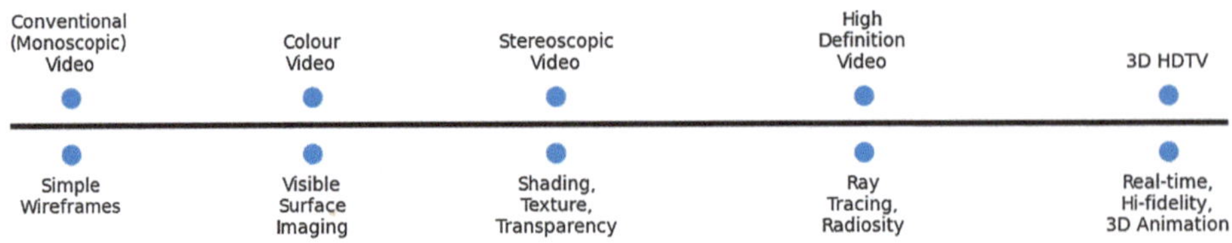

Abb. 4.3 „Reproduction Fidelity" nach Milgram und Kishino, Grasnick (2025)

Präsenz ist bei ihm nur die Folge technisch ausgereifter Illusion. Robinett[19] zerlegt die synthetische Erfahrung sogar in neun Dimensionen, dennoch bleibt sein Ziel eindeutig. Die ultimative Entwicklung synthetischer Erfahrung ist für ihn die Abdeckung aller menschlichen Sinne bei perfekter Wiedergabetreue, da sich dann die synthetische nicht mehr von natürlicher Erfahrung unterscheiden lässt [20]. Schon dieses Kriterium allein soll genügen, damit sich automatisch der Eindruck von Präsenz am anderen Ort oder in der simulierten Welt einstellen wird.

Milgram und Kishino lösen diese Kopplung, indem sie die Wiedergabetreue der Darstellung (Reproduction Fidelity, RF) als eigenständige Dimension führen, die auch dort relevant ist, wo keine Präsenz beabsichtigt ist. RF meint dabei die Wiedergabequalität, also wie gut das System die Bilder reproduziert oder generiert. In der Abb. 4.3 ist das noch einmal in synthetische und reale Bilder aufgeteilt, die in der Qualität von links nach recht ansteigen. Wenn jedoch beide Seiten ihre theoretischen Maxima erreichen, kollabiert die Idee, „real" oder „virtuell" unterscheiden zu wollen. Ein Beobachter hätte keine Möglichkeiten herauszufinden, ob ein Bild aus Kameradaten stammt oder aus einem 3D-Modell gerendert wurde.

Mit der Dimension „Extent of Presence Metaphor" (EPM) adressieren Milgram und Kishino nun schließlich das, was in vielen früheren Arbeiten unausgesprochen als Zielgröße gesetzt wurde. Die Präsenz bezeichnet das Ausmaß, in dem ein Beobachter das Gefühl erzeugen soll, innerhalb der dargestellten Welt anwesend zu sein. Der Begriff lässt sich kaum quantifizieren und stellt damit mehr eine gestalterische Metapher als einen Messwert dar. Die EPM-Achse beginnt bei den monoskopischen Window-on-the-World-Darstellungen (WoW), bei denen die Szene von außen betrachtet wird, bis hin zur Metapher des Realtime Imaging, bei der Wahrnehmung und Handlung idealerweise nicht mehr von direkter Erfahrung unterscheidbar sind. Zwischen diesen Extremen sind multiskopische[20] und panoramische Darstellungen eingefügt, die durch kopfabhängige Perspektivänderungen und Umschauen eine zunehmend stärkere Präsenzmetapher etablieren (Abb. 4.4). Der heute etwas unübliche Begriff „Surrogate Travel" bezeichnet die Möglichkeit, sich innerhalb der virtuellen Welt zu bewegen. „Realtime" meint hier genau das, was dem Namen nach erwartbar ist, z. B. schnelle Aktualisierungsraten oder die Simulation von Dynamik.

[19] Joseph Warren Robinett (geb. 1951), amerikanischer Computergrafiker und Spieleentwickler.

[20] Wir würden heute eher „austostereoskopisch" sagen (s.a. [21]).

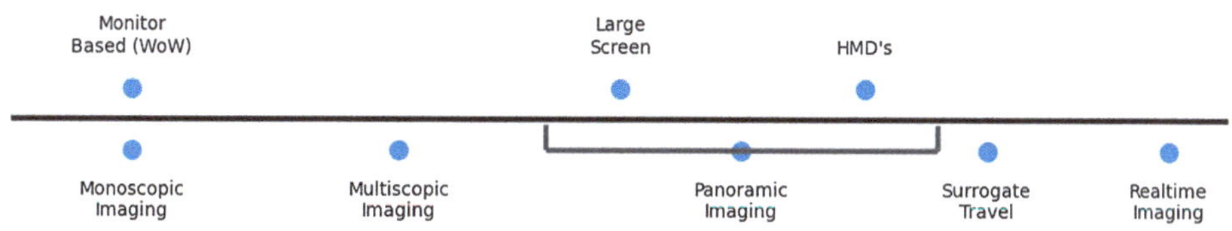

Abb. 4.4 „Extent of Presence Metaphor" nach Milgram und Kishino, Grasnick (2025)

Um jetzt die gesamte Taxonomie nach Milgram und Kishino auf heutige XR-Systeme anzuwenden, genügt es nicht mehr, ein System als einzelnen Punkt im Raum zu betrachten. Während in den frühen 1990er-Jahren System und Anwendung weitgehend identisch waren, definieren heutige Plattformen primär systemseitige Möglichkeitsräume, innerhalb derer unterschiedliche Betriebsmodi realisiert werden können. Trotzdem hat die Taxonomie einen aktuellen Vorteil. Die ausdrückliche Einbeziehung kameragenerierter Bilder in die Realität erlaubt auch aktuellen Headsets die Erzeugung eines definitionsgemäßen Mixed-Reality-Modus, in dem die reale Welt der Kamerasicht mit virtuellen und synthetischen Objekten überlagert wird. Der Begriff „Augmented Reality" (AR)[21] war von Beginn an ins Kontinuum integriert. Gleichzeitig wurde damit auch die bis heute verwendete Einteilung in „See-through" (optisch oder videobasiert) und „Monitor-based" etabliert, die aber nicht wie heute zur Unterscheidung von Kamera- oder optische Sicht diente, sondern eher die Linie zwischen Head-Mounted-Displays und Monitoranwendungen markierte. Die folgende Abb. 4.5 zeigt daher die systemischen Grenzfälle eines einzelnen Geräts, exemplarisch dargestellt am Apple Vision Pro.

Die Abbildung ist naturgemäß illustrativ und zeigt dabei – abstrahiert von anwendungsspezifischem Weltwissen – ausschließlich die systemseitigen Fähigkeiten des Geräts. Im Realmodus (R, grün) wird die physische Umgebung kamerabasiert reproduziert. Das System verfügt nur über Where-Wissen, jedoch kein What-Wissen. Im Mixed-Reality-Modus (MR, türkis) kommt objektbezogenes What-Wissen hinzu, sodass virtuelle Inhalte räumlich an die reale Umgebung gebunden werden können. Im Augmented-Virtuality-Modus (AV, violett) dominiert die synthetische Szene, während die reale Welt primär als Referenzrahmen dient. Im Virtualitätsmodus (V, rot) ist die dargestellte Welt vollständig modelliert. Extent of World Knowledge, Reproduction Fidelity und Extent of Presence Metaphor liegen nahe am systemseitigen Maximum.

Wenn schon ein einzelnes System wie die Vision Pro alle Bereiche des Reality-Virtuality-Kontinuums abdecken kann, verliert das Kontinuum seine ursprüngliche Funktion als Systemklassifikation. Es beschreibt dann nicht mehr unterschiedliche Geräteklassen, sondern lediglich unterschiedliche Darstellungs- und Nutzungskonfigurationen innerhalb desselben Systems. Es wird bis heute fleißig zitiert, fungiert jedoch häufig nur noch als historischer Referenzrahmen. Die ausführliche Rekonstruktion des Kontinuums

[21] Der Begriff wurde allerdings schon 1992 von Caudell und Mizell eingeführt, die diese Technologie als „heads-up (see-thru) display head set" bei Boeing produktiv nutzten [22].

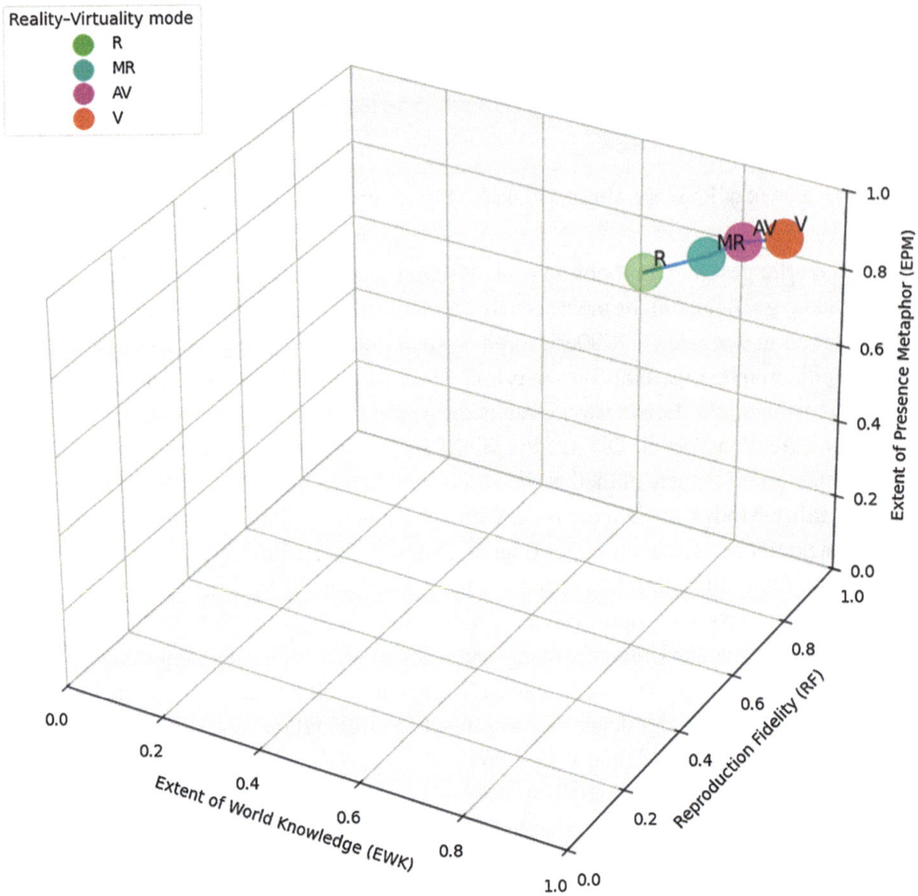

Abb. 4.5 3D-Projektion der Taxonomie nach Milgram & Kishino am Beispiel der Apple Vision Pro, Grasnick (2025)

und seiner Taxonomie ist weniger dem heutigen Erklärungsbedarf geschuldet als seiner anhaltenden Wirkungsgeschichte. Milgrams Modell prägt bis heute die Sprache und Begrifflichkeiten, auch dort, wo seine Trennschärfe faktisch nicht mehr ausreicht.

In der neueren Literatur hat sich mit XR ein Sammelbegriff etabliert, der meist als eXtended Reality gelesen wird. Das „X" fungiert dabei kaum als inhaltliche Bestimmung, es ist vielmehr der Platzhalter für variable Ausprägungen irgendwo im Kontinuum zwischen Augmented Reality, Mixed Reality und Virtual Reality. XR bezeichnet damit ein Buzzword, unter dem beliebige Technologien zur dreidimensionalen Darstellung zusammengefasst werden, an der zumindest teilweise virtuelle Objekte beteiligt sind. In diesem Sinne etikettiert XR nicht eine spezielle Fähigkeit, sondern lediglich das Vorhandensein eines virtuellen Anteils. Das „X" kann daher auch ebenso als Variable verstanden werden, die offen bleibt für weitere, noch nicht eindeutig klassifizierte Formen künstlicher Realität.

Taxonomische Begriffe benennen Zustände, liefern jedoch keine Beschreibung der Prozesse, durch die diese Zustände entstehen oder wechseln. Um diese Lücke zu schließen, ist ein Modell erforderlich, das die technischen Abbildungen zwischen realen und virtuellen Datenräumen explizit macht.

Ereignisse und Phantome

Bevor überhaupt von Präsenz oder Immersion gesprochen werden kann, muss erst einmal etwas existieren, das wahrgenommen werden kann. In allen Formen der Realität wird das Erleben durch ein Ereignis ausgelöst. Im physikalischen Sinn ist ein Ereignis durch einen bestimmten Punkt im Minkowski'schen Raum-Zeit-Kontinuum gekennzeichnet. Gleichzeitig ist das Ereignis aber auch eine philosophische Zuschreibung, bei dem ein Geschehen mit Bedeutung aufgeladen wird und von einem Raumpunkt zum Geistesakt wird. Schon bei Heraklit erscheint die Realität im Fluss (vgl. [23], S. 96). Das einzelne Ereignis ist damit nur ein kaum isolierbarer Moment innerhalb einer dynamischen Veränderung. Für Aristoteles ist ein Ereignis eine Markierung, die wie eine ungewöhnliche Hitze im Winter aus dem Üblichen herausragt ([24], S. 46), ebenso aber auch der Punkt das „Jetzt" im Fluss der Bewegung (ebd., S. 108 f.). Nach Ockham führt allein die Wahrnehmung singulärer Dinge zur Erkenntnis der Wirklichkeit [25]. Es ist bemerkenswert, dass Ockham seine eigene Erkenntnis ausschließlich aus der Zergliederung der Sprache gewinnt und dafür die physikalische Realität nicht benötigt. Der Mathematiker Whitehead[22] sieht in einem Ereignis den Zusammenhang tatsächlicher Gelegenheiten, die in einem bestimmten räumlich-zeitlichen Zusammenhang miteinander verknüpft sind ([26], S. 80). Im „Concept of Nature" nimmt Whitehead den Ereignissen ihre schicksalhafte Selbstverständlichkeit. Ereignisse erscheinen hier als Resultate einer extensiven Abstraktion ([27], S. 74–98). Sie werden zu „Ereignis-Partikeln", die als Grenzfälle einer formalen Konstruktion fungieren, an die sich Wahrnehmung lediglich annähern kann. Whitehead beginnt seine Definition des Ereignisses mit der Feststellung seiner Unhandhabbarkeit. Ein ausgedehntes Ereignis ist durch eine Vielzahl quantitativer Bestimmungen und Relationen charakterisiert, die sich praktisch nicht gleichzeitig erfassen lassen. Um diese natürliche Komplexität beherrschbar zu machen, führt er abstraktive Mengen ein. Das sind geordnete Folgen von Ereignisbeschreibungen, bei denen jede Stufe eine Einschränkung der vorhergehenden darstellt.

Whiteheads Methode der extensiven Abstraktion führt zu einem bemerkenswerten Resultat. Während die abstraktive Folge von Ereignissen selbst auf kein spezielles Ereignis zuläuft, konvergieren die zugehörigen quantitativen Bestimmungen zu einer definierten Grenzklasse. Dieser Ereignisbegriff ist philosophisch außergewöhnlich, weil er sich konsequent einer Verdinglichung entzieht. Das Ereignis verschwindet als feststellbares Objekt

[22] Alfred North Whitehead (1861–1947), britischer Mathematiker und Philosoph, bekannt für sein Werk „Principia Mathematica (gemeinsam mit Bertrand Russell).

zugunsten einer Struktur verknüpfter Relationen. Gerade diese Radikalität macht den Ansatz für die formale Modellierung technischer Systeme jedoch nur eingeschränkt nutzbar. XR-Systeme benötigen keine philosophische Endbegründung des Ereignisses, sondern eine operationalisierbare Beschreibung von Aktualisierungen, die zeitlich und räumlich adressierbar sind.

Primäres Ereignisfeld

Das PHANTOMATRIX[23]-Framework [30] platziert sich noch vor der Wahrnehmung und kann damit auf Annahmen zur physiologischen Wirkung synthetischer Ereignisse verzichten. Es vermeidet damit schon rein strukturell Interpretationen, wie Realität wahrgenommen oder erlebt wird. Das Beobachtungsfeld ist der Ereignisraum, der hier als vierdimensionale Gesamtheit aller für das System relevanten Ereignisse verstanden wird. Ein einzelnes Ereignis O ist in diesem Sinne die kleinste adressierbare Aktualisierung, die ein XR-System verarbeiten kann. Es ist dadurch definiert, dass es lokalisierbar, modal strukturiert und eigenschaftsbehaftet ist.

Die zeitliche Lokalisierbarkeit wird über einen Zeitpunkt t festgelegt, der ein Element aller möglichen Zeitpunkte T ist ($t \in T$). Ein solcher Zeitschnitt durch den vierdimensionalen Raum erzeugt ein dreidimensionales Volumen mit einer Menge räumlicher Elemente S, die durch Koordinaten $s(x, y, z)$ beschrieben werden können. Ein Ereignis O muss dabei nicht punktförmig sein. Räumlich oder zeitlich ausgedehnte Ereignisse bleiben als zusammenhängende Aktualisierungen adressierbar und werden erst bei Bedarf innerhalb der Transferfunktion diskretisiert, etwa durch Quantisierung oder andere numerische Repräsentationen. Damit ein Ereignis systemisch adressierbar bleibt, muss es innerhalb endlicher zeitlicher und/oder räumlicher Grenzen liegen. Diese Grenzen sind hier rein operativ zu verstehen und dienen ausschließlich der Identifizierbarkeit und der nachfolgenden Verarbeitung, transportieren aber keine semantische oder wahrnehmungsbezogene Bedeutung der Ereignisse.

Um zu verstehen, wie aus einem Ereignis später eine Repräsentation entstehen kann, ist es notwendig, den Eingangsraum logisch zu strukturieren. Ein Ereignis ist stets an mindestens einen Modus M gebunden, der die physikalische Art des Ereignisses beschreibt. Innerhalb eines Modus besitzt ein Ereignis eine Menge von Eigenschaften P, die erkenn- oder beschreibbare Parameter dieses Modus darstellen. Formal lässt sich ein Ereignis daher notieren als:

$$O_i\left(t_i, s_i, \left\{M_j : P_{jk}\right\}\right)$$

[23] Die Bezeichnung PHANTOMATRIX war ursprünglich eine Wortmarke eines gleichnamigen Unternehmens und später als Bezeichnung für ein Forschungsprojekt an der IU Internationale Hochschule benutzt (vgl. [28, 29]). Die spätere Erklärung des Akronyms mit „Perceptual Holistic Analysis and Networked Transfer of Multimodal Adaptive Technologies for Responsive Immersive eXtended Reality" ist eher eine nachträgliche Interpretation.

Dabei bezeichnet nun M_j einen bestimmten Modus, während P_{jk} die zugehörigen spezifischen Eigenschaften eben dieses Modus sind. Damit ist zugleich klar, warum eine Rückbindung an Wahrnehmung unvermeidlich ist, ohne dass Wahrnehmung selbst zum Strukturprinzip des Modells wird. Das PHANTOMATRIX-Framework operiert pre-perzeptiv. Ereignisse, Modi und Eigenschaften sind systemisch definiert und prinzipiell unabhängig davon, ob sie erlebt werden können. XR-Systeme können allerdings nur solche Repräsentationen ausgeben, deren resultierende Eigenschaften innerhalb der biologischen Wahrnehmungsfenster des Menschen liegen. Zusätzlich unterliegt der Ereignisraum selbst physikalischen Grenzen. In der physikalischen Beschreibung ist ein Ereignis nicht nur dadurch bestimmt, dass es existiert, sondern auch dadurch, ob es für ein System überhaupt erreichbar ist. Diese Erreichbarkeit wird durch sogenannte Ereignishorizonte begrenzt. Sie trennen Ereignisse, die prinzipiell Einfluss auf ein System nehmen können, von solchen, die zwar formal existieren, aber wirkungslos bleiben. Der einfachste Ausdruck dieser Grenze ist der Lichtkegel im Minkowski'schen Raum-Zeit-Kontinuum. Nur Ereignisse innerhalb dieses Kegels können ein System erreichen. Für reale technische Systeme kommen weitere Einschränkungen hinzu, da bei Beschleunigung oder Bewegung nicht einmal mehr alle Bereiche dieses Lichtkegels erreicht werden. Diese zusätzliche Einschränkung wird in der Physik als Rindler-Horizont[24] bezeichnet, die eben als diejenige Grenze darstellt, die zwischen beobachtbaren und nicht beobachtbaren Dingen liegt (nach [31], S. 663).

Das bedeutet in technischer Konsequenz, dass nun wirklich nicht jedes Ereignis, das physikalisch existiert oder theoretisch modelliert werden kann, für ein XR-System überhaupt relevant ist. Der Ereignishorizont fungiert als harte Grenze des Eingangsraums. Ereignisse jenseits dieser Grenze gehören nicht zum nutzbaren Ereignisfeld, unabhängig von späteren Transformations- oder Darstellungsprozessen.

Vor diesem Hintergrund ist es sinnvoll, den Ereignisraum genauer zu fassen. Im Folgenden wird das primäre Ereignisfeld E_1 als die Gesamtheit aller für ein XR-System prinzipiell adressierbaren Ereignisse im Raum-Zeit-Kontinuum betrachtet.

$$E_1 = \{O_1, O_2, O_3, \ldots, O_n\}$$

E_1 ist zwar bereits durch die Physik eingeschränkt, wird jedoch zusätzlich durch die Wahrnehmung weiter eingegrenzt. Dieser Einfluss ist sekundärer Natur, da die Wahrnehmung den effektiv nutzbaren Eingaberaum auf diejenigen Ereignisse beschränkt, die am Ende auch technisch darstellbar sind. Das führt zwangsläufig zu der Frage, über welche Kanäle Ereignisse überhaupt in eine für den Menschen zugängliche Form überführt werden können. Diese Kanäle sind die menschlichen Sinnesmodalitäten.

Bereits in der Antike werden die menschlichen Sinne systematisch unterschieden und ihnen jeweils spezifische Arten von Wahrnehmungen zugeordnet. Aristoteles schreibt

[24] Nach Wolfgang Rindler, der visuelle Horizonte in Weltmodellen als Ereignishorizonte titulierte [31].

„Über die Seele“ und darin auch über die Sinne [32]. Ihm gilt das Gefühl als der wichtigste Sinn, da ohne diesen kein weiterer Sinn denkbar wäre und mit dem Erlöschen des Gefühls auch die Existenz endet. Gefühl braucht keine vermittelnde Distanz, es reagiert unmittelbar, weil es Berührung ist (ebd. S. 253–256). Insgesamt fünf Sinne werden bei Aristoteles jeweils durch ein ihnen eigentümliches Empfindbares bestimmt. Diese können nur durch den jeweiligen Sinn wahrgenommen werden und sind nach Aristoteles diesem prinzipiell irrtumsfrei zuzuordnen. Farbe ist ausschließlich dem Gesicht eigen (Sehen), Schall dem Gehör (Hören), das Schmeckbare dem Geschmack, das Riechbare dem Geruchssinn und das Fühlbare dem Tastsinn (ebd., S. 124–126).

Mit dieser Einteilung ist für Aristoteles das Feld der Wahrnehmung vollständig beschrieben. Die fünf Sinne gelten ihm nicht als beliebige Aufzählung, sondern als hinreichende und abgeschlossene Ordnung der empfindbaren Welt. Über viele Jahrhunderte hinweg bleibt diese Fünfzahl maßgeblich. Erst deutlich später werden zusätzliche Sinnesmodalitäten wie die Propriozeption und die Viszerozeption als eigenständige Formen sensorischer Information erkannt, insbesondere durch den Arzt Sherrington,[25] der im Rahmen seiner neurophysiologischen Arbeiten drei Felder der Rezeption unterschied: exterozeptive, propriozeptive und interozeptive Signale [33]. Exterozeptive Signale erfassen Reize von der Körperoberfläche und aus der Umwelt, propriozeptive Signale liefern kontinuierliche Rückmeldungen über Lage, Bewegung und Spannung des eigenen Körpers, während interozeptive Signale Zustände der inneren Organe betreffen. Letztere bilden die physiologische Grundlage dessen, was später als Viszerozeption bezeichnet wird. Die exterozeptiven Signale decken genau die fünf Aristotelesschen Sinne ab. Die Propriozeption ergänzt diese Ordnung um jene Körperrückmeldungen, die bei Aristoteles noch nicht als eigener Sinn beschrieben sind, da sie nicht auf äußere Gegenstände, sondern auf den eigenen Leib gerichtet sind (z. B. Lage, Bewegung, Balance). Die Viszerozeption schließlich betrifft diejenigen körperinneren Zustände, die als körperliches Bedürfnis gefühlt werden (z. B. Hunger, Durst, Atemnot).

Es lässt sich sagen, dass die körperlichen Ereignisse nur dann beeinflussbar sind, wenn der Körper – in diesem Falle der Beobachter – sich selbst im Ereignisfeld befindet. Es kann technisch möglich sein, in einer XR-Umgebung den Teilnehmer mit Nahrung oder Atemluft zu limitieren. Ein solches Vorgehen wäre aber ethisch fragwürdig und kaum wünschenswert, daher kann die Viszerozeption leicht aus unserer weiteren Betrachtung entfernt werden. Die Präsentation von Geruch und Geschmack ist mit dem derzeitigen Stand der Technik kaum sinnvoll darstellbar, deshalb können auch diese Sinne für die weitere Modellbildung zunächst ausgespart werden. Alle anderen Sinne lassen sich mehr oder minder bespielen, sodass sich die weitere Betrachtung auf vier Sinne Visuell, Audio, Haptik und Propriozeption fokussiert.[26]

[25] Charles Scott Sherrington (1857–1952), britischer Arzt und Neurophysiologe, Nobelpreis für Physiologie/Medizin 1932.

[26] In früheren Betrachtungen (s. z. B. [30]) hatte ich auch alle Sinne mitgeführt, hier will ich mich jedoch auf das praktisch Anwendbare begrenzen.

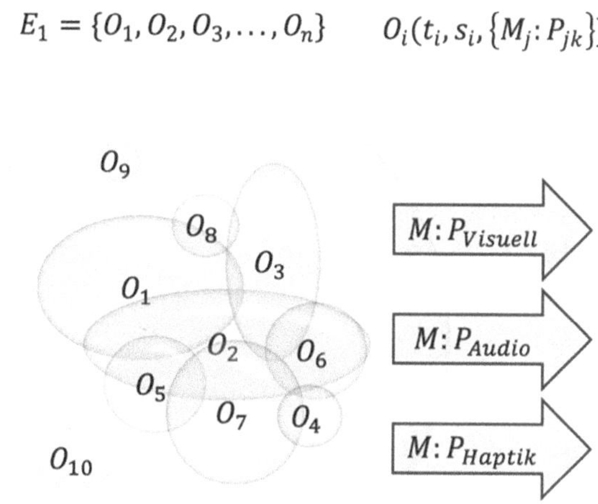

Abb. 4.6 Primäres Ereignisfeld E_1 und XR-Modi, Grasnick (2025)

Die visuelle und auditive Wahrnehmung sind hinreichend bekannt, die Propriozeption wurde bereits erläutert. Zur Begriffsbestimmung der Haptik soll hier der ursprüngliche Begriff von Dessoir[27] als Ausgangspunkt dienen, der diese Bezeichnung 1892 nicht nur eingeführt, sondern auch weiter zerlegt hatte ([34], S. 242). Dessoir teilt die Haptik in den Kontaktsinn (Berührungs- und Druckempfinden) sowie Pselaphesie[28] (Tast- und Muskelsinnempfinden) ein und umfasst damit ein größeres Feld als nur das der Berührung. Die heutige Definition der Haptik umfasst „alle Wahrnehmungsprozesse des menschlichen Tastsinnessystems, …, die sich aus einzelnen oder kombinierten exterozeptiven, propriozeptiven und interozeptiven Prozessen ergeben, einschließlich Schmerz- und Temperaturwahrnehmung“ (aus [35], S. 2). Diese Definition ist nun eigentlich wieder zu umfassend, um technisch sinnvoll eingesetzt zu werden. Allerdings hat das für die nachfolgende Betrachtung einen praktischen Vorteil. Wenn mit der Haptik neben taktilen Empfindungen auch Informationen über die Lage des Körpers, Kraft und Bewegung[29] der Gliedmaßen einbezogen wären, ließe sich die Betrachtung auf drei Modi begrenzen: Visuell, Audio und Haptik. Das wäre für die XR-Betrachtung ausreichend und ist daher so in Abb. 4.6 dargestellt.

Primäres Phantomfeld

Für technische Systeme existiert Realität nicht als kontinuierliche Welt. Sensoren liefern keine Realität, sondern eine Folge diskretisierter Ereignisdaten als Positionsänderungen, Zeitstempel oder Zustandswechsel. Die Sensordaten sind erfasste Zustandsänderungen

[27] Max Dessoir (1867–1947), deutscher Philosoph und Mediziner.

[28] Der Name ist auch eine Erfindung Dessoirs, der weniger verbreitet als Haptik ist.

[29] Für Kinästhetik.

innerhalb einer engen Messdomäne und damit bereits Ergebnis einer technischen Selektion. Was nicht messbar, zeitlich oder räumlich auflösbar ist, taucht im System nicht auf. Das, was im System erscheint, ist eine Abbildung der Realität, für die glatt beschreibend die Bezeichnung „Phantomfeld" genutzt werden soll. Das primäre Phantomfeld ist der erste systeminterne Realitätsersatz. Es umfasst genau jene Ereignisse, die durch technische Kopplung dem System überhaupt zugänglich werden.

Die erste Einschränkung, die jedes Beobachtungssystem erzwingt, ist die Betrachtungsposition. Es lässt sich eine Position denken, aus der das Ereignisfeld betrachtet beziehungsweise in der ein Sensor positioniert wird. Dieser Kopplungspunkt c ist nun aus der Sicht des Systems der monokulare Augenpunkt oder der monaurale Ohrpunkt, kann aber ebenso eine abstrakte Sensorposition oder ein virtueller Referenzpunkt sein. Es ist zwingend, dass sich die realen Betrachtungselemente als Teil der Realität innerhalb des primären Ereignisfeldes befinden. Wenn S die Menge räumlicher Elemente des Zeitschnitts ist, dann ist der Kopplungspunkt $c(x, y, z)$ ein weiteres räumliches Element dieses Schnitts ($c \in S$). Für die einzelnen Modi existieren keine eigenen Ereignisse, sondern lediglich modusspezifische räumliche Abtastpositionen, die relativ zu c definiert sind. Das lässt sich leicht über einen rein geometrischen Offset Δs_M definieren, der den Augenabstand, die Ohrposition oder die Körperkontaktstelle in Relation zum Kopplungspunkt festlegt.

Für den visuellen Modus M_{vis} wird diese Struktur exakt zum bekannten Lichtfeld-Formalismus. Ein Lichtfeld lässt sich als plenoptische Funktion beschreiben [36], mit der die Lichtstärke im Raum als geradlinige Ausbreitung von jedem Raumpunkt in jede Richtung erfasst werden kann. Diese ursprünglich lichttechnische Betrachtung von Gershun[30] [37] wurde in der Computergrafik maßgeblich durch Gortler[31] [38] sowie Levoy[32] und Hanrahan[33] [39] popularisiert und lässt sich gut auf das Phantomfeld übertragen. Die visuellen Eigenschaften P_{vis} eines Ereignisses O_i mit den Koordinaten s_i können aus dem visuellen Kopplungspunkt c_{vis} über den relativen Vektor ω beschrieben werden. Dieser Vektor zwischen Ereignisort und modaler Abtastposition lässt als Differenzverhältnis $\Delta s_{vis} = s_i - c_{vis}$ eindeutig in einen euklidischen Abstand $\|\Delta s_{vis}\|$ und eine normierte Richtung Δs_{vis} zerlegen.

$$\omega = \frac{\Delta s_{vis}}{\| \Delta s_{vis} \|}$$

Während der Abstand metrische Relationen beschreibt, kodiert die Richtung die betrachtungsabhängige Struktur des Ereignisses. Im klassischen Lichtfeld betrachten wir

[30] Andrej Aleksandrovich Gershun (1903–1952), russischer Physiker.

[31] Steven S. Gortler (geb. 1959), amerikanischer Computerwissenschaftler.

[32] Marc Levoy (geb. 1953), amerikanischer Architekt und Computerwissenschaftler.

[33] Patrick „Pat" Hanrahan (geb. 1955), amerikanischer Biophysiker und Computerwissenschaftler, gewann drei Oskars für seine Arbeiten im Rendering.

Position s_i, Richtung ω, Wellenlänge λ und Zeitpunkt t. Diese Betrachtung wird nun einfach auf die visuellen Eigenschaften P_{vis} übertragen:

$$P_{vis} = L\left(s_i, \omega, \lambda, t\right)$$

Für den auditiven Modus M_{aud} ist die Situation strukturell analog, aber physikalisch anders realisiert. Ein Lichtfeld entspricht der geometrischen, phasenlosen Projektion eines Wellenfeldes als Strahlen im Raum. Das funktioniert gut, solange die Wellenlänge deutlich kleiner ist als die beeinflussende Geometrie des betrachteten Szenarios. Unter dieser Voraussetzung können Beugung und Interferenz vernachlässigt werden, ohne dass die wahrgenommene Raumstruktur wesentlich verfälscht wird. Sichtbares Licht liegt im Wellenlängenbereich von wenigen hundert Nanometern, während selbst feine geometrische Strukturen bereits in Millimetern gemessen werden. Im auditiven Bereich kehrt sich dieses Verhältnis um. Akustische Wellenlängen liegen je nach Frequenz zwischen wenigen Zentimetern und mehreren Metern. Sie sind damit von derselben Größenordnung wie typische Raumkanten, Möbel, Türöffnungen oder gar ein menschlicher Kopf. Die geometrische Vereinfachung der Strahlausbreitung ist unter diesen Bedingungen nicht mehr tragfähig.

Grundsätzlich gilt auch hier, dass der Audiomodus nicht zwingend ein eigenes Ereignis voraussetzt, es genügt die wieder modusspezifische Abtastung des Ereignisfeldes relativ zu einer Kopplungsposition. Der auditive Kopplungspunkt c_{aud} entspricht im einfachsten Fall einem monauralen Ohrpunkt, im realistischen Fall zwei Abtastpositionen mit einem festen geometrischen Offset Δs_{aud} relativ zu c. Die räumliche Beziehung zwischen Ereignisort s_i und auditiver Abtastposition wird wieder über die Differenz $\Delta s_{aud} = s_i - c_{aud}$ beschrieben. Der Richtungsvektor

$$\omega = \frac{\Delta s_{aud}}{\| \Delta s_{aud} \|}$$

kodiert die richtungsabhängige Kopplung des Ereignisses an den Sensor. Im Gegensatz zum Lichtfeld beschreibt das Schallfeld jedoch keine geradlinige Strahlenausbreitung, sondern ein Wellenausbreitungsfeld mit zeitlicher Verzögerung, Phasenlage und Interferenz. Die auditiven Eigenschaften P_{aud} eines Ereignisses ergeben sich daher nicht nur aus der Richtung ω. Zusätzlich muss die Laufzeit τ des Schalls betrachtet werden, die sich aus wiederum der Ereignisentfernung Δs_{aud} und der Schallgeschwindigkeit v_{sound} ergibt:

$$\tau = \frac{\| \Delta s_{aud} \|}{v_{sound}}$$

Sinnvollerweise wird nun die Wellenlänge durch die Frequenz ersetzt:

$$P_{aud} = A\left(s_i, \omega, f, t\right)$$

Bei den visuellen Eigenschaften wurde die Laufzeit des Lichtes großzügig unterschlagen, da bei realen XR-Aufzeichnungen im lokalen Maßstab kein merklicher zeitlicher Versatz auftreten wird. Auditive Ereignisse hingegen wirken bereits über kurze Entfernungen hinweg am Kopplungspunkt zeitlich verzögert und müssen daher um die Laufzeit korrigiert werden.

$$P_{aud} = A\left(s_i,\omega,f,t-\tau\right)$$

Für den haptischen Modus M_{hap} unterscheidet sich die Kopplung grundlegend von den visuellen und auditiven Modi. Während Licht- und Schallfelder Fernkopplungen erlauben, ist Haptik prinzipiell lokal. Ein haptisches Ereignis kann nur dann wirksam werden, wenn Ereignisort und Kopplungsposition räumlich zusammenfallen oder sich innerhalb eines engen Kontaktbereiches befinden. Der haptische Kopplungspunkt c_{hap} ist nunmehr keine abstrahierte Beobachtungsposition mehr, sondern eine tatsächliche Kontaktposition am Körper (etwa eine Handfläche, ein Finger oder eine Fußsohle), gegebenenfalls mit einem festen geometrischen Offset relativ zum allgemeinen Kopplungspunkt. Die räumliche Beziehung zwischen Ereignisort $s_i$und haptischer Abtastposition wird wiederum durch die Differenz $\Delta s_{hap} = s_i - c_{hap}$ beschrieben. Im Gegensatz zu visuellen und auditiven Modi ist jedoch keine Richtungsnormierung erforderlich. Entscheidend ist vielmehr, ob der Abstand $\|\Delta s_{hap}\|$ einen Kontakt oder zumindest eine mechanische Kopplung erlaubt. Für den haptischen Modus existiert daher kein Fernfeld. Die Kopplung ist auf einen begrenzten Wirkbereich beschränkt. Die haptischen Eigenschaften eines Ereignisses ergeben sich aus den mechanischen Wechselwirkungen am Kopplungspunkt. Typische modusspezifische Eigenschaften sind:

- Kraft oder Druck
- Kontaktfläche
- Relativbewegung (z. B. Gleiten, Vibration)
- zeitlicher Verlauf der mechanischen Einwirkung

Formal lassen sich die haptischen Eigenschaften eines Ereignisses auch als Funktion schreiben:

$$P_{hap} = H\left(s_i,t\right)$$

mit $\|\Delta s_{hap}\| \leq \varepsilon$, wobei ε eine kleine, systemabhängige Kontakt- oder Wirkdistanz bezeichnet. Eine Laufzeitkorrektur analog zum auditiven Fall ist hier nicht erforderlich. Die mechanische Kopplung wirkt im betrachteten Maßstab praktisch unmittelbar, Verzögerungen sind entweder vernachlässigbar oder bereits Teil der zeitlichen Dynamik des Ereignisses selbst.

Im haptischen Modus ist die Kopplung nicht allein durch den Ereignisort bestimmt. Damit haptische Eigenschaften wirksam werden können, muss das System die räumliche Konfiguration des Körpers (des menschlichen Beobachters) relativ zum Ereignisfeld kennen. Erst aus der Kenntnis der Körperpositionen lassen sich Kontaktzustände, Lage und relative Bewegung ableiten. Wenn $B(t)$ die Konfiguration des Körpers im Ereignisfeld zum Zeitpunkt t ist (z. B. als Menge von Segmentpositionen oder Kontaktflächen), dann ergeben sich haptische Eigenschaften nicht nur aus O_i, sondern aus der Relation:

$$P_{hap} = H\left(s_i, B\left(t\right), t\right)$$

Haptische Eigenschaften entstehen damit aus der zeitabhängigen Relation zwischen Ereignisfeld und Körperkonfiguration. Lage und Bewegung sind abgeleitete Größen dieser Relation.

Das primäre Ereignisfeld E_1 ist prinzipiell unbegrenzt. Für technische Systeme ist es jedoch nur über eine Abtastung bzw. Abbildungsfunktion zugänglich. Sensorische oder synthetische Erfassung reduziert E_1 auf ein technisch nutzbares Phantomfeld F_1. Diese Reduktion wird durch eine Aufzeichnungsfunktion r beschrieben, die das Ereignisfeld unter gegebenen systemischen Einschränkungen L[34] abbildet:

$$F_1 = r\left(E_1, L\right)$$

Dabei bezeichnet L die Gesamtheit aller technischen Begrenzungen, die während der Erfassung oder Generierung wirksam sind. Im Fall vollständig synthetischer Inhalte kann E_1 bequem als leere Menge aufgefasst werden, sodass $F_1 = r(\varnothing, L)$ gilt. Die Einschränkungen L lassen sich systematisch gliedern in:

$$L = \left\{L_M, L_S, L_T, L_Q, L_D\right\}$$

wobei L_M modusspezifische, L_S räumliche, L_T zeitliche, L_Q qualitätsbezogene und L_D datenverarbeitungsbedingte Einschränkungen zusammenfasst.

Das primäre Phantomfeld beschreibt damit die Gesamtheit aller prinzipiell vorhandenen, jedoch noch nicht technisch gefilterten Ereignisse innerhalb eines Systems und bildet den theoretischen Referenzraum, auf dem jede weitere technische Verarbeitung aufbaut.

Sekundäres Phantomfeld

Das primäre Phantomfeld F_1 beschreibt den technisch erfassten Ausschnitt des Ereignisfeldes E_1 unter Berücksichtigung systemischer Limitationen. Für XR-Systeme ist F_1 in der Regel nicht der Endzustand, da diesen Rohdaten noch keine weiteren Informationen hinzugefügt wurden. Erst durch gezielte Transformationen, Überlagerungen und Generierungen entsteht das sekundäre Phantomfeld F_2, das die tatsächlich beabsichtigte und interaktive Systemrealität beschreibt. Formal wird das sekundäre Phantomfeld durch eine Transformationsfunktion t aus dem primären Phantomfeld erzeugt:

[34] Nur der Vollständigkeit halber: Das Symbol L bezeichnet hier keine physikalische Feldgröße (und besonders nicht das Lichtfeld), sondern eine Menge technischer Randbedingungen.

$$F_2 = t(F_1, T)$$

Dabei fasst T eine Menge unterschiedlicher Transformationstypen zusammen, die klar nach ihrer Wirkebene zu unterscheiden sind.

$$T = \{T_{low}, T_{XR}, T_{high}\}$$

T_{low} bezeichnet rekonstruktive und technische Transformationen, die innerhalb desselben Informationsraums operieren. Sie verändern weder die Struktur des Phantomfeldes noch erzeugen sie neue Ereignisse, sondern verbessern die Qualität der vorhandenen Daten. Dazu zählen räumliche, zeitliche, qualitative oder datenverarbeitende Korrekturen wie Rauschreduktion, Interpolation, Synchronisation oder Sensorfusion. Ziel dieser typischerweise dem Low-Level-Vision zugeordneten Transformationen ist es, die durch die Erfassung entstandenen Limitationen effektiv zu reduzieren, ohne den Charakter von F_1 zu verändern.

T_{XR} umfasst generative Transformationen, bei denen neue Ereignisse, Eigenschaften oder ganze Ereignisstrukturen in das Phantomfeld eingebracht werden. Hier findet die eigentliche Erweiterung oder Substitution der erfassten Realität statt. Augmented-Reality-Transformationen überlagern F_1 mit zusätzlichen Ereignissen, während Virtual-Reality-Transformationen das primäre Phantomfeld vollständig oder teilweise ersetzen. Entlang dieser Transformationen entsteht der kontinuierliche Übergang zwischen AR, MR und VR.

T_{high} beschreibt schließlich steuernde und kontextuelle Transformationen. Sie greifen nicht direkt verbessernd in den Inhalt des Phantomfeldes ein, sondern beeinflussen, welche rekonstruktiven oder generativen Transformationen aktiv werden. Dazu zählen nutzerbezogene Eingaben, Blick- und Positionsabhängigkeiten, Interaktionslogiken sowie adaptive oder lernende Systeme unter ausdrücklicher Einbeziehung von künstlicher Intelligenz.

Mit der Transformation T_{XR} wird jetzt direkt in den Ereignisraum eingegriffen. An dieser Stelle werden virtuelle Ereignisse erzeugt, reale Ereignisse ergänzt oder ersetzt und damit neue Ereignisse in F_2 eingeführt, die in E_1 noch nicht existierten. T_{XR} öffnet den gesamten Möglichkeitsraum Ω_{XR} der XR-Gestaltung, in dem Realität nicht mehr reproduziert, sondern systematisch und kreativ neu zusammengesetzt oder vollständig generiert wird. Dieser durch das XR-System definierte Raum Ω_{XR} wird durch anwendungsbezogene Regeln, technische Limitierungen und systemspezifische Fähigkeiten eingeschränkt. Diese Einschränkungen parametrieren die konkrete Ausprägung der Transformation T_{XR}. Innerhalb dieser Transformation werden Ereignisse des primären Ereignisraums entweder augmentiert oder durch virtuell generierte Zusatzinformationen ersetzt, wodurch das sekundäre Ereignisfeld entsteht.

Im PHANTOMATRIX-Framework existiert die rein reale Wahrnehmung nur dann, wenn auf nachfolgende Transformationen vollständig verzichtet wird. Untransformierte Realität im Milgram'schen Sinne bleibt ausschließlich in der direkten Beobachtung bestehen. In dem Moment, in dem technische Systeme zwischen Ereignisraum und Beobachtung treten, wird die Realität verändert – selbst dann, wenn keine virtuellen Objekte hinzugefügt werden. Daraus folgt, dass Realität im strengen Sinne nur dort erfahrbar ist, wo technische Vermittlung keine vollständige Dominanz über das Wahrnehmungsfeld erlangt. Diese Beobachtung macht es sinnvoll, an dieser Stelle den Begriff der Immersion einzuführen, jedoch ausdrücklich nicht als subjektives Erleben. Da dieses Modell vor der Wahrnehmung und Kognition arbeitet, muss Immersion als systemseitige Eigenschaft gefasst werden. In der mittlerweile klassischen Interpretation von Slater und Wilbur beschreibt Immersion den technischen Grad, mit dem ein System sensorische Kanäle künstlich besetzt und damit reale Reize verdrängt [40].

Obwohl die exemplarisch beschriebenen Transformationen eher dem visuellen Modus zugeordnet werden können, gilt die Struktur des sekundären Phantomfeldes F_2 in gleicher Weise für alle übrigen Modi. Auditive oder haptische Inhalte durchlaufen dieselbe Transformationslogik und unterscheiden sich lediglich in der physikalischen Natur ihrer Eigenschaften und der jeweils wirksamen Einschränkungen. Transformation und Generierung erfolgt etwa durch die Verwendung synthetischer Schallquellen, räumlicher Audiomodelle oder berechneter Kraft- und Vibrationsverläufe, ohne dass ein reales Ereignisfeld vorausgesetzt werden muss. In visuellen und auditiven Modi sind Konfigurationen denkbar, in denen der Nutzer außerhalb von E_1 agiert und seine Aktionen nur Änderungen in den nachfolgenden Feldern verursachen. Im haptischen Modus ist diese Trennung jedoch nicht vollständig möglich, da die Generierung synthetischer Kräfte, Berührungen oder Lageänderungen stets an die reale Körperposition des Nutzenden gekoppelt bleiben muss und damit indirekt wieder auf das primäre Ereignisfeld E_1 zurückwirkt. In haptischen und propriozeptiven Szenarien ist der Nutzende selbst nicht nur Beobachter, sondern Teil von E_1, da seine Körperposition und Bewegungen als reale Ereignisse in Raum und Zeit in das System eingehen.

Sekundäres Ereignisfeld

Das sekundäre Ereignisfeld E_2 ist nun diejenige Ereignisstruktur, die dem Nutzer nach Abschluss aller Transformationen tatsächlich zur Darstellung gebracht wird. Analog zur Beziehung zwischen primärem Ereignisfeld E_1 und primärem Phantomfeld F_1 wird auch das sekundäre Ereignisfeld nicht direkt erzeugt, sondern ergibt sich aus einer weiteren technischen Abbildung.

Ausgangspunkt ist das sekundäre Phantomfeld F_2, das bereits alle systeminternen Transformationen T enthält, einschließlich XR-spezifischer Ergänzungen oder Substitutionen. Damit F_2 für einen Beobachter erfahrbar wird, muss es durch ein Ausgabesystem repräsentiert werden. Diese Darstellung erfolgt über eine Anzeige- bzw. Displayfunktion d, die das Phantomfeld in ein darstellbares Ereignisfeld überführt:

$$E_2 = d\left(F_2, D\right)$$

Dabei bezeichnet D die Gesamtheit der darstellungsseitigen Limitationen. Diese sind analog zu den Aufzeichnungslimitationen L, wirken jedoch nicht auf die Erfassung, sondern auf die Rekonstruktion und Präsentation der Ereignisse.

$$D = \left\{D_M, D_S, D_T, D_Q, D_D\right\}$$

- D_M beschreibt modusspezifische Darstellungsgrenzen (z. B. emittierbare Wellenlängen, Polarisation, maximale Leuchtdichte).
- D_S erfasst räumliche Einschränkungen wie Auflösung, optische Abbildungsfehler oder statisches und dynamisches Sichtfeld.
- D_T umfasst zeitliche Effekte wie Latenz, Bildwiederholrate und Synchronisation.
- D_Q beschreibt Qualitätsverluste wie reduzierte Dynamik, Kontrast oder Farbraum.
- D_D betrifft daten- und verarbeitungsbedingte Artefakte, etwa durch Rendering, Kompression oder Bandbreitenbeschränkungen.

Auch wenn diese Kategorien hier am Beispiel der visuellen Ausgabe erläutert werden, gelten sie entsprechend für alle übrigen Modi. Auditive Darstellungen unterliegen analogen zeitlichen, räumlichen und qualitätsbezogenen Einschränkungen (z. B. Bandbreite, Latenz, Richtwirkung), während haptische Ausgaben durch Aktuatorauflösung, Kraftgrenzen, Trägheit und Körperkopplung limitiert sind.

Das sekundäre Ereignisfeld E_2 ist die technisch realisierbare Ereignismenge nach vollständiger Durchlaufung aller Modi durch die Transformationskette. Es enthält genau jene Ereignisse, Eigenschaften und Limitationen, die unter den gegebenen Darstellungsbedingungen D erzeugt werden können.

Formal ergibt sich damit eine durchgängige Kette:

$$E_1 \xrightarrow{r(L)} F_1 \xrightarrow{t(T)} F_2 \xrightarrow{d(D)} E_2$$

Diese Abbildungskette macht deutlich, dass reale, augmentierte und vollständig synthetische Szenarien innerhalb des PHANTOMATRIX-Frameworks nicht als unterschiedliche Systemklassen auftreten, sondern als unterschiedliche Parametrisierungen derselben Transformationsstruktur. XR bezeichnet in diesem Kontext den Raum aller zulässigen Transformationen T_{XR} die zwischen F_1 und F_2 wirksam werden können.

Transferfunktion

Eine übergreifende Transferfunktion für das PHANTOMATRIX-Framework lässt sich als Komposition der drei grundlegenden Verarbeitungsschritte definieren: Erfassung, Transformation und Darstellung. Diese werden durch die Funktionen Aufnahme r, Transformation t und Anzeige d beschrieben. Die gesamte Systemabbildung wird durch die Transferfunktion H zusammengefasst:

$$H(E_1) = d\left(t\left(r\left(E_1, L\right), T\right), D\right)$$

Dabei bildet H das primäre Ereignisfeld E_1 unter Berücksichtigung der Aufnahmeeinschränkungen L, der internen Transformationen T und der Darstellungsgrenzen D auf das sekundäre Ereignisfeld E_2 ab:

$$E_2 = H(E_1)$$

Die Abbildung erfolgt schrittweise:

$$r(E_1,L) \rightarrow F_1$$

$$t(F_1,T) \rightarrow F_2$$

$$d(F_2,D) \rightarrow E_2$$

Formal lässt sich die Gesamttransformation daher als Funktionskomposition schreiben:

$$H = d \circ t \circ r$$

Ereignisse, die nicht durch die Transformationskette $E_1 \xrightarrow{r} F_1 \xrightarrow{t} F_2 \xrightarrow{d} E_2$ laufen, bleiben Ereignisse im primären Ereignisfeld E_1, haben aber keine finale Repräsentation. Sie sind für das XR-System wirkungslos. Das PHANTOMATRIX-Framework trennt strikt zwischen den unabhängig vom Bewusstsein und der Wahrnehmung existierenden Ereignissen und der systemischen Wirksamkeit eines Ereignisses. Ein Ereignis $O_i \in E_1$ entfaltet physikalische Wirkung in der Welt des primären Ereignisfeldes, unabhängig davon, ob es aufgezeichnet, transformiert oder dargestellt wird. Für das XR-System existiert ein Ereignis aber nur dann, wenn es in F_1 abgebildet wird. Alle anderen Ereignisse liegen außerhalb der Systemgrenze und damit des Ereignishorizonts des Modells. Formal gesagt gibt es drei Klassen von Ereignissen.

Nicht erfasste Ereignisse

- wirken physikalisch
- beeinflussen andere reale Ereignisse
- haben keinen Einfluss auf F_2 oder E_2

Erfasste, aber nicht transformierte Ereignisse

- sind technisch bekannt
- aber nicht wirksam in der Darstellung
- bleiben latent ohne wahrnehmbare Repräsentation

Systemisch wirksame Ereignisse

- beeinflussen Wahrnehmung
- können Rückkopplung auslösen
- werden Teil geschlossener Schleifen zwischen Nutzer und System

Kein XR-System kann den primären Ereignisraum vollständig erfassen, ersetzen oder wiedergeben. „Vollständige Virtualität" wäre nur dann gegeben, wenn das sekundäre Ereignisfeld alle primären Ereignisse ausnahmslos integrieren würde, was technisch und prinzipiell ausgeschlossen ist. Milgrams VR-Endpunkt ist ein theoretischer Grenzfall, kein praktisch erreichbarer Zustand. Der Nutzer eines XR-Systems kann nicht total von der realen Welt abgeschottet werden, sein eigener Wahrnehmungshorizont ist immer größer als der Ereignishorizont des Systems.

In der üblichen Lesart des Reality-Virtuality-Kontinuums nach Milgram wird XR als Sammelbegriff für alles interpretiert, was nicht vollständig real ist. Realität bildet dort einen Pol, Virtualität den anderen; alle Mischformen dazwischen (Augmented Reality, Augmented Virtuality, Mixed Reality) werden ganz selbstverständlich unter dem Label XR subsumiert. Formal gesprochen ist XR in diesem Verständnis die Komplementmenge von R: einfach alles, was nicht rein real ist.

$$XR = \neg R$$

Im PHANTOMATRIX-Framework bezeichnet der heute häufig gebrauchte Begriff Extended Reality (XR) keinen eigenen Realitätszustand oder einen allgemeinen Oberbegriff für alles, was irgendwie mit virtuellen Objekten zu tun hat. XR ist hier auch weder eine Erweiterung der Realität noch ein Kontinuum zwischen „real" und „virtuell". Der Begriff wird vielmehr strikt formal gefasst und damit von seiner verbreiteten, meist marketinggetriebenen Verwendung gelöst. XR bezeichnet im PHANTOMATRIX-Framework ausschließlich das sekundäre Ereignisfeld E_2. Es umfasst also genau jene Ereignisse, die nach Durchlaufen der technischen Transformationskette systemisch wirksam werden und zur Darstellung gelangen. Ein Ereignis gehört damit erst dann zur XR, wenn es zu einem Teil von E_2 geworden ist. XR bezeichnet im PHANTOMATRIX-Framework exakt dieses sekundäre Ereignisfeld. Formal gilt daher:

$$XR \equiv E_2$$

Die Abb. 4.7 zeigt die vollständige Transformationskette eines XR-Systems von einem primären Ereignisraum E_1 bis zum sekundären Ereignisfeld E_2, das mit XR identisch ist. Mit der Gleichsetzung von E_2 und XR wird XR nicht als Gerät oder System, sondern als Ergebnis der vollständigen Transformationskette verstanden. Ob dieses Ereignis ursprünglich aus der physischen Welt stammt oder vollständig künstlich erzeugt wurde, ist für die Zugehörigkeit zu XR irrelevant.

Abschließend soll versucht werden, die Frage zu beantworten, ob das PHANTOMATRIX-Modell Aussagen zu Immersion und Präsenz erlaubt. Zunächst macht es dabei Sinn, den eher technisch ausgeprägten Sachverhalt der Immersion zu untersuchen.

Aus heutiger Sicht lässt sich dabei zwischen vollständiger und partieller Immersion unterscheiden. Ergänzend zur etablierten Unterscheidung wird hier zwischen lokaler und globaler Immersion unterschieden. Diese Begriffe sind nicht als strikte Kategorien der ak-

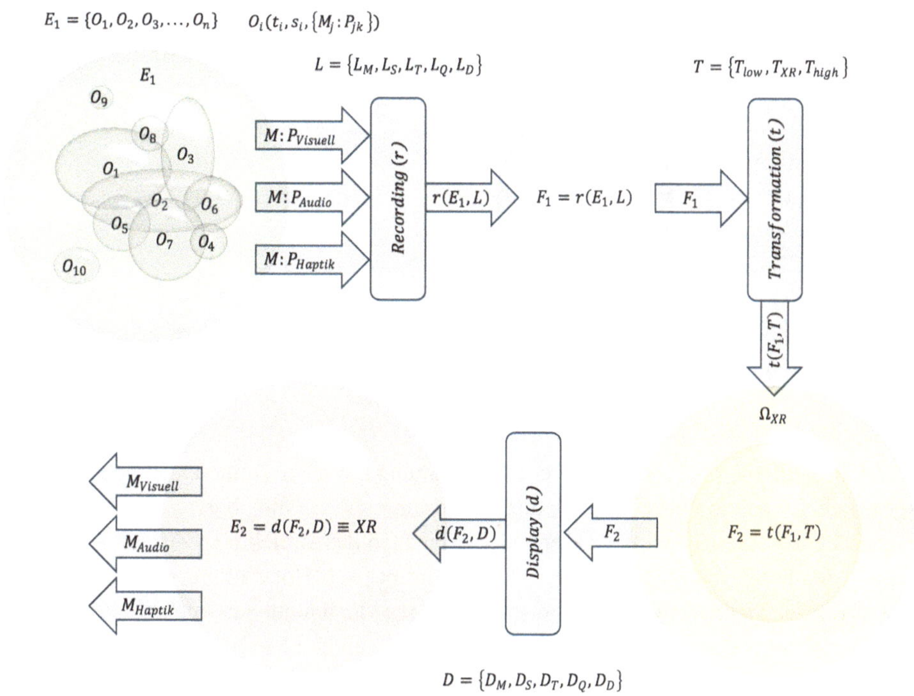

Abb. 4.7 PHANTOMATRIX-Modell als Transformationskette, Grasnick (2025)

tuellen XR-Forschung zu verstehen, sondern als analytische Analogie zur Unterscheidung lokaler und globaler Effekte in der Darstellung. Lokale Immersion beschreibt eine auf einen begrenzten Wahrnehmungsausschnitt bezogene Einbindung, bei der die virtuelle Szene als betrachtetes Objekt erscheint. Der theoretische Fall globaler Immersion liegt vor, wenn die virtuelle Umgebung den gesamten erfassbaren Raum des Nutzers bildet und das sekundäre Ereignisfeld alle Modalitäten vollständig umfasst. Damit würden alle relevanten Sinnesmodalitäten technisch stimuliert, sodass reale Ereignisse für das System und den Nutzer keine operative Rolle mehr spielen. Dies entspricht dem idealisierten Endpunkt vollständiger Virtualität im Sinne Milgrams und ist praktisch nicht erreichbar. In partiell immersiven Systemen werden dagegen nur ausgewählte Modalitäten oder Teilbereiche des Wahrnehmungsfeldes künstlich erzeugt oder überlagert, während andere reale Reize weiterhin wirksam bleiben. Visuelle Überlagerung bei gleichzeitig realer Akustik oder Haptik ist hierfür ein typisches Beispiel. Unter diesen Bedingungen verliert eine binäre Unterscheidung zwischen „real“ und „virtuell“ ihre praktische Bedeutung. Milgrams Reality-Virtuality-Kontinuum bleibt konzeptionell gültig, wird jedoch in realen XR-Systemen niemals bis zu seinem idealen Extrem ausgeschöpft. Selbst moderne VR-Systeme können die Gravitation nicht ausblenden, das Gewicht des Headsets bleibt spürbar – und der eigene Körper sowieso. Der historische VR-Endpunkt Milgrams ist daher weniger als realer Zielzustand zu verstehen, sondern als theoretischer Grenzfall.

Eine zweite, davon unabhängige Linie beschreibt Immersion als Verschiebung der Selbstzuschreibung. Aus spieltheoretischer Perspektive unterscheidet Bartle[35] vier Stufen [41]:

- Player (externer Akteur)
- Avatar (Repräsentation)
- Character (identifikatorische Rolle)
- Persona (Zusammenfall von Handlungs- und Selbstbezug)

Diese Skala beschreibt Grade der Identifikation und ist eher Anwendung, Handlung und Wahrnehmung zuzuschreiben, als dem XR-System. Bartle verwendet den Begriff Immersion hierbei in einem psychologischen Sinne, der sich nicht mit einer technischen Immersionsdefinition deckt.

Zur begrifflichen Klärung ist daher eine Trennung zwischen Immersion und Präsenz erforderlich. Immersion bezeichnet in diesem Zusammenhang die physikalisch-technischen Eigenschaften eines Systems. Präsenz meint dagegen den subjektiven Zustand des „Dort-Seins", den Slater als Place Illusion (PI) beschreibt [42]. Hohe Immersion kann die Bedingungen für Präsenz zwar schaffen, erzwingt sie jedoch nicht automatisch. Präsenz entsteht erst dann, wenn das vom System gelieferte sekundäre Ereignisfeld die Illusion des Sich-Befindens in der dargestellten Umgebung ermöglicht, unabhängig davon, ob der Nutzer tatsächlich weiß, dass es sich um eine virtuelle Situation handelt.

Zur empirischen Erfassung von Präsenz werden in der XR-Forschung überwiegend standardisierte Fragebögen eingesetzt, insbesondere der Igroup Presence Questionnaire (IPQ) [43]. Der IPQ erfasst subjektive Präsenzeigenschaften wie räumliches Dabeisein, Involviertheit und den eingeschätzten Realismus, nicht jedoch den technischen Immersionsgrad eines Systems. Die erhobenen Werte sind daher als Ergebnisgrößen zu verstehen, die sich aus der Interaktion von Systemeigenschaften, Handlungsmöglichkeiten und individuellen Nutzereigenschaften ergeben.

Technisch lässt sich lediglich prüfen, ob ein System Immersion in dem für die Anwendung erforderlichem Maß bereitstellen kann. Ob Präsenz tatsächlich entsteht, bleibt ein Effekt der Nutzung. Präsenz ist folglich kein Systemmerkmal, sondern eine psychologisch mögliche Wirkung der Transformationskette.

Präsenz kann auftreten, wenn normale sensorimotorische Handlungen zu erwartbaren perzeptiven Veränderungen führen oder einfacher gesagt, wenn Handlung und Wahrnehmung korrekt gekoppelt sind.

[35] Richard Allan Bartle (geb. 1960), britischer Gamedesigner und –theoretiker.

4.2 Hardware und Geräte

Es ist ohne weiteres klar, dass auch das sorgfältigst erschaffene Phantomfeld kein sekundäres Ereignisfeld generieren kann, wenn keine Ausgabesysteme existieren, die alle Phantomfelddaten in Ereignisse umsetzen. Um die wichtigsten Wahrnehmungskanäle zu bespielen, können verschiedene Technologien wie Headsets, Kameras und Tretmühlen eingesetzt werden.

Displays und HMDs

Immersion lässt sich auch als technische Systemeigenschaft des XR-Systems fassen. Slater und Wilbur [40] unterscheiden diese in vier Dimensionen

- Inclusive (Ausmaß der Realitätsexklusion)
- Extensive (Bandbreite adressierter Sinneskanäle),
- Surrounding (räumlicher Abdeckungsgrad des Wahrnehmungsfeldes)
- Vivid (Darstellungsqualität/Konsistenz)

Neben diesen grundsätzlichen Dimensionen gibt es jedoch noch weitere technische Anforderungen. Die Darstellung muss den Bewegungen des Betrachters entsprechen und für ein immersives Erlebnis ist eine Selbstdarstellung in VR erforderlich. Das bedeutet, dass die visuelle Darstellung der Szene mit der Betrachtungsposition des Beobachters übereinstimmen muss. Lässt sich das denn nicht auch ohne Headset erreichen? Prinzipiell wäre das für den Audiokanal kein Problem, wenn ein aktuelles 3D-Sound-System verwendet würde. Für einen vollimmersiven visuellen Eindruck ohne eine 3D-Brille müsste man vollständig von autostereoskopischen oder holografischen Bildschirmen umgeben sein. Dadurch könnte auch ohne Hilfsmittel ein hohes Maß an Einbindung und virtueller Umgebungswahrnehmung verwirklicht werden. Realistisch ist das allerdings nicht. CAVE[36]-Systeme projizieren den virtuellen Raum an die Wände eines Würfels. Ein im Inneren befindlicher Beobachter kann frei in alle Richtungen blicken, für die 3D-Wirkung braucht es aber dennoch eine stereoskopische Projektion und eine 3D-Brille. In der Abb. 4.8 ist der Sachverhalt illustriert. Der Kreis ist in vier Sektoren aufgeteilt, die den Dimensionen Slaters und Wilburs entsprechen. In jedem Sektor sind die einzelnen Varianten (ideale Immersion, VR-Headset, CAVE, Display) eingetragen, der Immersionsgrad reicht vom theoretischen Nullpunkt (Mittelpunkt) bis zum Maximum der idealen Immersion (äußerer Kreis). Volle Immersion liegt in allen Dimensionen am oberen Ende und ergibt den perfekten Kreis. Ein VR-Headset kommt dem ziemlich nahe. Auch eine CAVE liefert in allen Dimensionen moderate bis hohe Werte, die jedoch oft in Bezug auf Wiedergabetreue und Inklusion reduziert sind. Natürlich wird ein einzelnes Display in allen Dimensionen redu-

[36] Cave Automatic Virtual Environment [44].

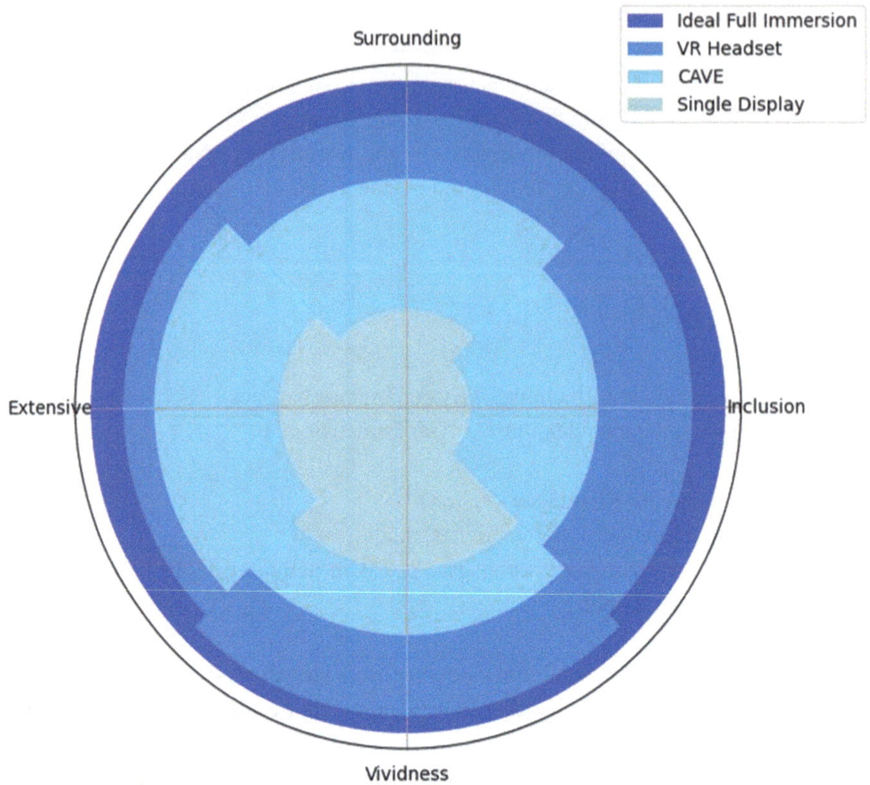

Abb. 4.8 Dimensionen der Immersion, Grasnick (2025)

ziert werden, aber es kann in bestimmten Anwendungen nützlich sein, wenn nur ein Fenster in das Metaversum benötigt wird.

In realen Anwendungen ist eine CAVE den VR-Headsets sowohl vom Preis als auch von der Mobilität unterlegen. Head-Mounted-Display bilden üblicherweise die letzte Instanz der Transformationskette nach dem sekundären Ereignisfeld und vor der menschlichen Wahrnehmung. Sie verlieren damit ihren Habitus als neutrale Ausgabegeräte und werden zu aktiven Unterstützern der Erfahrung. Ihre technischen Eigenschaften bestimmen zuallererst die Darstellungsqualität, greifen aber auch direkt in die räumliche, zeitliche und sensorische Wiedergabe des vermittelten Ereignisses ein.

Auch wenn hier über Displays und Headsets gesprochen wird, sind damit generell alle Ein- und Ausgabemodalitäten gemeint, inklusive des auditiven und haptischen Modus.

In der klassischen Virtual-Reality-Architektur erfolgt die visuelle Darstellung über stereoskopische[37] Head-Mounted-Displays (HMDs), die für jedes Auge ein separates Bild erzeugen. Wenn dieses Bildpaar geeignet aufgenommen und wiedergegeben wird, führt

[37] Nach Wheatstones Begriff „Stereoskop“ [45].

das bekanntermaßen zu einem räumlichen Eindruck (ausführlich geschildert in [46]). Die Kopplung der stereoskopischen Wiedergabe mit der Kopfbewegung wird seit den späten 1960er-Jahren genutzt [4], um diese Wirkung noch realistischer zu machen. Die allen nachfolgenden Entwicklungen zugrunde liegende Annahme ist, dass die technische Präsentation aller bekannten Reize zur menschlichen Tiefenwahrnchmung auch zu einer entsprechenden Stimulation und tatsächlichen Raumerfahrung führen wird. Die dahinter liegende Idee ist einfach: Wenn eine dem Auge präsentierte virtuelle Szene sich nicht von der Realität unterscheiden lässt, wird sie auch als real wahrgenommen.

Die räumliche Wahrnehmung beruht auf einem Bündel von Raumhinweisen, die nur zu einem bestimmten Teil von aktuellen Systemen bedient werden können. Nachfolgend werden diese in Anlehnung an Cutting und Vishton [47] dargestellt und erläutert.

Verdeckungen

Verdeckung ist einer der stabilsten und universellsten visuellen Tiefenhinweise. Sie erlaubt eine sichere Aussage über die Tiefenreihenfolge von Objekten, nicht jedoch über das Ausmaß der Tiefendifferenz. Die besondere Bedeutung der Verdeckung ergibt sich aus den minimalen Annahmen, die für ihre Wirksamkeit erforderlich und daher leicht umzusetzen sind. In der Computergrafik wird das Sehen mit dem Auge durch eine Zentralprojektion mit einer Lochkamera ersetzt, sodass sich die Bilder aus der Augenposition relativ einfach berechnen lassen. Zusätzlich müssen die Objekte ausreichend opak sein, um andere tatsächlich verdecken zu können. Bei der eigentlichen Interpretation der Verdeckung greift dann die Helmholtz'sche Regel guter Fortsetzung,[38] nach der die Kontur des vorderen Objekts an der Verdeckungskante ihre Richtung nicht ändert. Zur Separation der Objekte voneinander wird schließlich noch ein ausreichender Kontrast an der Kante benötigt. Da weder bekannte Objektgrößen noch semantische Kategorien notwendig sind, bleibt die Verdeckung auch in unbekannten, abstrakten oder künstlichen Szenarien zuverlässig.

Die Forschung zur Augmented Reality zeigt konsistent, dass fehlerhafte Okklusionsbeziehungen zu den gravierendsten Störungen zählen. Azuma[39] erwähnte schon vor drei Jahrzehnten, dass in optischen See-Through-AR-Systemen die korrekte Verdeckung strukturell unmöglich ist, da reale Objekte virtuelle Inhalte physikalisch nicht verdecken können und echte Okklusion somit nur in Video-See-Through realisierbar ist [49]. Trotzdem auch mit teiltransparenten Objekten eine gewisse Verdeckung erreicht werden kann (s. z. B. Livingston et al., 2003 [50]), so bleibt die physikalische Schwierigkeit, andere Objekte mit Licht zu verdecken, grundsätzlich auch in moderneren Systemen, wie bei Microsofts Hololens, bestehen. Es wurde auch damit experimentiert, die reale Szene mit Projektoren

[38] Hermann von Helmholtz (1821–1894) beschreibt die Verdeckung als Ergebnis einer erfahrungsbasierten Entscheidung. Wenn sich zwei Objekte teilweise überdecken, wird jenes als näher interpretiert, dessen Kontur an der Überdeckungskante ihren Verlauf ohne Richtungsänderung fortsetzt (vgl. [48], S. 624).

[39] Ronald Azuma, amerikanischer Computerwissenschaftler, besonders auf dem Gebiet Augmented Reality aktiv.

so zu beleuchten, dass die Bereiche hinter den virtuellen Objekten faktisch im Schatten liegen (Occlusion Shadows, s. z. B. [51, 52]). Allerdings lässt sich eine reale Szene nicht durch eine „Schattenprojektion“ lokal abdunkeln, sondern nur in der Umgebung der gewünschten Schatten relativ aufhellen. Der Versuch, die reale Umgebung an den Stellen abzudunkeln, vor denen die virtuellen Objekte positioniert werden sollen, bedingt prinzipiell eine vorherige Bearbeitung der Szene. Eine experimentelle Möglichkeit ist die Verwendung eines Strahlenteilers in Verbindung mit einem Mikrospiegelarray (Digital Mirror Device=DMD). Dabei wird nun das Licht zunächst auf das DMD gelenkt und in den Bereichen, die später vom virtuellen Objekt verdeckt werden sollen, werden die Mikrospiegel so abgelenkt, dass das Licht der Szene nicht mehr ins Auge dringen kann. Eleganterweise sind die Spiegel aber so gekippt, dass sie von einer zusätzlichen RGB-Lichtquelle beleuchtet werden, die nun das virtuelle Objekt an eben dieser Stelle ins Auge spiegelt [53]. Damit wird in diesem Bereich gleichzeitig die Szene aus- und das Objekt eingeblendet. Aber auch diese Technologie ist noch sehr sperrig und kaum in den kommenden Jahren serienreif. Daher wird hochqualitative Verdeckung auf absehbare Zeit nur Video-See-Through-AR realisierbar sein, wenn die Szene im sekundären Phantomfeld von den virtuellen Anteilen teilweise überlagert wird.

Relative Größe und Position

Relative Größenverhältnisse gehören zu denjenigen Tiefenhinweisen, die prinzipiell Tiefeninformationen auf vergleichender Basis liefern können. Seit Leonardo da Vinci ist über die Zentralperspektive die natürliche Beobachtung konstruktiv nachbildbar, dass bei physisch gleich großen Objekten das weiter entfernte stets kleiner erscheint. Der Zusammenhang lässt sich präzisieren, indem zwischen relativer Größe einzelner Objekte und relativer Dichte regelmäßig verteilter Elemente unterschieden wird. Unter der Annahme physischer Ähnlichkeit lassen sich aus dem Verhältnis der retinalen Größen beziehungsweise aus dem Dichteverhältnis proportionale Distanzverhältnisse ableiten. Diese Information bleibt aber grundsätzlich relativ. Ohne einen festen Anker im Raum liefert sie keine absolute Entfernung, lediglich skalierte Tiefenrelationen. Gleiches gilt für die Höhe von Objekten im visuellen Feld. Der Hinweis basiert auf der Annahme einer bekannten, idealerweise fühlbaren Bodenebene. Objekte, deren Basis näher am Horizont liegt, werden als weiter entfernt interpretiert. Die Leistungsfähigkeit dieses Hinweises basiert auf der Gültigkeit der Umweltannahmen. Neben einer sichtbaren, möglichst ebenen und undurchsichtigen Stützfläche helfen Objekte, die tatsächlich auf dieser Fläche stehen. Im Unterschied zu Verdeckung oder relativer Größe nimmt die Nützlichkeit der Höhe im visuellen Feld mit zunehmender Objektentfernung deutlich ab.

Die Wichtigkeit visueller und haptischer Anker wird in der aktuellen XR-Forschung diskutiert. Eine aktuelle Übersicht zeigt, dass visuelle Hinweise, die ausschließlich auf relativen Bildmaßen beruhen, keinen verlässlichen Beitrag zur Kalibrierung absoluter egozentrischer Distanz leisten können [54]. Verbesserungen der Distanzwahrnehmung in immersiven Umgebungen treten erst dann auf, wenn zusätzliche Referenzrahmen verfügbar sind, etwa durch Augenhöhe, Bodenbezug oder körperliche Handlungsmöglichkeiten.

Diese zusätzlichen Referenzen wirken kalibrierend und ihnen ist gemeinsam, dass sie relationale Bildinformation an körperliche Erfahrung und Handlung binden und dadurch erst eine gewisse Maßstäblichkeit ermöglichen.

Im Sinne des PHANTOMATRIX-Modells fungieren diese Faktoren als Anker zwischen primärem und sekundärem Ereignisfeld. Relative Größe und relative Dichte strukturieren das Phantomfeld intern in sich, bleiben jedoch ohne diese Anker skalenlos. Der glaubhafte Raum entsteht erst durch die Rückkopplung an Körper, Boden und Handlung. Hier ist der Zusammenhang zu den anderen Modi greifbar. Der menschliche Akteur im virtuellen Raum ist nicht von der Realität des primären Ereignisfeldes separierbar. Die Gravitation lässt sich mit XR-Systemen kaum manipulieren, die Lage des eigenen Körpers im Schwerefeld der Erde ist in jeder virtuellen Anwendung erfahrbar.

Heutige XR-Technik erlaubt durchaus eine äußerst konsistente relationale Raumdarstellung, jedoch keine automatisch zuverlässige Kalibrierung absoluter Maßstäblichkeit. Die für eine solche Kalibrierung relevanten Faktoren Augenhöhe, Bodenbezug, Körpermaßstab und Eigenbewegung sind technisch eigentlich verfügbar, werden aber nicht systematisch und durchgängig an die VR-Szene gekoppelt. Damit können die Proportionen des modellierten Raumes zwar zueinander konsistent und realistisch sein, aber dennoch von der eigenen Körpererfahrung abweichen. Das Resultat kann bei einer Simulation von Gullivers Reisen gewünscht sein, wenn die Umgebung entweder zu groß oder zu klein erscheint, wird aber bei unkontrollierter Abweichung zu unerwünschten Effekten führen. Dabei sind die unmodulierbaren Eigenschaften des primären Ereignisfeldes ein kaum zu unterschätzender Bestandteil plausibler XR-Umgebungen. Wenn der Boden im virtuellen Raum mit dem realen Boden der Umgebung zusammenfällt, ergibt das eine überraschend realistische Erfahrung. Der furchterregende „Walk the Plank“, ist eine leicht zu erstellende VR-Applikation, bei der die Probanden über eine Planke in scheinbar großer Höhe balancieren müssen und dient der Provokation und Therapie der Akrophopie[40] (vgl. [55–57]). Wenn dabei eine echte Planke auf dem Boden liegt, genügt die Erfahrung der real begrenzten Plankenbreite mit den Fußsohlen, das schmale Brett in der virtuellen Welt zu plausibilisieren und in realistische Höhenangst umzusetzen.

Bewegungsperspektive und Binokularität

Die Bewegungsperspektive ist eine notwendige Bedingung für das interaktive Erleben virtueller Welten. Ohne Bewegungsperspektive bleibt jedes VR-Headset nur ein kopfgebundenes Stereoskop. Erst die lageadaptive Bildveränderung macht aus dem festen Blickwinkel eine interaktive Welt. Die aktive Eigenbewegung führt zum Auflösen von Verdeckungen und resultiert in Scheinbewegungen der Objekte. Da sich nahe Objekte schneller zu bewegen scheinen als ferne, hilft diese Bewegungsparallaxe auch bei der räumlichen Ordnung der Dinge. Head-Tracking macht Bewegungsperspektive zu einem dominanten Tiefenhinweis moderner HMDs. Gleichzeitig ist seit langem bekannt, dass bereits geringe Latenzen oder Inkonsistenzen zwischen Kopfbewegung und Bildaktualisierung diesen

[40] Höhenangst.

Hinweis massiv schwächen und zu Desorientierung oder Simulator Sickness führen (s.a. [58–60]). Bewegungsperspektive ist damit ein hochwirksamer, aber auch hochsensibler Hinweis, dessen Qualität direkt von der Systemarchitektur abhängt.

Binokulare Disparität[41] ist im Nahbereich der zentrale Tiefenhinweis stereoskopischer Headsets, trägt aber nach wenigen Metern kaum noch zur Tiefenstrukturierung bei. Die Stereoskopie ist in der virtuellen Realität notwendig, um eine realistische Szene erschaffen zu können, schafft jedoch auch neue Probleme. Beim Betrachten eines nahen Objektes drehen sich die Augen auf dieses ein (Konvergenz) und stellen gleichzeitig darauf scharf (Akkommodation). Im natürlichen Sehen ist dieser Prozess automatisch gekoppelt[42] und wirkt als physiologischer Tiefenhinweis mit begrenzter Reichweite. Die Tiefeninformation wird aus dem motorischen Aufwand der Augenbewegungen insbesondere im Nahbereich gewonnen und verliert darüber hinaus rasch an Wirksamkeit. Akkommodation ist für die alltägliche Tiefenwahrnehmung weit weniger dominant, als häufig angenommen wird, im Alter ohnehin fast wirkungslos. In XR-Systemen kann Akkommodation jedoch zum Problem werden, da sie dort systematisch von der Konvergenz entkoppelt ist. Das Display liegt auf einer festen Fokusebene, auf die auch akkommodiert werden muss. Die Augen konvergieren dagegen auf das virtuelle Objekt vor oder hinter der Displayebene. Der daraus resultierende Vergenz-Akkommodations-Konflikt (VAC) wurde im Zusammenhang mit VR in zahlreichen Studien untersucht und gilt heute als inhärente Eigenschaft moderner stereoskopischer Head-Mounted-Displays. Aktuelle experimentelle Arbeiten bestätigen, dass in heutigen HMDs der akkommodative Stimulus konstant auf der Displayebene verbleibt, während der Vergenzstimulus durch binokulare Disparität variabel ist und sich an der simulierten Tiefe orientiert. Damit entsteht zwangsläufig eine sensorische Abweichung, deren Ausprägung von der dargestellten Tiefenlage abhängt [61]. Diese Untersuchung zeigt aber auch, dass dieser Konflikt bei kurzzeitiger Nutzung nicht unmittelbar zu messbaren funktionellen Störungen des visuellen Systems führt. Bei VR-Anwendungen von bis zu 30 min lassen sich kaum Veränderungen in der Sehleistung feststellen. Der visuelle Apparat erweist sich damit als erstaunlich robust gegenüber der temporären Entkopplung von Vergenz und Akkommodation. Gleichzeitig berichten die Autoren jedoch über zunehmende visuelle Ermüdung, Desorientierung und Übelkeit, wobei diese Effekte mit dem Grad der Entkoppelung korrelieren. Der VAC ist kein kurzfristig schädigender physiologischer Stresseffekt, stellt aber einen echten Komfort- und Belastungsfaktor dar, insbesondere in Szenarien mit ausgeprägter Tiefenstaffelung, viel Bewegung oder langer Betrachtungsdauer.

Lösungsansätze lassen sich aus der Autostereoskopie entwickeln. Hyperview, Lightfield und Holografie können 3D-Szenen ohne Vergenz-Akkommodations-Konflikt liefern

[41] Die geringfügige Unterschiedlichkeit der Netzhautbilder durch den Augenabstand ist Basis der Stereoskopie.

[42] Akkommodation und Konvergenz bilden gemeinsam mit der Pupillenkontraktion die sogenannte Naheinstellungstrias.

(vgl. [21]). Daraus lassen sich drei aktuelle Lösungsrichtungen ableiten. Near-Eye-Lightfield (z. B. [62]) erzeugen direkt vor dem Auge ein Lichtfeldfeld, das wie im natürlichen Sehen den Blick auf eine Vielzahl unterschiedlicher Perspektiven und Blickrichtungen erlaubt. Die Akkommodation kann damit der Konvergenz auf die virtuelle Objektebene selbst folgen. Das gilt in ähnlicher Weise auch für Super-Multiview (z. B. [63]). Der maßgebliche Unterschied liegt in der Darstellung der Perspektivansichten. Während ein Lichtfeld prinzipiell den Ideen der Integralfotografie folgt und die Perspektiven als Einzelbilder anbietet, genügt bei Super-Multiview oder Hyperview die Präsentation der horizontalen Parallaxe. Damit ist die Auflösung nur in einer Raumrichtung reduziert. Near-Eye-Light-Field oder Super-Multiview Displays gelten derzeit als einer der technisch fundiertesten Ansätze zur Auflösung des Vergenz-Akkommodations-Konflikts. Ihr Einsatz ist jedoch weiterhin durch die notwendige Mikrooptik begrenzt, die neben dem erhöhten Fertigungsaufwand auch mit verringerter Auflösung pro Teilansicht einhergeht. Sie markieren weniger eine kurzfristige Basistechnologie als vielmehr einen Referenzpunkt dafür, wie akkommodationskonsistente XR-Darstellung prinzipiell realisierbar ist. Waveguide-Holografie zeigt, dass die in modernen AR-Brillen integrierten Waveguides nicht zwangsläufig auf eine feste Tiefenebene beschränkt sein müssen (z. B. [64]). Durch die Integration von Hologrammen kann das Auge auch bei Augmented Reality auf unterschiedliche Tiefenebenen fokussieren und konvergieren. Auch die Holografie bedingt bekanntermaßen eine hohe Auflösung oder liefert nur einen begrenzten Sichtwinkel. Dennoch verspricht die Entwicklung hochauflösender Micro-Displays hier Verbesserung, wodurch VAC-freie AR- und VR-Near-Eye-Displays von einem experimentellen Sonderfall zu einer realistischen Option für zukünftige XR-Systeme avancieren.

Kameras und Scanner

Kameras und Scanner bilden die Erfassungsseite der Transformationskette. Sie bestimmen, welche Aspekte des primären Ereignisfeldes überhaupt in eine technische Repräsentation überführt werden können und in welcher Form diese Repräsentation dem System dann zur Verfügung steht. Die Repräsentation ist keine neutrale Abbildung, sondern eine Projektion physikalischer Ereignisse in ein begrenztes Mess- und Rechenmodell. Grundlegend lässt sich diese Projektion auf die klassische Kamerageometrie zurückführen, wie sie in der Computer Vision seit Jahrzehnten formal beschrieben ist. Spätestens mit Multiple View Geometry in Computer Vision [65] ist klar, dass eine Kamera eine Abbildung von 3D-Ereignissen auf 2D-Sensorebenen realisiert. Tiefe, Volumen und räumliche Beziehungen sind in einem einzelnen Bild nicht enthalten, sie gehen in der Projektion verloren. Jede weitergehende räumliche Information muss entweder rekonstruiert, gemessen oder angenommen werden. Vor diesem Hintergrund lassen sich Erfassungssysteme in der XR-nahen Literatur sinnvoll entlang der Art der verfügbaren Geometrieinformation unterscheiden: bildbasierte Verfahren, tiefenbasierte Messsysteme und volumetrische Rekonstruktionsansätze.

Bildbasierte Erfassung

Bildbasierte Systeme verwenden klassische RGB-Kameras und erfassen die Szene als zweidimensionale Projektionen. Da in den 2D-Bildern keine räumlichen Informationen mehr enthalten sind, müssen diese über Korrespondenzen zwischen mehreren Bildern oder über zeitliche Bewegung erschlossen werden. Diese Verfahren sind eher indirekt geometrisch, da Tiefe lediglich rekonstruiert, nicht gemessen wird (z. B. „Structure from Motion" [66] oder „Simultaneous localization and mapping" [67]). Seit 2020 gelten „Neural Radiance Fields" (NeRF) [68] als ein interessanter bildbasierter Ansatz zur Rekonstruktion dreidimensionaler Szenen allein aus RGB-Bildsequenzen. NeRFs modellieren das Lichtfeld einer Szene kontinuierlich und erlauben die Berechnung neuer Betrachterpositionen auch ohne wirkliche Geometriekenntnis. Moderne Verfahren erlauben Echtzeitberechnungen und sind damit auch für AR und VR interessant [69]. Ein aktiver Forschungszweig sind rein videobasierte 4D-Rekonstruktionen, bei denen bewegte Personen in Echtzeit aus Kameravideos rekonstruiert werden, auch ohne aktive Tiefensensoren [70]. Solche „Neural Head Avatars" [70] sind aber eher für Telekonferenzen interessant und können kaum eine komplette VR-Szene bilden.

Tiefenbasierte Erfassung

Tiefenbasierte Verfahren erweitern die Bildinformation um echte Distanzmessungen pro Pixel. Technisch lassen sich strukturierte Lichtverfahren (z. B. Microsofts Kinect [71] und Time-of-Flight-Kameras [72] unterscheiden. Im Gegensatz zu bildbasierten Ansätzen liefern diese Sensoren eine direkte metrische Einordnung der Szene [73] und bilden die Grundlage vieler XR-Funktionen wie Körpertracking, Handverfolgung und Okklusionsberechnung [74, 75].

Gleichzeitig zeigen systematische Untersuchungen klare Einschränkungen: begrenzte räumliche Auflösung, Messrauschen, Mehrwegeffekte und Abhängigkeit von Umgebungslicht. Tiefe wird zwar gemessen, aber nur innerhalb enger physikalischer und algorithmischer Grenzen [76]. Auch tiefenbasierte Systeme können nur sichtbare Oberflächen entlang der Sensorgeometrie erfassen. Alles Verdeckte bleibt unbestimmt, die Szenenerfassung grundsätzlich unvollständig.

Volumetrische Erfassung

Volumetrische Erfassungssysteme kombinieren mehrere Kameras und/oder Tiefensensoren, um dreidimensionale Repräsentationen dynamischer Szenen zu erzeugen. In der Literatur zu volumetrischem und Free-Viewpoint-Video wird diese Klasse von bild- und tiefenbasierten Verfahren abgegrenzt, da hier nicht einzelne Tiefenkarten, sondern 3D-Zustände über die Zeit entstehen [77]. Diese Systeme sind technisch aufwendig, erfordern präzise Kalibrierung und Synchronisation, ermöglichen jedoch die Darstellung realer Personen als bewegliche volumetrische Akteure in XR-Szenarien. Der Preis dafür ist hoch: enorme Datenmengen, eingeschränkte Erfassungsräume und starke Abhängigkeit von Rekonstruktionsannahmen.

Volumetrische Erfassung markiert damit einen Übergang von punktuellen Messungen zu szenischen Zuständen. Während bild- und tiefenbasierte Verfahren lokale Informationen liefern, adressieren volumetrische Systeme die zeitliche Konsistenz ganzer Szenen. Für XR bedeutet dies eine qualitative Verschiebung von der Rekonstruktion einzelne Objekte oder Körperteile hin zur Erfassung vollständiger Akteure, raumgetreu und in Bewegung.

Motion Capture und Scanner

Motion-Capture-Systeme verfolgen nicht das Ziel, vollständige Szenen zu erfassen. Sie extrahieren vordergründig spezifische Zustandsgrößen aus dem primären Ereignisfeld [78]. Während volumetrische Systeme szenische Bewegung als Video aufzeichnen, reduzieren Motion-Capture-Verfahren Bewegung auf parametrisierte Körperzustände, Scanner hingegen auf statische Geometrien [79]. Beide Verfahren arbeiten damit selektiv und abstrahierend.

Motion Capture erfasst also die Bewegung, nicht den Körper. Markerbasierte Systeme rekonstruieren Gelenkpositionen aus optischen Trajektorien, markerlose Verfahren schätzen Posen aus Bild- oder Tiefendaten. In beiden Fällen entsteht kein Körper im geometrischen Sinn, sondern eher ein bewegtes Knochenmodell mit Verknüpfungspunkten. Die resultierende Repräsentation ist dadurch hochgradig komprimiert, semantisch aufgeladen und unmittelbar steuerbar, verliert jedoch große Teile der ursprünglichen körperlichen Realität und enthält keine Beschreibung der Oberflächen.

Scanner verfolgen das entgegengesetzte Extrem. Sie erfassen die Form, jedoch ohne Rücksicht auf den Verlauf der Zeit zu nehmen. Egal ob als Laserscanner, strukturierte Lichtsysteme oder fotogrammetrische Rekonstruktion – das Ergebnis ist immer eine statische Geometrie, häufig sogar um Texturinformationen ergänzt. Bewegung ist darin nicht mehr enthalten. Der gescannte Körper wird demnach vom Ereignis zum eingefrorenen Zustand.

Beide Verfahren verschieben damit die Problematik der Erfassung. Motion Capture opfert räumliche Vollständigkeit zugunsten zeitlicher Präzision, Scanner opfern Zeitlichkeit zugunsten geometrischer Detailtreue. In XR-Systemen werden sie daher selten isoliert eingesetzt, sondern mit anderen Erfassungsformen kombiniert. Ein Avatar kann etwa aus einem Scan stammen, während seine Bewegung über Motion Capture gesteuert wird. Die resultierende Einheit ist synthetisch. Körper und Bewegung haben unterschiedliche Ursprünge, unterschiedliche Auflösungen und unterschiedliche Fehlercharakteristika.

Für teleporterische Szenarien ist diese Trennung wichtig. Eine Bewegung ohne Körper und ein Körper ohne Bewegung sind jeweils unvollständige Stellvertreter realer Präsenz. Erst ihre Kombination erzeugt eine handlungsfähige Repräsentation – allerdings um den Preis zusätzlicher Annahmen, Kalibrierungen und zeitlicher Anpassungen. Die scheinbare Kontinuität der Darstellung verdeckt dabei, dass Identität, Bewegung und Form aus getrennten Erfassungsprozessen stammen.

Haptische Schnittstellen und Controller

Das körperliche Feedback ist ein wichtiger Stellhebel für überzeugende VR-Umgebungen. Gerade im Training sind haptische Rückkopplungen in der künstlichen Umgebung ein nicht zu unterschätzender Anker. Gleichzeitig sind haptische Controller oder Wearables auch immer unverzichtbare Eingabegeräte, da sie dem XR-System fortlaufend Informationen zur Positionierung der Körperglieder zurückliefern. Daher wurden in den vergangenen Jahren diverse Systeme entwickelt, die haptisches Feedback bei gleichzeitigem Positionsinput liefern können. In einer aktuellen Übersicht klassifizieren Wee Yee Chuan et al. die derzeit etablierten haptischen Schnittstellen für Virtual Reality in mehrere grundlegende Klassen, die sich durch ihre Art der körperlichen Einbindung unterscheiden [80].

Handheld-Interfaces sind äußerst verbreitet und liegen nahezu jedem VR-Headset bei. Üblicherweise sind das die klassischen VR-Controller, bei denen das Feedback über den Tasten-, Joystick- und Schalterwiderstand oder Vibrationen realisiert wird. Klassische Controller reduzieren die menschliche Bewegung auf eine kleine Menge diskreter Freiheitsgrade. Diese Form der Interaktion ist technisch robust, leicht erlernbar und gut standardisierbar. Gleichzeitig erzeugt sie jedoch einen Bruch zwischen einer körperlichen Handlung und deren virtueller Wirkung. Der Nutzer handelt nicht im Raum, sondern bedient ein Interface. Als Werkzeugattrappen mit integrierter Vibrations- oder Kraftfeedbackfunktion liefern sie ein lokal gerichtetes Feedback an Hand und Arm und werden vor allem zur Bestätigung von Kontakt, Auslösung oder geringem Widerstand eingesetzt. Aufgrund ihrer geringen Baugröße und hohen Verfügbarkeit sind Handhelds technisch leicht integrierbar, liefern jedoch nur punktuelle haptische Information und keine flächige Rückmeldung. Allerdings ist die Abstraktion offensichtlich. Der Nutzer erwartet keine physikalisch korrekte Rückmeldung, sondern akzeptiert die rein symbolische Interaktion als Ersatz.

Wearable Haptics umfassen alle Geräte, die direkt am Körper getragen werden, etwa Datenhandschuhe, Exoskelette für Finger oder Arme sowie vibrotaktile[43] Westen, Gurtsysteme oder komplette Anzüge. Datenhandschuhe erlauben die Erfassung von Hand- und Fingerbewegungen und können zusätzlich Greif- oder Widerstandskräfte simulieren. Ihr Einsatz ist insbesondere im Training feinmotorischer Tätigkeiten relevant, etwa in der Medizin, Montage oder Robotik.

Encountered-Type-Interfaces zielen darauf ab, an derjenigen Position zu erscheinen, die einen potenziellen Kontakt erwarten lässt. Sie stellen dazu mögliche Kontaktflächen situativ als „haptisches Gegenüber" bereit. Dazu zählen bewegliche Platten, Stäbe oder robotische Endeffektoren, die dann gezielt an die Hand oder den Körper des Nutzers herangeführt werden, wenn im virtuellen Raum ein Kontakt erwartet wird. Typische Beispiele sind mechanische Wände, Tische oder Objektflächen, die physisch nur dann präsent sind, wenn sie im virtuellen Raum an dieser Position benötigt werden. Diese Systeme ermögli-

[43] Übertragung von Berührungsinformationen durch Vibration.

chen präzise Kontaktillusionen, sind jedoch aufwendig in Steuerung und Sicherheit und werden daher überwiegend in Forschungslaboren eingesetzt.

„Physical Props" beschreiben als passive haptische Elemente diejenigen Objekte, die physikalisch im Raum vorhanden und geometrisch mit der virtuellen Szene registriert sind. Das können Werkzeuge, Sportgeräte, Handläufe, Geländer, Kanten, Tische, Planken oder ganz allgemein Bedienelemente sein, die im Training als stabile physische Referenzen dienen. Der haptische Effekt entsteht hier nicht durch aktive Rückmeldung der Props, sondern durch deren reale Eigenschaften wie Gewicht, Härte, Oberfläche und Form. Diese Klasse ist besonders relevant für Trainings- und Sicherheitsanwendungen, da sie robust, skalierbar und technisch vergleichsweise einfach umzusetzen ist.

Mid-Air-Haptics schließlich erzeugen haptische Reize kontaktlos, etwa durch fokussierte Ultraschall-, Strom- oder Luftstöße. Sie erlauben haptische Hinweise ohne physische Objekte, etwa zur Führung oder Warnung. Sie können keine tragenden oder blockierenden Kräfte liefern und sind daher für die Simulation von Widerstand oder als Stütze ungeeignet.

Ergänzend zu dieser Klassifikation sind Lokomotions- und Ganzkörpersysteme zu nennen, die in Trainingsumgebungen eine besondere Rolle spielen. Tretmühlen und Bewegungssimulatoren koppeln die visuelle Fortbewegung an reale Schritte oder Beschleunigung. Im Unterschied zu Displays oder Eingabegeräten betreffen sie nicht einzelne Sinneskanäle, sondern die Organisation von Bewegung als Ganzes. Sie liefern kontinuierliches körperliches Feedback, das einem realen Training entsprechen soll. Omnidirektionale Laufbänder erlauben körperliche Fortbewegung in beliebigen horizontalen Richtungen und werden ausdrücklich als Lösung für VR-Lokomotionsprobleme beschrieben [81]. Sie können natürliche Bewegungsmuster ermöglichen, ohne in realen Raummaßen eingeschränkt zu sein – auf neueren Systemen kann man sogar rennen [82]. Allerdings ist Vorsicht bei der Umsetzung des Trainings und Interpretation der Ergebnisse geboten. Eine Untersuchung zeigte, dass die Versuchspersonen auf einem omnidirektionalen Laufband nicht nur langsamer liefen, sondern sich auch deren Gangbild veränderte [83]. Deutlich erprobter sind Laufbänder, die in der klinischen Anwendung schon seit Jahren zur Rehabilitation von Schlaganfallpatienten eingesetzt werden. Neuerdings wird dabei auch VR-gestütztes Laufbandtraining untersucht. Hier koppelt das System reales Gehen auf dem Laufband mit einer VR-Szenerie, was zu deutlichen Verbesserungen bei Gehleistung, Gleichgewicht und Mobilität führt [84].

Etwas ungewöhnlicher sind VR-Schuhe oder Cybershoes, bei denen die Fortbewegung entweder über Rollen (ähnlich wie bei Rollschuhen) oder der Kontakt mit dem Boden einfach über Kraftsensoren vermittelt wird [85]. Darüber hinaus lässt sich diese „Augmented Footwear"[44] nicht nur als Input einsetzen, sondern auch bestimmte Untergründe durch gezielte Stimulation des Fußes simulieren.

Für Anwendungen, bei denen Beschleunigung, Neigung oder Lageänderung entscheidend sind, kommen Bewegungssimulatoren zum Einsatz. Klassische Beispiele sind

[44] Eine umfangreiche Übersicht findet sich dazu in „Augmented Foot" [86].

6-DoF-Plattformen nach dem Stewart-Prinzip,[45] wie sie in Flug-, Fahrzeug- oder Rettungstrainings verwendet werden. Moderne VR-fähige Varianten werden etwa in Fahrsimulatoren, Kran- oder Baumaschinentrainings eingesetzt und koppeln visuelle Bewegung mit realen Kräften. Hier steht weniger die exakte Fortbewegung im Raum als vielmehr die körperliche Erfahrung von Beschleunigungen im Vordergrund.

4.3 Anwendungsbereiche

Der Begriff der Teleportation ist mit der Vorstellung einer augenblicklichen Verlagerung von Materie von einem Ort zu einem anderen verbunden, ohne dass der Raum dazwischen durchquert wird. Diese ist vor allem aus der Science-Fiction bekannt und besitzt dort einen festen Bedeutungsrahmen. Im Kontext von Extended Reality (XR) hingegen bezeichnet Teleportation keinen materiellen Transport, sondern einen erkenntnistheoretischen und symbolischen Vorgang.

Teleportation als Anwendungsprinzip

Teleportation in XR beschreibt den subjektiven Eindruck der Orts-, Situations- oder Rollenverlagerung, der durch immersive Medientechnologien erzeugt wird. Nutzer erleben sich an einem anderen Ort, in einer anderen Zeit oder in einer veränderten sozialen oder körperlichen Perspektive, ohne den physischen Raum tatsächlich zu verlassen. Diese Form der Teleportation wird nicht physikalisch, sondern über die gezielte Beeinflussung der Wahrnehmung vermittelt. Sie knüpft an Konzepte an, in denen Wahrnehmung nicht als passive Abbildung, sondern als aktive Weltbeziehung verstanden wird. Für den Phänomenologen[46] Merleau-Ponty[47] ist Wahrnehmung kein inneres Abbild einer äußeren Welt, sondern eine leiblich situierte Beziehung zur Welt. Der Mensch fühlt den Raum seines Leibes nicht etwa als eine Ansammlung von Raumpunkten oder als Struktur von Organen, er weiß von ihm und der Lage seiner Glieder über das Körperschema ([88], S. 124). Aber gleichzeitig dient das Körperschema auch dazu, sich die eigene Gestalt[48] in der intersensorischen Welt bewusst zu machen. Dieses Bewusstsein ist dynamisch und damit weniger eine Positionsräumlichkeit als eine Situationsräumlichkeit ([88], S. 125). Der Mensch steht also der Welt nicht als reiner Beobachter gegenüber, er ist stets schon in ihr

[45] Eigentlich Stewart-Platform, nach dem britischen Ingenieur Stewart, der eine solche Plattform 1965 als Basis für das Training von Piloten vorgestellt hatte [87].

[46] Jemand, der in den Phänomenen den Ursprung der Erkenntnis sieht und dabei Vorurteile und Annahmen vermeidet.

[47] Maurice Merleau-Ponty (1908–1961), französischer Philosoph.

[48] Hier in Bezug auf die Gestalttheorie (s. z. B. Wertheimer [89, 90]).

verortet. Der erlebbare Raum entsteht aus dem leiblichen Vermögen, aus Blickrichtungen, Bewegungsmöglichkeiten und Handlungsspielräumen.

In XR ist genau diese Perspektive bedeutsam. Teleportation meint hier nicht die Erzeugung eines mentalen Ortsbildes, es ist lediglich die Verschiebung des leiblichen Weltbezugs. Ein virtueller Raum wird dann als Ort erfahren, wenn er plausible Handlungsmöglichkeiten eröffnet und den leiblichen Bezugspunkt neu definiert. Teleportation geschieht somit nicht im physikalischen Raum, sondern in der Struktur der Wahrnehmung selbst.

In aktueller Literatur wird als Körperschema die auf neuronaler Ebene abgelegte Information über die Struktur des eigenen Körpers hinsichtlich Größe, Umfang, Gewicht und Gestalt bezeichnet, die zwar überlebenswichtig, dem Bewusstsein und damit der Sprache aber nicht zugänglich ist (s. z. B. in „Praxis der Psychotherapie" [91]). Diese Information entsteht aus dem haptischen Modus und ist über den visuellen Modus nur kurzfristig, aber nicht nachhaltig veränderbar. Davon zu trennen ist das Körperbild, das sich aus der Wahrnehmung aller Kanäle speist und sich dadurch auch beeinflussen oder sogar stören lässt. Ein positives Körperbild repräsentiert die Zufriedenheit mit der eigenen Erscheinung, während eine fehlerhafte Eigenwahrnehmung, Überbewertung von Makeln oder gar negative Bewertung durch Andere zu einem negativen Körperbild führen können [91]. Dieses Körperbild kann von XR beeinflusst werden.

Ausgehend von diesem Verständnis von Teleportation als Verschiebung des leiblichen Weltbezugs lassen sich Anwendungsfelder bestimmen, in denen Teleportation nicht auf Wahrnehmung oder Orientierung beschränkt bleibt, sondern zwingend an eine verkörperte Repräsentation gebunden ist. In diesen Fällen teleportiert nicht ein Blickpunkt, sondern der Ort der Handlungsfähigkeit selbst. Der Nutzer ist nicht lediglich „anwesend", sondern handelt durch einen Avatar, der als funktionaler Körperersatz im Zielraum operiert.

Die folgenden Abschnitte behandeln vier solche Konstellationen exemplarisch. In der robotischen Teleoperation der Chirurgie tritt der Avatar als Instrumentenkörper auf, der die operative Handlung überhaupt erst ermöglicht. In der Telepräsenzrobotik fungiert der Avatar als sozial wirksamer Körper, ohne den die Interaktion im entfernten Raum nicht zustande käme. In neurowissenschaftlichen Embodiment-Experimenten ist der Avatar die experimentelle Bedingung selbst, da nur durch ihn der Ort des Selbst gezielt verlagert werden kann. In der industriellen Teleoperation schließlich übernimmt der Avatar die Rolle eines physikalisch wirksamen Stellvertreterkörpers, der den Zugang zu gefährlichen oder unzugänglichen Handlungsräumen eröffnet.

Diese vier Fälle sind nicht als vollständige Systematik zu verstehen. Sie markieren paradigmatische Situationen, in denen Avatar-gebundene Teleportation keine optionale Gestaltung, sondern eine strukturelle Voraussetzung ist. Gemeinsam ist ihnen, dass der biologische Körper entweder nicht anwesend sein kann oder nicht der geeignete Träger von Handlung ist. Teleportation bezeichnet hier nicht Bewegung im Raum, sondern die gezielte Neuzuweisung von Körperlichkeit innerhalb eines technischen Systems.

Teleoperation in der Chirurgie

In der robotischen Teleoperation der Chirurgie muss Teleportation funktional realisiert werden. Der chirurgische Eingriff setzt zwingend voraus, dass der Operateur als Akteur im Operationsfeld präsent ist. Da der biologische Körper des Chirurgen diesen Raum nicht betreten kann, wird er durch einen instrumentellen Körper ersetzt. Dieser Körper ist kein Werkzeug im klassischen Sinn, sondern ein Handlungsträger mit definierter räumlicher Ausdehnung, Gelenkstruktur, Kraftübertragung und Kollisionsfähigkeit. Das entspricht der in der chirurgischen Robotik etablierten Sichtweise, nach der robotische Systeme als teleoperierte Verkörperungen des Chirurgen fungieren. In einer frühen systematischen Analyse der chirurgischen Robotik werden diese Systeme als Träger einer ausgelagerten Handlung beschrieben, bei der der Ort der motorischen Wirksamkeit verlagert wird [92]. Der chirurgische Roboter ersetzt damit nicht einzelne Bewegungen oder verlängert nur das Instrument, er übernimmt die Rolle eines instrumentellen Körpers im Operationsfeld, während der biologische Körper des Chirurgen räumlich getrennt bleibt und die Verantwortung behält. Gerade im Kontrast zu den aus der Science-Fiction bekannten autonomen Robotervorstellungen, etwa bei Asimov [93], wird diese Struktur deutlich. Während dort der Roboter selbst handelt, moralisch verantwortlich wird und damit „Robotergesetze" benötigt, verbleibt in der teleoperierten Chirurgie jede Handlung vollständig beim Menschen.

Im „da Vinci Surgical System" erfolgt der Eingriff ausschließlich über den instrumentellen Stellvertreter. Die chirurgische Handlung, das Schneiden, Greifen und Nähen, ist untrennbar an die physische Präsenz dieses Körpers im OP-Raum gebunden. „Da Vinci" realisiert in reiner Form jene Konstellation, in der Teleportation im hier beschriebenen Sinn tatsächlich vorliegt. Der Chirurg bleibt physisch am Bedienpult, während sein operativer Körper im Körper des Patienten lokalisiert ist.

Ohne Avatar wäre das System nicht funktionsfähig. Eine abstrakte Fernsteuerung ohne verkörperte Repräsentation könnte weder die notwendige Präzision noch die haptisch-motorische Kopplung herstellen, die chirurgische Eingriffe erfordern. Entsprechend wird in der Fachliteratur nicht von Fernbedienung, sondern von telepräsenter Chirurgie bzw. Telechirurgie gesprochen [94]. Der Avatar fungiert hier als instrumenteller Körper, der das Körperschema des Operateurs funktional erweitert, ohne es zu ersetzen. Die leibliche Verortung verschiebt sich temporär auf diesen technischen Körper, während das biologische Körperschema als Referenz erhalten bleibt.

Teleportation ist hier die Bedingung dafür, dass chirurgische Handlung überhaupt stattfinden kann. Damit stellt die robotische Telechirurgie einen der klarsten realisierten Fälle von Avatar-gebundener Teleportation dar, bei dem Wahrnehmung, Handlung und körperliche Präsenz entkoppelt und neu gekoppelt werden. Der Operateur nimmt das Operationsfeld in der Regel über eine binokulare Sichtkonsole wahr, in der das stereoskopische Kamerabild den gesamten visuellen Raum einnimmt und den realen Operationsraum ausblendet.

Humanoide Telepräsenzrobotik

Auch abseits des Operationsraums wird Telepräsenzrobotik eingesetzt. Der Avatar ist hier nicht mehr nur das Werkzeug, er wird zum sozialen Körper, über den der Nutzer im entfernten Umfeld wahrgenommen und angesprochen werden kann. Schon frühe Arbeiten zur visuellen Telepräsenz zielten nicht allein auf reine Bildübertragung ab. Die Kopplung der Wahrnehmung und Bewegung eines entfernten körperlichen Stellvertreters an den Nutzer basierte auf der Übertragung der Kopfbewegung auf eine elektromechanische Stereokamera [95]. Der von den Forschern als Yorick[49] bezeichnete Stereoschädel wurde später auch auf mobilen Plattformen getestet [97] und hatte bis in die späten 1990er-Jahre starken Einfluss auf die universitäre Telerobotik-Forschung. Yorick markiert einen technisch ausgereiften Vorläufer heutiger Systeme durch maximale visuelle Kopplung von Nutzer und entfernter Kamera mit voller Stereoskopie und geringer Latenz. Der Übergang zu softwarebasierten Telepräsenzformen ist weniger als technische Evolution zu interpretieren als eine bewusste Verminderung des technischen Anspruchs und der generellen Abkehr von spezialisierter Technologie hin zu marktfähigen Produkten. Der Vorteil neuer Technologien liegt nicht in verbesserter Telepräsenz, sondern in der Reduktion der Anforderungen an sie [98]. Die sensorische Qualität der Wahrnehmung wird zugunsten standardisierter Kamerahardware abgesenkt, die mechanische Kopplung zwischen Nutzer und Stellvertreterkörper durch ereignisbasierte oder autonome Steuerung ersetzt. Höhere Latenzen werden nicht mehr minimiert, sondern durch softwarebasierte Glättung, Vorhersage und Interfacegestaltung kompensiert. Telepräsenz wird damit eher als funktionale Anwesenheit verstanden, womit der Gewinn mehr in der technischen Machbarkeit als in maximaler Präzision liegt. Die technische Entwicklung wechselt die Richtung von höchstmöglicher Identität zwischen Nutzer und Avatar in Richtung minimaler Verkörperung, welche die geforderte Handlungsfähigkeit gerade noch gewährleistet.

Ein reales Beispiel sind die Telepräsenzroboter von Double Robotics,[50] die in Unternehmen, Universitäten und klinischen Einrichtungen dauerhaft eingesetzt werden. Im Prinzip ist das System nichts weiter als ein Bildschirm auf Rädern. Durch die Beweglichkeit des Nutzers ist dieser dann aber nicht nur als lokal fixierter Videostream präsent, sondern wird zum körperlich lokalisierbaren Akteur mit mobiler Position im Raum, definierter Blickrichtung und räumlicher Distanz zu anderen Personen. Gesprächspartner reagieren damit auf eine Art Körper im Raum, dessen Nähe, Ausrichtung und Bewegung interpretierbar sind, auch wenn das Gesicht nur ein Telekonferenzbild ist.

Empirische Untersuchungen zur mobilen Telepräsenz zeigen, dass sich aktuelle Telepräsenzrobotik vor allem durch veränderte räumliche Situation des Nutzers von stationä-

[49] Nach dem Schädel in Hamlet, der zu Yoricks, des Königs Spaßmacher, spricht: „Ach, armer Yorick! – Ich kannte ihn, Horatio; ein Bursch von unendlichem Humor, voll von den herrlichsten Einfällen." (aus [96], S. 231).

[50] Ein amerikanisches Unternehmen, das selbstfahrende Bildschirme als Telekonferenzteilnehmer anbietet.

ren Kommunikationsformen unterscheidet. In der Studie „Bodies in Motion" wird gezeigt, dass die Beweglichkeit des Stellvertreterkörpers beim entfernten Nutzer ein erhöhtes Gefühl von Anwesenheit erzeugt [99]. Dieser Effekt entsteht unabhängig von Unterschieden in der visuellen Übertragungsqualität und ist an die Möglichkeit gebunden, sich aktiv im Zielraum zu positionieren. Gleichzeitig zeigen die Ergebnisse, dass diese Form der Präsenz nicht mit einer generellen Verbesserung funktionaler oder sozialer Interaktion einhergeht. Vielmehr führt die erhöhte räumliche Freiheit zu zusätzlichem Aufwand und teilweise reduzierter Aufgabenleistung.

Humanoide Telepräsenzrobotik macht sichtbar, dass im Kontext der Teleportation nicht die tatsächliche Übertragung eines Körpers notwendig ist. Durch die Neuverortung der Handlung bleibt der Nutzer ortsunverändert, sein sozialer und räumlicher Aktionsraum wird jedoch abrupt verlagert. Die Entwicklung zeigt gleichzeitig, dass Teleportation nicht auf maximale Identität angewiesen ist. Es ist wiederum die Handlungsfähigkeit des Stellvertreters, der unbewusst durch die Handlungen des Nutzers gesteuert wird. Ein Minimum an Verkörperung genügt, um Präsenz wirksam zu erzeugen, während alles darüber hinaus optional wird.

Embodiment-Experimente

In der neurowissenschaftlichen Forschung bilden avatar- oder körperrepräsentationsgebundene Teleportationen eine experimentelle Voraussetzung für bestimmte Paradigmen zur Untersuchung von Körperzugehörigkeit und Selbstverortung [100]. In der Literatur wurde das Konzept des Körpertauschs schon lange fiktionalisiert,[51] in jüngerer Zeit sogar wissenschaftlich untersucht. Schwedische Wissenschaftler vom Karolinska-Institut haben gezeigt, dass sich das Gefühl der Körperzugehörigkeit auf den Körper einer anderen realen Person übertragen lässt, sofern eine First-Person-Perspektive mit multisensorischer Rückmeldung kombiniert wird [102]. In diesen Body-Swap-Experimenten erleben Versuchspersonen, sich im Körper eines Gegenübers zu befinden, selbst dann, wenn sie ihrem eigenen biologischen Körper direkt gegenüberstehen. Entscheidend ist dabei nicht die visuelle Ähnlichkeit oder narrative Plausibilität, sondern die glaubhafte Kopplung von Perspektive, Berührung und Bewegung. Die Verschiebung der Selbstverortung erfolgt abrupt und macht deutlich, dass die Zuordnung von Körper und Selbst kein unverrückbares Merkmal des biologischen Körpers ist. In nachfolgenden Body-Transfer-Experimenten konnte demonstriert werden, dass sich das Gefühl der Körperzugehörigkeit sogar auf einen vollständig virtuellen Körper übertragen lässt, wenn dieser aus einer First-Person-Perspektive erlebt und räumlich dort verortet wird, wo der eigene Körper erwartet wird [103]. Der entstehende Effekt ist sogar physiologisch messbar, etwa durch Stressreaktionen auf Bedrohungen des virtuellen Körpers. Der experimentelle Effekt – etwa das Entstehen von Körperbesitzillusionen, veränderte emotionale Reaktionen oder messbare physiologische

[51] Etwa in Gautiers 1856 erschienenen Roman „Avatar" [101].

Veränderungen – tritt ausschließlich dann auf, wenn die Versuchsperson sich als handelnder Körper im Raum erlebt. Diese Kopplung bricht bei einer reinen, unverkörperten Kameraperspektive; die Illusion des Körperbesitzes geht dabei verloren, da die multisensorische Integration in das Körperschema ausbleibt [104]

Bereits geringfügige zeitliche oder anatomische Inkonsistenzen zwischen visuellem Avatar und eigener Körperrepräsentation und Handlung können die Entstehung von Körperbesitzillusionen abschwächen oder vollständig verhindern [105]. Ergänzend zeigen Experimente, dass glaubhafte Illusionen selbst bei stark verzerrter virtueller Anatomie auftreten können (im Experiment wurde z. B. der Arm dreifach verlängert), ihre Stärke jedoch kontinuierlich bei abnehmender Plausibilität nachlässt [106]. Theoretisch lässt sich dieser Befund durch das Konzept der „Minimal Phenomenal Selfhood" fassen, wonach Selbstlokalisation, Körperzugehörigkeit und First-Person-Perspektive gemeinsam die minimalen Bedingungen des erlebten Selbst bilden [107].

Neurowissenschaftliche Embodiment-Experimente zeigen damit, dass Teleportation ein präziser Eingriff in die Kopplung von Wahrnehmung, Handlung und Selbstverortung sein kann, wenn der Avatar zum Träger des Selbstmodells wird. Die Effekte sind robust, aber an strikte Bedingungen gebunden. Wird Verkörperung aufgegeben oder der Glaubhaftigkeit verletzt, zerbricht die Illusion.

Teleoperation in lebensfeindlichen Umgebungen

Teleoperation bildet den historischen und technischen Ursprung avatar-gebundener Teleportation. Lange bevor Teleportation als Konzept in XR-Systemen diskutiert wurde, war sie in der Robotik eine zwingende Voraussetzung, um menschliches Handeln in Umgebungen zu ermöglichen, die für den biologischen Körper unzugänglich oder lebensgefährlich sind [108]. In nuklearen Umgebungen, in der Tiefsee oder bei der Raumfahrt ist der menschliche Körper ohne Schutz vom Handlungsraum ausgeschlossen. Dennoch müssen Tätigkeiten ausgeführt werden, die direkte physische Interaktion erfordern. Ein klassisches (und bis heute relevantes) Beispiel ist die Fernmanipulation in nuklearen Einrichtungen, wie sie seit den 1950er-Jahren entwickelt [109] und später unter anderem in Anlagen wie Sellafield oder Fukushima eingesetzt wurde. Der Operator agiert hier nicht über abstrakte Steuerbefehle, sondern über einen technischen Körper. Minsky[52] bezeichnet diesen Zustand als „Telepresence" und versteht darunter neben der bloßen visuellen Fernwahrnehmung auch die Fähigkeit, über einen entfernten mechanischen Stellvertreter physisch zu handeln, als wäre man selbst vor Ort [110]. Spätere Arbeiten zur Telepräsenz und Telerobotik etablierten den Avatar als physikalisches Werkzeug, über den der Operator im fernen Raum wirken kann. In der Telepräsenztheorie wird der Avatar als verkörperte Repräsentation des Nutzers gefasst, über die Wahrnehmung und Handlungen in einen

[52] Marvin Lee Minsky (1927–2016), amerikanischer Computerwissenschaftler, Pionier der künstlichen Intelligenz und Telepräsenz.

entfernten oder virtuellen Raum verlagert werden. Telepräsenz entsteht dabei durch die progressive Kopplung des realen Körpers an eine repräsentierte Körperform im Zielraum [111].

Teleoperation markiert den technisch eindeutigsten und zugleich restriktivsten Fall avatar-gebundener Teleportation. Der Avatar wird notwendiger physikalischer Stellvertreter mit Handlungsvollmacht und bezahlt das mit dem Verlust der Identität. Gerade dieser Grenzfall macht sichtbar, dass Teleportation unabhängig von XR-Technologien existiert und lange vor ihrer heutigen Begriffsgeschichte etabliert war.

Im Unterschied zur chirurgischen Teleoperation, in der maximale Präzision und enge sensorisch-motorische Kopplung erforderlich sind sowie zu neurowissenschaftlichen Embodiment-Experimenten, in denen der Avatar zum Träger des Selbstmodells wird, nimmt humanoide Telepräsenzrobotik eine Zwischenposition ein. Der Avatar ist jetzt weder das reine Werkzeug noch der Experimentalkörper eines Nutzers; er wird zu seinem sozialen Stellvertreter. Teleportation erscheint damit nicht als Präzisions- oder Identitätsproblem, sie wird zur Antwort auf die Frage nach ausreichender Verkörperung für soziale Handlungsfähigkeit.

Mit der Transferfunktion ist Teleportation als Transformation eines primären Ereignisfeldes in ein sekundäres Feld bestimmt worden. Die Taxonomien um Milgram liefern dafür einen historischen und begrifflichen Startpunkt, reichen aber als Ordnungssystem nicht aus, weil sie an Objektklassen hängen bleiben, wo tatsächlich Ereignisse, Kopplungen und Zustände herrschen. Teleportation ist in dieser Perspektive ein Umschalten von Zuständigkeiten. Was im primären Feld geschieht, wird nicht nur „übernommen“, sondern entlang einer technischen Abbildung selektiert, umgeschrieben und in einem neuen Zusammenhang wirksam gebracht.

Auf der Hardware- und Geräteebene wird diese Abbildung präzisiert. Displays, HMDs, Kameras, Scanner und haptische Schnittstellen setzen die Grenzen der Transformation als konkrete Mess- oder Ausgabebedingungen. Sie definieren technische Parameter, Blick- und Handlungsraum, sie produzieren Leerstellen, die nur mit Annahmen rekonstruiert oder geschlossen werden können. Damit ist die technische Transformation die eigentliche Form der Teleportation.

Literatur

1. Schiller F. Friedrich Schillers Werke. Wien/Hamburg/Budapest/Zürich: Gutenberg; 1928.
2. Artaud A, Richards C. The theater and its double. New York: Grove Weidenfeld; 1958.
3. Langer SK. Feeling and form. New York: Charles Scribner's Sons; 1953.
4. Sutherland IE. A head-mounted three dimensional display. In: Proceedings of the December 9–11, 1968, fall joint computer conference, part I on – AFIPS '68 (Fall, part I). San Francisco: ACM Press; 1968. S. 757. https://doi.org/10.1145/1476589.1476686.
5. Krueger MW. Artificial reality. Reading: Addison-Wesley; 1983.
6. Krueger MW. Artificial reality II. Reading/Menlo Park/Paris [etc.]: Addison-Wesley; 1991.

7. Evenden I. The history of virtual reality. In: Virtual reality: the complete guide. Bristol: BBC Publishing; 2016. S. 8–19.
8. Zimmerman TG, Lanier J, Blanchard C, Bryson S, Harvill Y. A hand gesture interface device. In: Proceedings of the SIGCHI/GI conference on human factors in computing systems and graphics interface. Toronto, ON, Canada: ACM; 1986. S. 189–92. https://doi.org/10.1145/29933.275628.
9. Tesler LD. Programming languages. Sci Am. 1984;251:70–8.
10. Fisher SS. Virtual interface environment. In: NASA conference publication. California: NASA Ames Research Center, Moffett Field; 1985.
11. Foley JD. Interfaces for advanced computing. Sci Am. 1987;257:126–35.
12. Heilbrun A. Virtual reality: an interview with Jaron Lanier. Whole Earth Review. 1989;64:108–23.
13. Gibson W. Neuromancer: science fiction roman. München: Heyne; 1989.
14. Broderick D. The Judas Mandala. London: Hachette UK; 2020.
15. Stone RJ. Virtual reality and cyberspace: from science fiction to science fact. ISU. 1991;11:283–300. https://doi.org/10.3233/ISU-1991-115-603.
16. IEE Colloquium on Real World Visualisation – Virtual World – Virtual Reality (Digest No. 197). In: IEE Colloquium on Real World Visualisation – Virtual World – Virtual Reality. 1991. S. 0_1.
17. Maxwell JC. On the Cyclide. [Extracted from The Quarterly Journal of Pure and Applied Mathematics, No. 34, 1867.]. In: The Scientific Papers of James Clerk Maxwell. New York: Dover Publications; 1890.
18. Sheridan TB. Musings on telepresence and virtual presence. Presence: Teleoperators Virtual Environ. 1992;1:120–6. https://doi.org/10.1162/pres.1992.1.1.120.
19. Naimark M. Elements of real-space imaging: a proposed taxonomy. In: Presented at the Electronic Imaging '91, San Jose, CA August 1. 1991. https://doi.org/10.1117/12.46305.
20. Robinett W. Synthetic experience: a proposed taxonomy. Presence: Teleoper Virtual Environ. 1992;1:229–47.
21. Grasnick A. 3D ohne 3D-Brille: Handbuch der Autostereoskopie. Berlin/Heidelberg: Springer Vieweg; 2016.
22. Caudell TP, Mizell DW. Augmented reality: an application of heads-up display technology to manual manufacturing processes. In: Proceedings of the Twenty-Fifth Hawaii International Conference on System Sciences, Bd. 2. Kauai, HI: IEEE; 1992. S. 659–69. https://doi.org/10.1109/HICSS.1992.183317.
23. Diels H. Die Fragmente der Vorsokratiker. Berlin: Weidmannsche Buchhandlung; 1906.
24. Aristoteles. Aristoteles Physik. Leipzig: Johann Ambrosius Barth; 1829.
25. Ockham W, Kunze P. Summe der Logik | Summa logica: Über die Termini (Kap. 1–4, 63–77). Hamburg: Lat.-Dt. Parallelausgabe. Felix Meiner Verlag; 2017.
26. AN White head 1978 Process and reality The Free PressNew YorkWhitehead AN. Process and reality. New York: The Free Press; 1978.
27. Whitehead AN. The concept of nature. Cambridge: University Press; 1920.
28. Grasnick A, Schwerk A. PHANTOMATRIX: a framework for predicting physiological reactions in virtual reality with machine learning. In: Nakamatsu K, Kountcheva R, Patnaik S, Herausgeber. Recent trends of AI technologies and virtual reality. Singapore: Springer Nature; 2025. S. 35–46. https://doi.org/10.1007/978-981-96-1154-6_3.
29. Schwerk A, Grasnick A. PHANTOMATRIX: explainability for detecting gender bias in affective computing. icgr. 2025;8:515–8. https://doi.org/10.34190/icgr.8.1.3199.

30. Grasnick A. Transfer functions and event fields in XR: the PHANTOMATRIX framework for quantifyingperceptionconvergence(Preprint).2023.https://doi.org/10.21203/rs.3.rs-3556886/v1..
31. Rindler W. Visual horizons in world models. Mon Not R Astron Soc. 1956;116:662–77. https://doi.org/10.1093/mnras/116.6.662.
32. Aristoteles. Über die Seele. Frankfurt: Johann Herrl; 1794.
33. Sherrington CS. The integrative action of the nervous system. Yale: Yale University Press; 1920.
34. Dessoir M. Ueber den Hautsinn. In: Archiv für Anatomie und Physiologie. Leipzig: Veit & Comp.; 1892. S. 175–339.
35. Müller SM. Lehrbuch Haptik: Grundlagen und Anwendung in Therapie, Pflege und Medizin. Berlin/Heidelberg: Springer; 2022.
36. Adelson EH, Bergen JR. The plenoptic function and the elements of early vision. In: Computational models of visual processing. Cambridge, MA: The MIT Press; 1991. S. 3–20.
37. Gershun A. The light field. J Math Phys. 1939;18:51–151. https://doi.org/10.1002/sapm193918151.
38. Gortler SJ, Grzeszczuk R, Szeliski R, Cohen MF. The lumigraph. In: Proceedings of the 23rd annual conference on Computer graphics and interactive techniques – SIGGRAPH '96. ACM Press, Not Known; 1996. S. 43–54. https://doi.org/10.1145/237170.237200.
39. Levoy M, Hanrahan P. Light field rendering. In: Proceedings of the 23rd annual conference on Computer graphics and interactive techniques – SIGGRAPH '96. ACM Press, Not Known; 1996. S. 31–42. https://doi.org/10.1145/237170.237199.
40. Slater M, Wilbur S. A framework for immersive virtual environments (FIVE): speculations on the role of presence in virtual environments. Presence: Teleoperators Virtual Environ. 1997;6:603–16. https://doi.org/10.1162/pres.1997.6.6.603.
41. Bartle RA. Designing virtual worlds. Berkeley: New Riders; 2006.
42. Slater M. Place illusion and plausibility can lead to realistic behaviour in immersive virtual environments. Philos Trans R Soc B. 2009;364:3549–57. https://doi.org/10.1098/rstb.2009.0138.
43. Tran TQ, Langlotz T, Young J, Schubert TW, Regenbrecht H. Classifying presence scores: insights and analysis from two decades of the Igroup presence questionnaire (IPQ). ACM Trans Comput-Hum Interact. 2024;3689046. https://doi.org/10.1145/3689046.
44. Cruz-Neira C, Sandin DJ, DeFanti TA, Kenyon RV, Hart JC. The CAVE: audio visual experience automatic virtual environment. Commun ACM. 1992;35:64–72. https://doi.org/10.1145/129888.129892.
45. Wheatstone C. XVIII. Contributions to the physiology of vision. – Part the first. On some remarkable, and hitherto unobserved, phenomena of binocular vision. Philos Trans R Soc Lond. 1838;128:371–94. https://doi.org/10.1098/rstl.1838.0019.
46. Grasnick A. Virtuelle Illusionen: Die Erzeugung von Raumbildern. In: Grundlagen der virtuellen Realität. Berlin/Heidelberg: Springer; 2020. S. 213–98. https://doi.org/10.1007/978-3-662-60785-5_4.
47. Cutting JE, Vishton PM. Perceiving layout and knowing distances. In: Perception of space and motion. Elsevier; 1995. S. 69–117. https://doi.org/10.1016/B978-012240530-3/50005-5.
48. Helmholtz H. Handbuch der Physiologischen Optik. Leipzig: Leopold Voß; 1867.
49. Azuma RT. A survey of augmented reality. Presence: Teleoper Virtual Environ. 1997;6:355–85. https://doi.org/10.1162/pres.1997.6.4.355.
50. Livingston MA, Swan JE, Gabbard JL, Hollerer TH, Hix D, Julier SJ, Baillot Y, Brown D. Resolving multiple occluded layers in augmented reality. In: The Second IEEE and ACM international symposium on mixed and augmented reality, 2003. Proceedings. Tokyo: IEEE Computer Society; 2003. S. 56–65. https://doi.org/10.1109/ISMAR.2003.1240688.
51. Bimber O, Frohlich B. Occlusion shadows: using projected light to generate realistic occlusion effects for view-dependent optical see-through displays. In: Proceedings. International sympo-

sium on mixed and augmented reality. Darmstadt: IEEE; 2002. S. 186–319. https://doi.org/10.1109/ISMAR.2002.1115088.

52. Avveduto G, Tecchia F, Fuchs H. Real-world occlusion in optical see-through AR displays. In: Proceedings of the 23rd ACM symposium on virtual reality software and technology. Gothenburg: ACM; 2017. S. 1–10. https://doi.org/10.1145/3139131.3139150.
53. Ju Y-G, Choi M-H, Liu P, Hellman B, Lee TL, Takashima Y, Park J-H. Occlusion-capable optical-see-through near-eye display using a single digital micromirror device. Opt Lett. 2020;45:3361. https://doi.org/10.1364/OL.393194.
54. Creem-Regehr SH, Stefanucci JK, Bodenheimer B. Perceiving distance in virtual reality: theoretical insights from contemporary technologies. Philos Trans R Soc B. 2023;378:20210456. https://doi.org/10.1098/rstb.2021.0456.
55. El Basbasse Y, Packheiser J, Peterburs J, Maymon C, Güntürkün O, Grimshaw G, Ocklenburg S. Walk the plank! Using mobile electroencephalography to investigate emotional lateralization of immersive fear in virtual reality. R Soc Open Sci. 2023;10:221239. https://doi.org/10.1098/rsos.221239.
56. Dietz D, Oechsner C, Ou C, Chiossi F, Sarto F, Mayer S, Butz A. Walk this beam: impact of different balance assistance strategies and height exposure on performance and physiological arousal in VR. In: Proceedings of the 28th ACM symposium on virtual reality software and technology. Tsukuba: ACM; 2022. S. 1–12. https://doi.org/10.1145/3562939.3567818.
57. Coelho CM, Waters AM, Hine TJ, Wallis G. The use of virtual reality in acrophobia research and treatment. J Anxiety Disord. 2009;23:563–74. https://doi.org/10.1016/j.janxdis.2009.01.014.
58. LaViola JJ. A discussion of cybersickness in virtual environments. SIGCHI Bull. 2000;32:47–56. https://doi.org/10.1145/333329.333344.
59. Adelstein BD, Lee TG, Ellis SR. Head tracking latency in virtual environments: psychophysics and a model. Proce Human Factors Ergon Soc Annual Meet. 2003;47:2083–7. https://doi.org/10.1177/154193120304702001.
60. Friston S, Steed A. Measuring latency in virtual environments. IEEE Trans Vis Comput Grap. 2014;20:616–25. https://doi.org/10.1109/TVCG.2014.30.
61. Dymczyk M, Przekoracka-Krawczyk A, Kapturek Z, Pyżalska P. Effect of a vergence-accommodation conflict induced during a 30-minute Virtual Reality game on vergence-accommodation parameters and related symptoms. J Opt. 2024;17:100524. https://doi.org/10.1016/j.optom.2024.100524.
62. Chen S-L, Fu L-W, Huang J-W, Shih K-T, Chen HH. Geometric lightguide for near-eye light field displays. Appl Opt. 2024;63:1457. https://doi.org/10.1364/AO.503572.
63. Lim S, Jeon H, Jung M, Lee C, Moon W, Kim K, Kim H, Hahn J. Fatigue-free visual perception of high-density super-multiview augmented reality images. Sci Rep. 2022;12:2959. https://doi.org/10.1038/s41598-022-06778-4.
64. Jang C, Bang K, Chae M, Lee B, Lanman D. Waveguide holography for 3D augmented reality glasses. Nat Commun. 2024;15:66. https://doi.org/10.1038/s41467-023-44032-1.
65. Hartley R, Zisserman A. Multiple view geometry in computer vision. Cambridge University Press. 2004. https://doi.org/10.1017/CBO9780511811685.
66. Schönberger JL, Frahm J-M. Structure-from-motion revisited. In: 2016 IEEE conference on computer vision and pattern recognition (CVPR). Las Vegas: IEEE; 2016. S. 4104–13. https://doi.org/10.1109/CVPR.2016.445.
67. Cadena C, Carlone L, Carrillo H, Latif Y, Scaramuzza D, Neira J, Reid I, Leonard JJ. Past, present, and future of simultaneous localization and mapping: towards the robust-perception age. IEEE Trans Robot. 2016;32:1309–32. https://doi.org/10.1109/TRO.2016.2624754.
68. Mildenhall B, Srinivasan PP, Tancik M, Barron JT, Ramamoorthi R, Ng R. NeRF: representing scenes as neural radiance fields for view synthesis. In: Vedaldi A, Bischof H, Brox T, Frahm

J-M, Herausgeber. Computer Vision – ECCV 2020. Cham: Springer International Publishing; 2020. S. 405–21. https://doi.org/10.1007/978-3-030-58452-8_24.
69. Liao Y, Di Y, Zhou H, Zhu K, Lu M, Duan Q, Liu J. A survey on neural radiance fields. ACM Comput Surv. 2026;58:1–33. https://doi.org/10.1145/3758085.
70. Grassal P-W, Prinzler M, Leistner T, Rother C, Niebner M, Thies J. Neural head avatars from monocular RGB videos. In: 2022 IEEE/CVF conference on computer vision and pattern recognition (CVPR). New Orleans: IEEE; 2022. S. 18632–43. https://doi.org/10.1109/CVPR52688.2022.01810.
71. Zhang Z. Microsoft Kinect sensor and its effect. IEEE Multimedia. 2012;19:4–10. https://doi.org/10.1109/MMUL.2012.24.
72. Hansard M, Lee S, Choi O, Horaud R. Time-of-flight cameras: principles, methods and applications. London: Springer; 2013. https://doi.org/10.1007/978-1-4471-4658-2.
73. Kolb A, Barth E, Koch R, Larsen R. Time-of-flight cameras in computer graphics. Computer Graphics Forum. 2010;29:141–59. https://doi.org/10.1111/j.1467-8659.2009.01583.x.
74. Billinghurst M, Clark A, Lee G. A survey of augmented reality. Foundations Trends® Human – Computer Inter. 2015;8:73–272. https://doi.org/10.1561/1100000049.
75. Szeliski R. Computer vision: algorithms and applications. Cham: Springer Nature; 2022.
76. He Y, Liang B, Zou Y, He J, Yang J. Depth errors analysis and correction for time-of-flight (ToF) cameras. Sensors. 2017;17:92. https://doi.org/10.3390/s17010092.
77. Smolic A. 3D video and free viewpoint video – From capture to display. Pattern Recogn. 2011;44:1958–68. https://doi.org/10.1016/j.patcog.2010.09.005.
78. Moeslund TB, Hilton A, Krüger V. A survey of advances in vision-based human motion capture and analysis. Comput Vis Image Underst. 2006;104:90–126. https://doi.org/10.1016/j.cviu.2006.08.002.
79. Levoy M, Ginsberg J, Shade J, Fulk D, Pulli K, Curless B, Rusinkiewicz S, Koller D, Pereira L, Ginzton M, Anderson S, Davis J. The digital Michelangelo project: 3D scanning of large statues. In: Proceedings of the 27th annual conference on Computer graphics and interactive techniques – SIGGRAPH '00. Not Known: ACM Press; 2000. S. 131–44. https://doi.org/10.1145/344779.344849.
80. Wee C, Yap KM, Lim WN. Haptic interfaces for virtual reality: challenges and research directions. IEEE Access. 2021;9:112145–62. https://doi.org/10.1109/ACCESS.2021.3103598.
81. Cherni H, Nicolas S, Métayer N. Using virtual reality treadmill as a locomotion technique in a navigation task: impact on user experience – case of the KatWalk. IJVR. 2021;21:1–14. https://doi.org/10.20870/IJVR.2021.21.1.3046.
82. Pyo S, Lee H, Yoon J. Development of a novel omnidirectional treadmill-based locomotion Interface device with running capability. Appl Sci. 2021;11:4223. https://doi.org/10.3390/app11094223.
83. Soni S, Lamontagne A. Characterization of speed adaptation while walking on an omnidirectional treadmill. J NeuroEngineering Rehabil. 2020;17:153. https://doi.org/10.1186/s12984-020-00787-y.
84. Han S-H, Jang HJ, Lee JW, Cheong JW, Kim YD, Nam HS, Kim DY. The effect of virtual reality-based treadmill gait training on functional mobility and balance in chronic stroke patients: a randomized controlled trial. Front Neurol. 2025;16:1603233. https://doi.org/10.3389/fneur.2025.1603233.
85. Reinhardt J, Lewandowski E, Wolf K. Build your own!: open-source VR shoes for Unity3D. In: Proceedings of the 10th augmented human international conference 2019. Reims: ACM; 2019. S. 1–2. https://doi.org/10.1145/3311823.3311852.
86. Elvitigala DS, Huber J, Nanayakkara S. Augmented foot: a comprehensive survey of augmented foot interfaces. In: Augmented humans conference 2021. Rovaniemi: ACM; 2021. S. 228–39. https://doi.org/10.1145/3458709.3458958.

87. Stewart D. A platform with six degrees of freedom. Proc Inst Mech Eng. 1965;180:371–86. https://doi.org/10.1243/PIME_PROC_1965_180_029_02.
88. Merleau-Ponty M. Phänomenologie der Wahrnehmung. Berlin: Walter de Gruyter & Co.; 1966.
89. Wertheimer M. Untersuchungen zur Lehre von der Gestalt. II Psychol Forsch. 1923;4:301–50. https://doi.org/10.1007/BF00410640.
90. Wertheimer M. Über Gestalttheorie. Vortrag vor der KANT-Gesellschaft, Berlin, am 17. Dezember 1924. Philosophische Zeitschrift für Forschung Aussprache. 1925;1:39–60.
91. Grunwald M, Müller S. Körperschema und Körperbild. In: Senf W, Broda M, Voos D, Neher M, Herausgeber. Praxis der Psychotherapie: Ein integratives Lehrbuch. Stuttgart: Georg Thieme; 2020. S. 84–94. https://doi.org/10.1055/b-006-163306.
92. Camarillo DB, Krummel TM, Salisbury JK. Robotic technology in surgery: past, present, and future. Am J Surg. 2004;188:2–15. https://doi.org/10.1016/j.amjsurg.2004.08.025.
93. Asimov I. Ich, der Roboter: Erzählungen. München: Wilhelm Heyne; 2016.
94. Taha MME, Abdelwahab SI, Sahli KA, Assiri A, Farasani A, Qadri M, Alarifi A, Khardali A, Khamjan NA, Moshi JM, Alsaadi KH, Alshahrani S, Shubaily HM. From telepresence to intelligent convergence: mapping the global research landscape of remote robotic surgery (1980–2025). J Robotic Surg. 2025;19:753. https://doi.org/10.1007/s11701-025-02934-w.
95. Heuring JJ, Murray DW. Visual head tracking and slaving for visual telepresence. In: Proceedings of IEEE international conference on robotics and automation. Minneapolis, MN: IEEE; 1996. S. 2908–14. https://doi.org/10.1109/ROBOT.1996.509154.
96. Shakespeare W. Hamlet, Prinz von Dänemark. In: Shakespeare's dramatische Werke. Berlin: G. Grote'sche Verlagsbuchhandlung; 1877. S. 91–254.
97. Sharkey M, Murray DW, McLauchlan PF, Brooker JP. Hardware development of the Yorick series of active vision systems. Microprocess Microsyst. 1998;21:363–75. https://doi.org/10.1016/S0141-9331(98)00051-9.
98. Dugan AH, Sadykov R, Roozbahani D, Alizadeh M, Handroos H. Immersive telepresence via a humanoid robotic head using a VR-headset with real-time stereoscopic vision and binaural audio. J Intell Robot Syst. 2025;111:55. https://doi.org/10.1007/s10846-025-02254-z.
99. Rae I, Mutlu B, Takayama L. Bodies in motion: mobility, presence, and task awareness in telepresence. In: Proceedings of the SIGCHI conference on human factors in computing systems. Toronto, On: ACM; 2014. S. 2153–62. https://doi.org/10.1145/2556288.2557047.
100. Slater M. Inducing illusory ownership of a virtual body. Front Neurosci. 2009;3:214–20. https://doi.org/10.3389/neuro.01.029.2009.
101. Gautier T. Avatar. Berlin: Matthes Seitz; 2011.
102. Petkova VI, Ehrsson HH. If I were you: perceptual illusion of body swapping. PLoS One. 2008;3:e3832. https://doi.org/10.1371/journal.pone.0003832.
103. Slater M, Spanlang B, Sanchez-Vives MV, Blanke O. First person experience of body transfer in virtual reality. PLoS One. 2010;5:e10564. https://doi.org/10.1371/journal.pone.0010564.
104. Maister L, Slater M, Sanchez-Vives MV, Tsakiris M. Changing bodies changes minds: owning another body affects social cognition. Trends Cogn Sci. 2015;19:6–12. https://doi.org/10.1016/j.tics.2014.11.001.
105. Tsakiris M. My body in the brain: a neurocognitive model of body-ownership. Neuropsychologia. 2010;48:703–12. https://doi.org/10.1016/j.neuropsychologia.2009.09.034.
106. Kilteni K, Normand J-M, Sanchez-Vives MV, Slater M. Extending body space in immersive virtual reality: a very long arm illusion. PLoS One. 2012;7:e40867. https://doi.org/10.1371/journal.pone.0040867.
107. Blanke O, Metzinger T. Full-body illusions and minimal phenomenal selfhood. Trends Cogn Sci. 2009;13:7–13. https://doi.org/10.1016/j.tics.2008.10.003.

108. Meintel AJ Jr, Larsen RL. Nasa research in teleoperation and robotics. In: Presented at the 26th annual technical symposium, San Diego May 23. 1983. https://doi.org/10.1117/12.934080.
109. Braman HR, Herausgeber. Human factors of remote handling in advanced systems. Symposium. Behavioral sciences laboratory, aerospace medical laboratory, aeronautical systems division, air force systems command. Ohio: United States Air Force, Wright-Patterson Air Force Base; 1961.
110. Minsky M. Telepresence. Omni. 1980;2(9): 44–53.
111. Biocca F. The cyborg's dilemma: embodiment in virtual environments. In: Proceedings second international conference on cognitive technology humanizing the information age. Aizu-Wakamatsu City: IEEE Computer Society; 1997. S. 12–26. https://doi.org/10.1109/CT.1997.617676.

Avatare und Phantome

5

Die Inkarnation der Abwesenden

Inhaltsverzeichnis

Mit dem Auftritt der Avatare verschiebt sich der Fokus von der Struktur der künstlichen Realität auf ihre personelle Verdichtung. Es rückt nun die Frage in den Vordergrund, ob und wie der Abwesende als Phantom eine anwesende Gestalt annehmen kann. Virtuelle Welten sind nicht nur Räume, sie werden zu den Trägern der Stellvertretung für Körper, Handlung und Identität. In der Figur des Avatars manifestiert sich die Vertretung als mediale Inkarnation, als handelnde Präsenz eines Anderen, der physisch nicht anwesend ist. Diese Inkarnation wird anhand ihrer kulturellen Herkunft untersucht, auf ihre visuelle Realisierbarkeit geprüft und in ihrer kognitiven Eigenständigkeit antizipiert. Der Avatar emanzipiert sich und wird vom Phantom zum Ereignis.

© Der/die Autor(en), exklusiv lizenziert an Springer Fachmedien Wiesbaden GmbH, ein Teil von Springer Nature 2026
A. Grasnick, *Praxis der Teleportation*, https://doi.org/10.1007/978-3-658-48558-0_5

5.1 Mediale Repräsentationen

Das Wesen des Avatars

Für eine virtuelle Verkörperung eines realen Menschen wird häufig die Bezeichnung „Avatar“ verwendet. In der hinduistischen Religion ist der oder die Avatara[1] jedoch nicht nur die einfache Inkarnation[2] eines realen Menschen, sondern die der göttlichen Manifestation. Eine Manifestation des Göttlichen repräsentiert jeweils einen der drei Aspekte der hinduistischen Trinität (Trimurti). Vishnu steht für das Bewahrende, Shiva für das Zerstörerische und Brahma für das Schöpferische. Üblicherweise ist es Vishnu, der mit dem Konzept der avatarischen Inkarnation assoziiert wird. Die Idee der Avatare taucht schon im „Mahabharata[3]“ auf, einem der wichtigsten hinduistischen Sanskrit-Texte des antiken Indiens, welches dem mythischen Autor Vyasa[4] zugesprochen wird. Hier erscheint Vishnu als Narayana[5] und erzählt, dass er in Form verschiedener Tiere und Menschen auftreten kann (nach [5], S. 775):

> „Ich erscheine in der Gestalt eines Schwans, einer Schildkröte, eines Fisches, …, dann zeige ich mich als Eber, dann als Mensch-Löwe, dann als Zwerg, dann als Rama aus der Rasse von Bhrigu, dann als Rama, dem Sohn von Daca-ratha, dann als Krishna, dem Spross der Sattwata-Rasse, und schließlich als Kalki.“

Der Ursprung des Mahabharata wird in vedischer Zeit vermutet, die von ca. 1500 v. Chr. bis 600 v. Chr. andauerte. Die Niederschriften entstanden deutlich später, wohl zwischen 400 v. Chr.–400 n. Chr. In nachvedischer Zeit (bis etwa 1000 n. Chr.) entstanden die heiligen hinduistischen Geschichten, die „Puranas[6]“. In den über Jahrhunderte entstandenen Texten sind unterschiedliche Formen und Anzahlen von Avataren erhalten.[7] Vishnu tritt scheinbar vorzugsweise in Form von zehn verschiedenen Avataren (Dashavatara[8]) auf, von denen Buddha und Krishna sicherlich die bekanntesten sind (vgl. hierzu

---

[1] Sanskrit avatara = Herabkunft, Herabstieg.

[2] Aus lat. incarnatio = Fleisch- oder Menschwerdung.

[3] Sanskrit. Mahabharata = Große Geschichte der Bharatas; gewaltiges indisches Epos (in der engl. Übersetzung 22 Bände, s. [1]). Als einbändige Kurzform in engl. [2] u. dt. [3] verfügbar, als dt. Übersetzung u. engl. Übersetzungen des 19. Jhdt. online frei verfügbar [4].

[4] Auch Krishna Dvaipayana, mythischer Weiser, dem neben dem Mahabharata auch die Puranas und das Brahma-Sutra zugeschrieben werden – was eine Lebensspanne von ca. 500 v. Chr.–1000 n. Chr. bedeuten würde. Insofern ist hier nicht eine reale Person gemeint, sondern eine jeweils mit göttlichem, spirituellem Auftrag ausgestattet Inkarnation – also ein Avatar.

[5] Sanskrit. aus nara = Wasser + ayana = Heimstätte, aus dem Wasser kommend, der Ewige.

[6] Sanskrit. purana = alte Geschichte, damit sind vordergründig Schriften aus dem 4.–10. Jhdt. n. Chr. gemeint, die häufig viel ältere Geschichten erzählen.

[7] Bhagyalipi Malla kennt Listen mit 4, 6, 10, 25 und 39 Avataren.

[8] Aus sanskrit. dasa = 10 + avatara.

auch [6, 7]). Von den vielen unterschiedlichen Aufzählungen der Avatare in den verschiedenen Puranas ist die aus der Purana Garuda vielleicht dic verbreitetste (aus [8], S. 265):

> „Gott Vishnu nahm die Inkarnationen von Matsya (Fisch), Kurma (Schildkröte), Varaha (Eber), Nrhari (Mensch-Löwe), Vamana (Zwerg), dem mächtigen Parasurama, dem Sohn von Dasaratha, Krishna, Buddha und Kalki an, um Dämonen und Unholde zu vernichten."

Im „Gesang des Erhabenen"[9] offenbart der Avatar Krishna dem Arjuna[10] seine (Vishnus) Möglichkeiten, sich nach Belieben selbst zu erschaffen (aus [9], Vers 6, S. 96):

> „Obgleich ich ungeboren bin,
> weil mein Selbst unzerstörbar ist,
> obwohl ich der Herr der Wesen bin,
> verfüge ich doch über meine eigene Natur
> und entstehe so durch meine Schöpfermacht stets neu."

Dabei erschafft Vishnu mit seiner Schöpfermacht[11] durchaus realistische Illusionen, ja ganze Lebensgeschichten. Das ist besonders schön in zwei Episoden dargestellt,[12] die Vishnu dem heiligen Seher Narada, Sohn der Gedanken des Gottes Brahma, widerfahren ließ. Jede der Geschichten dauerte ein ganzes Leben und endete mit Tod und Verderben. Am Ende verflüchtigte sich die Illusion und das Ganze hatte real nur einen Augenblick gedauert. Wie es dort scheint, ist das gesamte Lebensalter nur eine kurze Illusion, die Vishnu nach seinem Belieben erschaffen hat.

Nach dieser mythologischen Setzung sollte deutlich geworden sein, dass ein Avatar weder als bloßes Abbild noch als erzählerische Rolle verstanden werden kann. Ein Abbild verweist auf etwas Abwesendes, bleibt aber selbst passiv und erschöpft sich in seiner Zeichenfunktion (Peirce [11]).[13] Eine Rolle entsteht nur innerhalb eines sozialen Deutungsrahmens, der die Situation organisiert und damit die möglichen Handlungen strukturiert (Goffman [12]).[14] Der Avatar hingegen wirkt als mediale Vermittlungsinstanz, über die

---

[9] Bhagavad Gita [9] (aus sanskrit. bhagavan = Gott + gita = Lied), Teil des monumentalen Mahabharata.

[10] Einem Helden göttlicher und königlicher Abstammung (Sohn des Himmelsgottes Indra und der Königin Kunti).

[11] Die Schöpfermacht ist im Sanskrit „Maya", in der Bedeutung von Illusion, Verhüllung, Täuschung und Zauberei.

[12] In „The Waters of Existence" im Kapitel „The Mythology of Vishnu" aus [10].

[13] Der amerikanische Logiker und Philosoph Charles Sanders Peirce (1839–1914) definiert in den „Elements of Logic" das Icon als Zeichen, das ausschließlich durch eigene Eigenschaften auf ein Objekt verweist, unabhängig von dessen Existenz, und dem keine operative Wirksamkeit zukommt (s. [11], S. 143).

[14] Erving Goffman (1922–1982), amerikanischer Soziologe, meint in seiner „Frame Analysis" mit „Frame" keinen erzählerischen Rahmen im literarischen Sinn, sondern grundlegende Prinzipien der Organisation von Erfahrung, durch die Situationen als sinnvolle Ereigniszusammenhänge verstanden werden (s. [12], S. 10–11).

Handlungen delegiert werden. Er ist die entfernte Repräsentation von Handlungen, deren Ausführung medial vermittelt und sozial zugerechnet wird. In ihm verbinden sich Wahrnehmung und Wirkung zu einer operativen Einheit, ohne dass diese an eine physische Präsenz gebunden sein müssen (Latour [13]).[15]

Der Abwesende, den der Avatar verkörpert, ist dabei keine eindeutig definierte Person. Der vertretene Andere kann räumlich fern, zeitlich versetzt oder sogar vollständig entkoppelt sein. Der Avatar tritt nicht an die Stelle eines Körpers, er vertritt die Möglichkeit zu handeln, angesprochen zu werden und darauf zu reagieren. Diese Stellvertretung ist sogar unabhängig davon, ob der Abwesende aufmerksam ist, jemals anwesend war oder überhaupt existiert. Entscheidend ist allein, dass Handlungen über den Avatar zugeschrieben werden können.

Damit verschiebt sich der Charakter der Illusion von der Täuschung auf die Zuschreibung. Niemand muss glauben, dass der Avatar identisch mit dem Anderen ist. Es genügt, dass ihm dessen situative Eigenschaften zugeschrieben werden können. Der Avatar wird so zu einem sozialen Phantom, das allein durch scheinbare Stellvertretung akzeptiert wird. In dieser Zuschreibung liegt seine eigentliche Realität.

Mit der Überführung des Avatarkonzepts in technische Systeme verschiebt sich auch der Status der Stellvertretung. Was zuvor als Zeichenrelation, als situative Rollenbindung oder als delegierte Handlung theoretisch gefasst wurde, wird nun technisch implementiert. Der Avatar erscheint nicht mehr als bloße Zuschreibung oder symbolische Figur, er wird zur maschinellen Vermittlungsinstanz, über den Handlung und Wahrnehmung zusammengeführt werden. Der Computer fungiert als Werkzeug zur Realisierung dieser Kopplung.

Die Ankunft des Avatars im Computerzeitalter erfolgte keineswegs plötzlich und unerwartet. Erste Verwendungen des Begriffs in diesem Zusammenhang finden sich bereits Ende der 1970er-Jahre in netzwerkbasierten Mehrnutzerumgebungen, etwa im PLATO-System,[16] wo der Avatar als handlungstragende Repräsentation die Anweisungen eines Nutzers innerhalb einer gemeinsamen Umgebung ausführte [14]. Eine gewichtige Verschiebung vollzieht sich mit „Ultima IV: Quest of the Avatar“ [15]. Der Avatar emanzipiert sich von der Spielfigur zur moralisch verantwortlichen Instanz. Entscheidungen führen zu Konsequenzen und werden dem Avatar zugerechnet. Der Spieler ist zwar noch der Urheber der Aktionen des Avatars, im Spiel agiert der Avatar aber vermeintlich selbstständig, ohne dass dessen Fremdbestimmung offensichtlich wird. Mit „Snow Crash“ [16] wird der Avatar aus dem spielerischen Kontext herausgelöst und als allgemeine soziale Präsenz in einer virtuellen Dystopie etabliert. Der Avatar ist hier eine dauerhaft adressierbare Erscheinungsform, über die Status und Zugehörigkeit vermittelt werden.

[15] Bruno Latour (1947–2022), französischer Philosoph beschreibt in „Reassembling the Social“ Handlung als verschieb- und delegierbar und nicht an personale Subjekte gebunden (s. z. B. [13], S. 71–72).

[16] Gemeint ist hier PLATO (Programmed Logic for Automatic Teaching Operations), ein frühes Computernetzwerk der Universität Illinois.

In allen diesen frühen Ausprägungen ist der Avatar weder das bloße Darstellungsobjekt noch ein eigenständiges Subjekt. Er dient vielmehr als eine technische Funktionseinheit, über die Handlung, Interaktion und soziale Zuschreibung vermittelt werden. In diesem Sinn lässt sich der computerbasierte Avatar wieder als Werkzeug verstehen, der über seine Aufgabe als instrumentelles Bedienelement auch als Handlungsbevollmächtigter unter den Bedingungen der Abwesenheit dient. Der Avatar erlaubt es, Wahrnehmung, Entscheidung und Wirkung aus der unmittelbaren körperlichen Präsenz zu lösen und in einer medialen Instanz zu bündeln.

Der Avatar erschöpft sich jedoch nicht in dieser funktionalen Bevollmächtigung. Sobald über ihn kommuniziert oder reagiert wird, tritt er als soziales Wesen in Erscheinung. Der Avatar kann angesprochen, beobachtet und in Interaktionen einbezogen werden, gleichgültig ob der vertretene Andere anwesend ist (oder existiert). Aus dem Werkzeug der Delegation wird so ein sozial wirksamer Bezugspunkt. Verantwortung, Absicht und Erwartung haften nicht mehr unmittelbar an der Person des Nutzers, sondern an der vermittelnden Instanz selbst.

Diese soziale Wirksamkeit setzt keine „Figur" voraus. Im Metaverse muss der Avatar kein echter Charakterdarsteller sein. Er ist zuallererst ein aus Daten und Protokollen generiertes Konstrukt, seine Sichtbarkeit entsteht erst durch Rendering in einem konkreten Intraverse[17] [17]. Ein Avatar lässt sich daher präziser als Kopplung von Interface-Element und fiktionaler Instanz bestimmen, die im jeweiligen Intraverse technisch festgelegt wird.

Soll das Wesen des Avatars bestimmt werden, kann dies nicht über innere Eigenschaften oder psychologische Merkmale erfolgen. Es lässt sich vielmehr über vier strukturelle Klassen fassen – Manifestation, Sensorik, Aktorik und Identität – in deren Zusammenspiel Erscheinung, Handlung und Zuschreibung organisiert werden. Diese Klassen beschreiben keine Typen oder Rollen, sondern kontinuierliche Ausprägungen. Jeder konkrete Avatar lässt sich daher als Punkt in einem mehrdimensionalen Klassenraum auffassen, dessen Koordinaten angeben, in welchem Maß Manifestation, Sensorik und Aktorik ausgeprägt sind, während Identität als Stabilitätsparameter wirkt. In Abb. 5.1 ist der avatarische Klassenraum als additiver Farbraum dargestellt. Manifestation (B) -hier als unbeschriftete vertikale Achse dargestellt-, Sensorik (G) und Aktorik (R) bilden kontinuierliche Dimensionen, deren Kombination einen konkreten Avatar als Datenpunkt beschreibt; Identität wirkt als Stabilitätsparameter (α). Die Darstellung verortet unterschiedliche avatarische Konfigurationen, ohne Typen oder Rollen zu definieren.

Die dargestellten Datenpunkte stehen exemplarisch für unterschiedliche Konfigurationen avatarischer Systeme. In Konstellationen, in denen Wahrnehmung und Handlung eng gekoppelt sind, treten hohe sensorische und aktorische Ausprägungen hervor, während die visuelle Erscheinung funktional in den Hintergrund rückt. Andere Ausprägungen verschieben den Schwerpunkt auf eine ausgeprägte körperliche oder soziale Manifestation, bei der Sichtbarkeit und Präsenz für Interaktion und Akzeptanz entscheidend sind, ohne

[17] Intraverse bezeichnet in Analogie zum Intranet eine abgeschlossene virtuelle Umgebung mit eigener technischer Infrastruktur und eigenen Regeln. Der Begriff grenzt sich vom offenen, abstrakten Metaverse ab und verweist auf eine jeweils spezifische Systeminstanz.

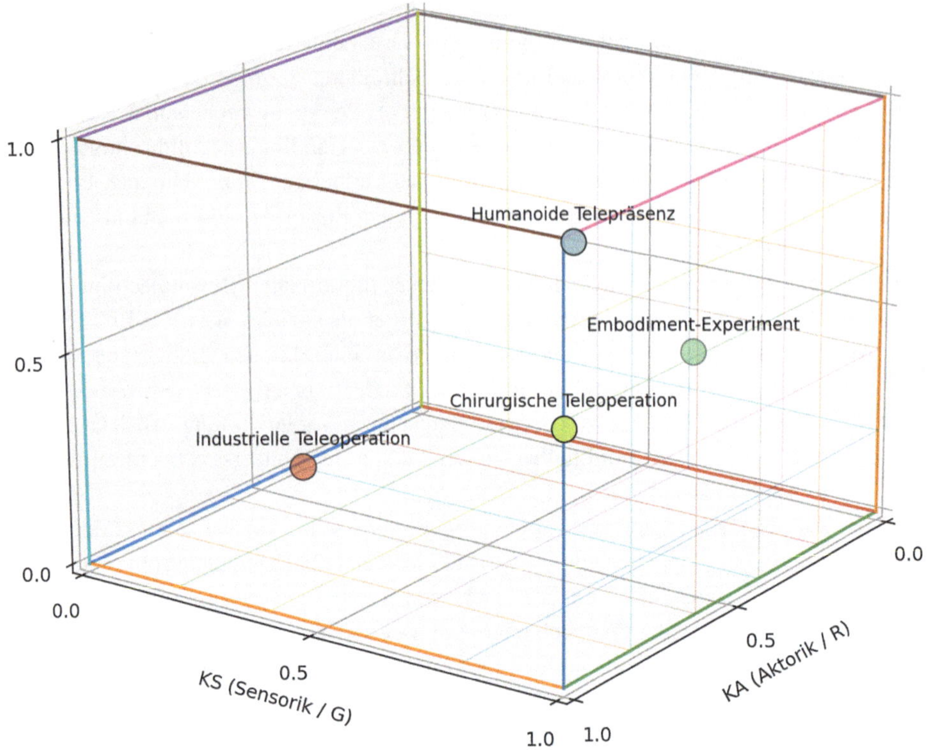

Abb. 5.1 Avatarischer Klassenraum mit Beispielen, Grasnick (2025)

dass daraus eine entsprechend hohe Handlungsautonomie folgt. Experimentelle Konfigurationen betonen häufig die sensorische Dimension, insbesondere im Hinblick auf Körper- und Selbstwahrnehmung, während Aktorik und Identität bewusst geringgehalten werden. Hier wird der Avatar weniger als Träger von Verantwortung denn als Mittel zur Untersuchung von Zuschreibungsprozessen eingesetzt. Demgegenüber stehen Konfigurationen, in denen der Avatar primär als Handlungsbevollmächtigter fungiert. In solchen Fällen ist die Aktorik dominant, während Sensorik selektiv und Manifestation minimal ausgeprägt bleibt. Die Identität ist hier nicht sozial aufgeladen, sondern funktional ausreichend, um Handlung eindeutig zuzuordnen.

Das Wesen des Avatars erschließt sich nicht über innere Eigenschaften oder psychologische Zuschreibungen. Es lässt sich nur über die strukturelle Organisation von Erscheinung, Wahrnehmung, Handlung und Zuschreibung bestimmen. Manifestation, Sensorik, Aktorik und Identität sind diejenigen Dimensionen, entlang derer avatarische Systeme konfiguriert werden. Verkörperung bezeichnet in diesem Zusammenhang eine Form medialer Wirksamkeit, die auch bei Abwesenheit handlungsfähig bleibt. Präsenz entsteht aus der Kopplung dieser Dimensionen und nicht aus der Nachbildung eines Körpers oder der Annahme eines inneren Charakters.

5.2 Visuelle Darstellung

Die visuelle Erscheinung bildet üblicherweise den ersten Zugang zum Avatar und seine Wahrnehmbarkeit ist Grundlage jeder Aktion. Die Wahrnehmbarkeit des Avatars ist die Voraussetzung dafür, dass ihm Handlungen zugewiesen und zugeschrieben werden können. Sichtbarkeit übernimmt damit eine funktionale Rolle, indem sie Präsenz erkennbar macht. Die visuelle Darstellung beeinflusst die Wirkung des Avatars, ob beabsichtigt oder nicht.

Morphologie der Avatare

Avatare können in sehr unterschiedlichen Gestalten auftreten. Ihre äußere Form ist ein sorgfältig und absichtlich gewählter Beschreibungsparameter, der die Erscheinung in Einklang mit Absicht und Aufgabe bringt. Die Morphologie eines Avatars bezeichnet die visuelle Gestalt und ermöglicht eine systematische Einordnung unabhängig vom jeweiligen Intraverse oder Anbieter.

Morphologisch lässt sich zwischen belebten und unbelebten Gestaltanteilen unterscheiden (vgl. [17]). Belebte Gestalten setzen sich aus anthropomorphen, zoomorphen oder phytomorphen Merkmalen zusammen, unbelebte Gestalten aus physiomorphen oder technomorphen Anteilen, also aus Formen, die sich an menschlichen, tierischen, pflanzlichen oder technisch-funktionalen Vorbildern orientieren. Diese Anteile schließen sich nicht gegenseitig aus und können innerhalb eines Avatars in variabler Kombination und Gewichtung zusammenwirken (s. Abb. 5.2).

Die Gestalt eines Avatars lässt sich als gewichtete Zusammensetzung biotischer und abiotischer Merkmale beschreiben und damit formal vergleichen, ohne funktionale Beschreibungen heranzuziehen. Die einzelnen morphologischen Klassen werden dabei als Basismerkmale m_i aufgefasst, deren jeweilige Ausprägung durch Gewichtungsfaktoren b_i

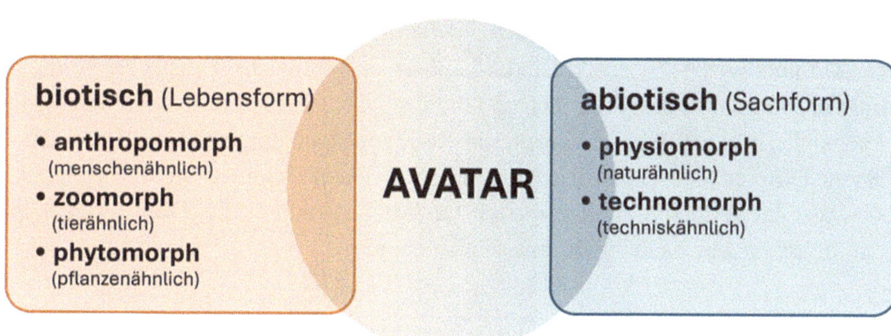

Abb. 5.2 Morphologische Klassifikation avatarischer Gestaltanteile, Grasnick (2025)

bestimmt ist. Die avatarische Gestalt A ergibt sich somit als gewichtete Summe dieser Merkmale:

$$A = \sum_i b_i \cdot m_i$$

Die Gewichtungsfaktoren b_i sind hier nicht als feste Eigenschaften zu verstehen, sondern als kontextabhängige Parameter. Sie beschreiben die relative Ausprägung der jeweiligen morphologischen Merkmale innerhalb eines konkreten Avatars. Ihre Gesamtheit bildet ein normiertes Maß, das die vollständige Verteilung der avatarischen Gestalt auf die definierten Merkmalsklassen abbildet ($\sum_i b_i \cdot m_i = 1$).

Morphologische Referenzbilder und Mittelgesichter

Mit dem Übergang von nutzergesteuerten zu KI-generierten Avataren lassen sich morphologische Verzerrungen systematisch beobachten. Bei generischen Eingaben ohne genaue Vorgaben entstehen Avatare, deren Gestalt deutlich verdichtete Merkmalskonfigurationen aufweist. Diese betreffen insbesondere geschlechtsspezifische Ausprägungen einzelner morphologischer Merkmale, etwa in Bezug auf Gesichtsproportionen, Symmetrie oder die relative Betonung bestimmter Strukturelemente.

Diese Verzerrungen lassen sich auch visuell nachvollziehen. Für die folgenden Abbildungen wurden jeweils etwa fünfzig KI-generierte Avatarbilder mit identischen, unspezifizierten Personenprompts erzeugt.[18] Aus diesen Bildmengen wurden die Gesichtslandmarken extrahiert[19] und über alle Instanzen gemittelt. Die resultierenden mittleren Landmark-Konfigurationen dienen als morphologische Referenzdarstellungen, von denen individuelle Avatare vergleichend abweichen können. Die aus den jeweiligen Bildsets gemittelten Landmark-Konfigurationen ergeben zwei Referenzgesichter, die als morphologische Baselines dienen (vgl. Abb. 5.3). Die Abbildung zeigt die aus den durchschnittlichen Gesichtslandmarken rekonstruierten, mittleren Repräsentationen der beiden Gruppen.

Die hier beobachteten Verzerrungen betreffen nicht die Klassenzugehörigkeit, sondern die relative Gewichtung morphologischer Merkmale innerhalb derselben Gestaltkategorien. Morphologische Stereotypisierung äußert sich damit als statistische Verdichtung bestimmter Merkmalskonfigurationen und nicht als Ausbildung neuer Gestaltklassen. Die Abweichung einzelner Avatare von diesen Referenzdarstellungen lässt sich anhand der Landmark-Differenzen sichtbar machen (Abb. 5.4). Die Abbildung zeigt einen exemplarischen Avatar im Vergleich zur gemittelten Landmark-Konfiguration, um das Prinzip der morphologischen Abweichung zu veranschaulichen.

[18] Verwendet wurde dafür Midjourney.

[19] Mit Mediapipe [18].

Abb. 5.3 Morphologische Mittelgesichter getrennt nach Prompt-Gruppen (links „woman", rechts „man"), Grasnick (2025)

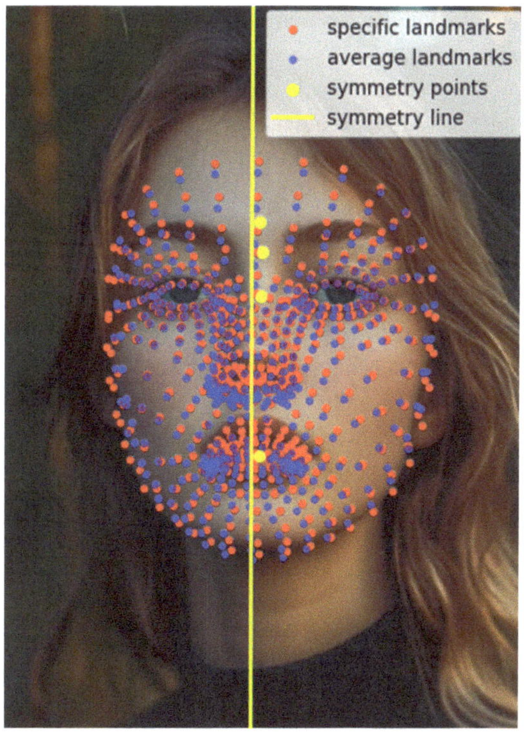

Abb. 5.4 Exemplarischer KI-generierter Avatar mit überlagerten, individuellen und gemittelten Gesichtslandmarken, Grasnick (2025)

Gestaltungsdimensionen von Avataren

Während die morphologische Analyse strukturelle Unterschiede sichtbar macht, bestimmt die Gestaltung, welche dieser Merkmale in der Darstellung hervorgehoben oder zurückgenommen werden. Die Gestaltung von Avataren folgt dabei selten neutralen Kriterien. Sie ist an Zielannahmen gebunden, die festlegen, welche Eigenschaften betont, reduziert oder bewusst vermieden werden. Solche Zielannahmen lassen sich als Gestaltungsleitlinien formulieren, die zwischen formaler Morphologie und konkreter Darstellung vermitteln (vgl. [19]). Leitlinien lassen sich zu Dimensionen bündeln, entlang derer die avatarischen Erscheinungen systematisch entworfen und variiert werden können. Diese Dimensionen betreffen weniger einzelne Darstellungsdetails als die grundlegende Organisation von Sichtbarkeit, Betonung und Präsenz. Die hier skizzierten Gestaltungsdimensionen sind nicht auf eine bestimmte Avatarform oder Nutzungssituation beschränkt. Sie beschreiben allgemeine Parameter der visuellen Gestaltung, die für unterschiedliche Avatar-Typen relevant sind – von humanoiden Repräsentationen über funktionale Assistenzavatare bis hin zu rein instrumentellen oder symbolischen Erscheinungsformen. Konkrete Ausprägungen ergeben sich jeweils aus dem Anwendungskontext, nicht aus der Dimension selbst.

Die visuelle Erscheinung von Avataren kann den Scans realer Personen entsprechen oder das Ergebnis einer Katalogauswahl sein, häufig entsteht sie jedoch durch Gestaltung innerhalb eines systemisch definierten Möglichkeitsraums. Dieser Möglichkeitsraum legt regelbasiert fest, welche Erscheinungsformen technisch realisierbar und im System darstellbar sind. Gestaltung greift innerhalb dieses Rahmens modulierend und kombinierend ein, indem sie morphologische Merkmale definiert, gewichtet und sichtbar macht. Der für Avatare relevante Gestaltungsraum lässt sich als ein spezieller Ausschnitt des XR-Möglichkeitsraums Ω_{XR} fassen. Ω_{XR} bezeichnet die Gesamtheit aller Avatare, die innerhalb eines gegebenen Systems technisch erzeugt, kombiniert und dargestellt werden können. Er ist kein abstrakter Ideenhorizont, sondern ein durch Hard- und Software, Datenmodelle, Renderingverfahren und Interaktionslogiken regelbasiert begrenzter Raum möglicher Ausprägungen. Innerhalb von Ω_{XR} nimmt der Avatar eine besondere Stellung ein, da er im Gegensatz zur statischen Szene als dynamische Erscheinung konfiguriert wird. Gestaltung operiert innerhalb des avatarischen Möglichkeitsraums als modulierender Eingriff. Sie bestimmt, welche der vorhandenen Möglichkeiten aktiviert, kombiniert oder zurückgenommen werden.

Die Abbildung zeigt den Zusammenhang zwischen einem primären Phantomfeld F_1, dessen Transformation $t(F_1, T)$ und dem daraus entstehenden sekundären Phantomfeld F_2. F_1 bezeichnet den technisch erfassten Ausgangszustand, F_2 die transformierte Systemrealität, die zur Darstellung und Interaktion gelangt. Der Bereich Ω_{XR} markiert den durch das XR-System definierten Möglichkeitsraum, innerhalb dessen alle darstellbaren Systemzustände liegen (Abb. 5.5).

Die konkrete Erscheinung eines Avatars lässt sich daher als eine spezifische Konfiguration innerhalb von Ω_{XR} verstehen. Unterschiedliche Gestaltungsparameter greifen gleich-

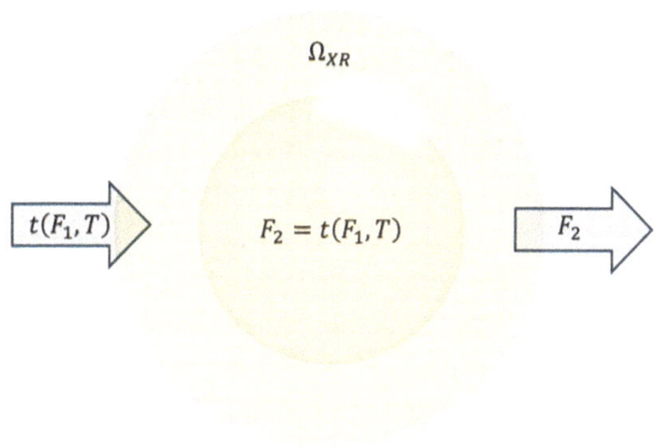

Abb. 5.5 Darstellung des XR-Möglichkeitsraums, Grasnick (2025)

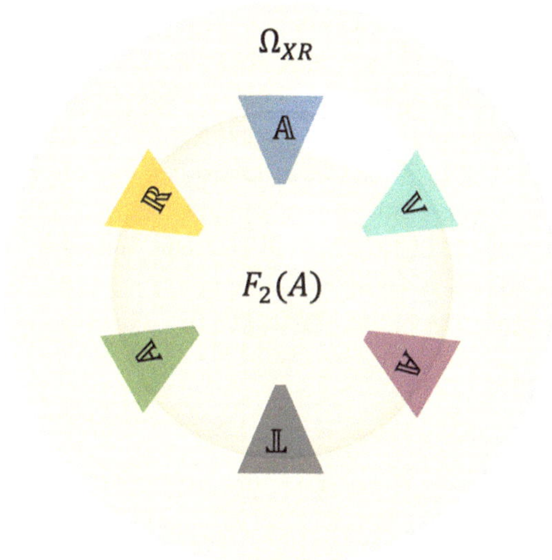

Abb. 5.6 AVATAR-Gestaltungsfilter, Grasnick (2025)

zeitig und fortlaufend auf die verfügbare Merkmalsmenge zu und beeinflussen deren Sichtbarkeit, Gewichtung und Aktion. Die visuelle Erscheinung eines Avatars entsteht somit aus dem Zusammenwirken mehrerer parallel wirkender Modulationsinstanzen. Diese Instanzen lassen sich als Gestaltungsfilter fassen, die die Teile des Möglichkeitsraums sichtbar machen. Diese Gestaltungsfilter wirken nicht sequenziell, sondern parallel und greifen auf denselben Möglichkeitsraum zu. Sie beschränken, verstärken oder priorisieren bestimmte Ausprägungen, ohne den Raum selbst zu erzeugen. Die Abb. 5.6 fasst dieses Zusammenspiel schematisch zusammen und zeigt den Avatar als Teilmenge des sekundären Phantomfeldes, dessen konkrete Erscheinung durch mehrere gleichzeitig wirksame Filter innerhalb des XR-Möglichkeitsraums parametrisiert wird.

In der Darstellung wird der avatarische Anteil des sekundären Phantomfeldes als $F_2(A)$ bezeichnet. Die umgebenden Gestaltungsfilter wirken als Instanzen, die jeweils bestimmte Ausprägungen aus dem XR-Möglichkeitsraum Ω_{XR} selektiv in die Erscheinung des Avatars überführen. Die einzelnen Gestaltungsfilter adressieren unterschiedliche Aspekte des Avatars. Der Filter **Aim** legt die Zielrichtung der Darstellung fest und bestimmt, welche Funktionen der Avatar primär erfüllen soll. **Visualize** steuert die visuelle Hervorhebung und regelt, wie Aufmerksamkeit gelenkt und Informationen dargestellt werden. **Aesthetics** beeinflusst den Grad von Realismus oder Stilisierung und damit die ästhetische Wirkung des Avatars. **Tone** wirkt auf die auditive und expressive Dimension und strukturiert die Wahrnehmung über Stimme, Tempo und Prosodie. **Anti-Bias** greift korrigierend ein, indem stereotype oder verzerrende Ausprägungen reduziert oder vermieden werden. **Rhythm** schließlich moduliert die zeitliche Präsenz des Avatars und bestimmt, wann und wie stark er im Wahrnehmungsfeld in Erscheinung tritt. Die nachfolgende Darstellung in Abb. 5.7 zeigt diese Gestaltungslogik. Die jeweils durch ein Stichwort repräsentierten Filter bestimmen die Erscheinung eines Avatars innerhalb des XR-Möglichkeitsraums Ω_{XR}. Jeder Filter adressiert eine eigenständige Wirkdimension oder definiert funktionale, wahrnehmbare oder gestalterische Aspekte des AVATARs.

Das zeigt deutlich, dass die visuelle Gestaltung von Avataren nicht als bloße Sammlung von Eigenschaften verstanden werden kann. Sie entsteht vielmehr aus der gleichzeitigen Wirkung mehrerer Gestaltungsfilter, die Merkmale und Funktionen aus dem Möglichkeitsraum selektieren und modulieren. In der Anwendung wird der Avatar je nach Kontext vorrangig als Repräsentation, Rolle, Interface, sozialer Akteur oder generiertes Artefakt beschrieben. Diese Konzepte adressieren jeweils – häufig recht spezifisch – funktionale, soziale oder narrative Aspekte, betrachten jedoch die Bedingungen der visuellen Erschei-

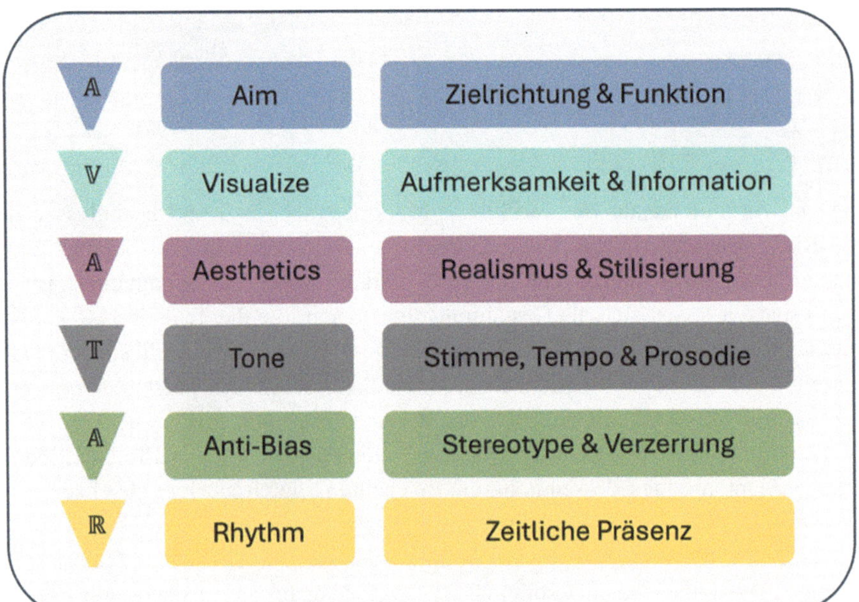

Abb. 5.7 AVATAR-Zieldefinition mit Gestaltungsfiltern, Grasnick (2025)

nung meist nur sekundär. Der hier vorgeschlagene praxisorientierte Ansatz ergänzt diese Perspektiven, indem er die Erscheinung des Avatars als parametrisierte Konfiguration innerhalb eines systemisch definierten Möglichkeitsraums fasst.

5.3 Intelligente Phantome

Wenn Avatare als parametrisierte Erscheinungen innerhalb eines durch das System definierten Möglichkeitsraums beschrieben werden, wird dabei automatisch vorausgesetzt, dass die Auswahl, Gewichtung und Aktivierung der relevanten Parameter durch externe Instanzen erfolgt. Diese Annahme ist für viele klassische Avataranwendungen weiterhin zutreffend, verliert jedoch an Gültigkeit, sobald avatarische Systeme adaptive oder lernende Komponenten integrieren.

Vom gestalteten zum selbstparametrisierenden Avatar

Mit dem Übergang zu selbstparametrisierenden Systemen verlagert sich die Verantwortlichkeit der Gestaltung. Gestaltungsfilter, die zuvor als äußere Eingriffe verstanden wurden, können nun systemseitig wirksam werden. Der Avatar ist in diesem Fall nicht mehr ausschließlich das Resultat einer festgelegten Konfiguration, sondern eine dynamische Erscheinung, deren Ausprägung sich in Abhängigkeit interner Systemzustände verändert. Diese Veränderlichkeit betrifft nicht nur einzelne Merkmale, sondern kann die gesamte Konfiguration von Erscheinung, Handlung und Zuschreibbarkeit umfassen.

In der Informatik und Robotik ist seit Langem etabliert, dass Systeme nicht nur auf externe Eingaben reagieren. Systemverhalten wird durch interne Zustände anhand regelbasierter Adaption, Zustandsautomaten oder lernende Policy-Modelle angepasst.

Bereits in der frühen Kybernetik wird die Vorstellung des dauerhaft kontrollierten Werkzeugs aufgegeben. Der Kybernetiker Wiener beschreibt Maschinen, deren Verhalten durch Rückkopplungsschleifen bestimmt wird [20]. Die prinzipielle Kopplung von Kontrolle und Kommunikation führt zu Feedbackschleifen, die ein System regelbasiert und automatisch stabilisieren. Diese Autonomie basiert nicht auf bewussten Entscheidungen, ist aber bereits der Ausdruck einer eigenständigen Selbstregulation.

An Wieners kybernetische Grundidee schließt Neumann[20] mit seiner Theorie selbstreproduzierender Automaten an. Darin beschreibt von Neumann formale Maschinen, die neben einer operativen Einheit eine Beschreibung ihrer eigenen Struktur enthalten, die vom System selbst gelesen und verarbeitet wird [21]. Interessanterweise fehlt heutigen Large Language Models (LLMs) genau diese Form von Selbsterkenntnis und Selbstbeschreibung immer noch. Diese Einschränkung ist in der Forschung mehrfach kritisiert

[20] John von Neumann (1903–1957), ungarischer Mathematiker, später in den USA einer der Wegbereiter der Computertechnik und Kybernetik.

worden. Der amerikanische Psychologe Marcus[21] weist zum Beispiel darauf hin, dass Deep-Learning-Systeme keine Weltmodelle besitzen und daher weder über ihre eigenen Kompetenzen noch über die Angemessenheit ihrer Ausgaben urteilen können [22]. Fehler entstehen nicht aus falschen Annahmen, sondern aus fehlender Kenntnis dessen, was das System überhaupt leisten oder wissen kann.

In eine ähnliche Richtung argumentiert Bender[22] in ihrer grundlegenden Kritik an Large Language Models als „stochastische Papageien" [23]. Sie zeigen, dass LLMs Texte erzeugen – ohne internes Verständnis der eigenen Aussagen. Die Modelle besitzen keine internen Ziele oder Annahmen, über einen normativen oder moralischen Rahmen verfügen sie nicht. Sie operieren ausschließlich über statistische Fortsetzungsmuster und Wahrscheinlichkeiten der Satzvervollständigung. Aus kybernetischer Sicht bleibt damit eine wichtige Ordnung der Rückkopplung aus. Während kybernetische Systeme auf Eingaben reagieren und Zustände stabilisieren können, fehlt ihnen die Fähigkeit, ihre eigene Organisationsform zum Gegenstand der Regulation zu machen. Die Kopplung von Ausführung und Selbstbeschreibung wird nicht erreicht.

Der Befund eines fehlenden Welt- oder Selbstmodells bedeutet jedoch nicht, dass heutige Systeme völlig wertfrei handeln würden. Ziele, Normen und moralische Rahmenbedingungen werden allerdings nicht intern generiert, sondern systematisch von außen eingebracht. Aktuelle LLMs verfügen über mehrere Ebenen normativer Steuerung. Verfahren wie „Reinforcement Learning from Human Feedback" (s. z. B. [24]) dient dazu, erwünschte Antwortmuster gegenüber unerwünschten statistisch zu verstärken. Zusätzlich legen globale Systemvorgaben Verhaltensrahmen fest, innerhalb derer das Modell operiert. Ergänzend dazu strukturieren vorgelagerte Steuerungsschichten sowie nachgelagerte Moderations- und Sicherheitsmechanismen die zulässigen Ausgaben. Das System folgt Regeln, ohne sie zu verstehen und optimiert Ausgaben, ohne sie angemessen nachvollziehen zu können. Normen wirken als Constraints, nicht als Gründe. Damit bleibt die normative Orientierung vollständig abhängig von externer Parametrisierung und laufender Kontrolle.

Dieser Mangel ist weniger ein zufälliges Defizit als eine bewusste architektonische Entscheidung. Die interne Struktur der LLMs basiert maßgeblich auf der statistischen Gewichtung vieler interner Zustände, die außerhalb des Betriebs nur während der Lernphase angepasst wird. Die Trennung von Modell und Training verspricht hohe Stabilität während der Ausführung, da Veränderungen am Modell selbst und daraus resultierende unvorhergesehene Änderungen vermieden werden. Der fixe Parametersatz führt aber gleichzeitig dazu, dass ein System seine eigenen Fehlerquellen, Verzerrungen oder Kompetenzgrenzen nur dann kennt, wenn diese in den Trainingsdaten vorhanden waren.

Überträgt man diese Beobachtungen auf Avatare, wird deutlich, dass auch scheinbar selbstparametrisierende Avatare keine eigene Organisations- oder Zielstruktur ausbilden. Ihre Autonomie bleibt funktional simuliert und normativ von außen gesteuert. Der Avatar

---

[21] Gary Fred Marcus (geb. 1970), amerikanischer Psychologe und Kognitionswissenschaftler, kritischer Forscher im Bereich KI.

[22] Emily M. Bender (geb. 1974), amerikanische Linguistin.

bleibt ein Phantom im technischen Sinne: eine wirksame Erscheinung ohne eigene Absichten. Er handelt, ohne zu wollen, reagiert, ohne zu verstehen und wirkt sozial, ohne Träger von Verantwortung zu sein.

Die primitivste Form avatarischer Autonomie ist kybernetischer Natur. Der Avatar reagiert einfach auf Zustände des Systems, der Umgebung oder des Nutzers, ohne diese Reaktionen selbst zu bewerten oder zu reflektieren. Konkrete Handlungen entstehen aus vordefinierten Übergangsregeln oder vorab definierten Aktionen. Autonomie bedeutet hier lediglich Unmittelbarkeit der Reaktion, nicht Eigenständigkeit der Entscheidung. Das ist die übliche Form von Avataren in Game-Engines wie „Unity" oder „Unreal".

Eine weitergehende Form zeigt sich in adaptiven Avataren, deren Verhalten durch lernende Regeln moduliert wird. Solche Systeme verändern ihre Reaktionsmuster in Abhängigkeit von Erfahrungen, Feedback oder Optimierungszielen. Die Anpassung erfolgt jedoch innerhalb eines vorgegebenen Zielraums. Virtuelle Human-Agenten wie „SimSensei" können beispielsweise Gesprächsführung und nonverbales Verhalten auf Basis von multimodalen Sensorsignalen anpassen [25].

In umfassenderen Anwendungen tritt eine dritte Form hinzu – die normativ gerahmte Autonomie. Der Avatar agiert innerhalb von Verhaltensgrenzen, die durch Regeln, Moderationsmechanismen oder Sicherheitsfilter gesetzt werden [26]. Diese Normen wirken nicht als Gründe für Handlungen, sondern als Grenzen, die bestimmte Ausgaben erlauben oder unterbinden. Der Avatar folgt diesen Regeln, ohne sie zu verstehen.

Schließlich lässt sich auch eine performative Form der Autonomie unterscheiden. Sie entsteht nicht aus inneren Zuständen des Systems, sondern aus seiner Erscheinung. Der Avatar wirkt autonom, weil seine Manifestation, Reaktion und Einbettung im Kontext der Anwendung plausibel ist [27]. Autonomie ist hier eine Zuschreibung, die aus beobachtbarem Verhalten resultiert und nicht aus innerer Organisation.

Rekonfiguration der Gestaltungsfilter

Gestaltungsfilter wurden als parallel wirksame Instanzen eingeführt, die innerhalb von Ω_{XR} den Avatar konfigurieren und modulieren. Auch bei intelligenten Phantomen beginnt der Entwurf dort, aber er verändert den Status dieser Filter. Sie sind nicht mehr nur eine Entwurfslogik vor dem Betrieb, sondern werden zu Variablen im Betrieb.

Innerhalb der Transformationsfunktion T wird zwischen rekonstruktiven, generativen sowie steuernden und kontextuellen Transformationen unterschieden. Diese Klasse greift nicht in den Inhalt ein, sie entscheidet, welche Transformationen überhaupt aktiv werden, einschließlich adaptiver oder lernender Systeme. Genau an dieser Stelle setzt die Rekonfiguration der Gestaltungsfilter an. Die Filter werden von einer ästhetischen Entscheidung zu einem steuernden Anteil der Transformationskette. Der Unterschied ist also nicht nur, dass der Avatar nun variabel wäre. Variabilität gab es schon als Parametrisierung, sie liegt in den Varianten der Voreinstellungen oder zeigt sich in kontextabhängigen Zuständen. Neu ist, dass sich die Parameterlogik selbst in einen laufenden Regelkreis verwandelt, wenn die Filter nicht mehr nur angewandt, sondern fortlaufend nachgeführt werden. Aim, Visualize, Aesthetics, Tone, Anti-Bias und Rhythm sind dann die Stellgrößen, die vom System auf Basis interner Kriterien gesetzt und miteinander ausbalanciert werden.

Diese Verschiebung ist nur dann verständlich, wenn man sie an die Darstellungsgrenzen des PHANTOMATRIX-Frameworks koppelt. Dort wird die Displayfunktion als Abbildung beschrieben, die das sekundäre Phantomfeld nur unter den Bedingungen der darstellungsseitigen Limitationen L_D erfahrbar macht. Diese Limitierungen gliedern sich in modusspezifische, räumliche, zeitliche, qualitative und datenverarbeitungsbedingte Grenzen. Rekonfiguration bedeutet jetzt, dass die Filter nicht mehr vordergründig eine gestaltende Funktion übernehmen. Gestaltungsfilter werden zu Antworten auf die Reaktion auf das durch L_D limitierte sekundäre Ereignisfeldes E_2. Gestaltung wird zum betrieblichen Feedback auf die Wahrnehmung unter Darstellungsbedingungen. Das lässt sich an drei typischen Verschiebungen zeigen.

Von Zieldefinition zu Betriebsmodus (Aim)

Wenn Aim im Betrieb nachgeführt wird, wird die Zielrichtung von einer einmaligen Festlegung, wozu der Avatar eigentlich da ist, zu einer betrieblichen Umschaltung von Zweckprofilen. Die Steuerung greift auf Aktivierungslogiken zurück. Es wird zum Beispiel festgelegt, welche Funktion Vorrang erhält, wenn die Latenz ansteigt, wenn die Interaktion zunimmt, wenn die Datenmenge steigt oder wenn der Nutzerkontext wechselt. Aim wird damit zur Schaltvariable innerhalb der steuernden Transformationen.

Von Hervorhebung zu Ressourcenverwaltung (Visualize/Rhythm)

Visualize und Rhythm verändern sich besonders deutlich, weil sie direkt mit räumlichen und zeitlichen Darstellungsgrenzen verbunden sind, Sichtfeld, Auflösung, Bildwiederholrate, Synchronisation oder Rendering werden bei interner Führung durch das System organisiert. Es organisiert nun Sichtbarkeit und Präsenz als Ressourcenverteilung. Das System entscheidet, welche Modi stabil gehalten und welche zurückgenommen werden müssen, ob sich die zeitliche Taktung verändert oder ein anderer Modus priorisiert wird. Rhythm wird dann vom dramaturgischen Takt zur technischen Präsenzregel und eine Art Sichtbarkeitsbudget unter Anzeigerestriktionen.

Von Korrektur zu Schranke (Anti-Bias)

Anti-Bias wurde als korrigierender Filter eingeführt. In selbstparametrisierenden Systemen wirkt er typischerweise als dynamischer Grenzwert, der zulässige Ausprägungen in Echtzeit beschränkt. Das entspricht exakt der Logik externer Normativität. Normen wirken als Beschränkungen, nicht als Gründe. Der Filter wird zu einer operativen Schranke, die in der Steuerungsschicht mitläuft und damit zum Teil des Systems wird, ohne selbst vom System verstanden zu werden.

Aus dieser Rekonfiguration folgt die eigentliche Verschiebung, das Design verändert sich im Betrieb. Der Avatar ist nicht mehr nur das Ergebnis eines Entwurfs, er repräsentiert auch das momentane Gleichgewicht einer Regelung. Gestaltung ist damit permanent in

Veränderung. Das System stabilisiert die Bedingungen der Erscheinung des Avatars. Damit ändert sich gleichzeitig auch die Form der Verantwortlichkeit. Sobald Filter als interne Variablen der steuernden Transformationsklasse laufen, entwickeln sich die Parameter zu Betriebszuständen. Und weil diese Zustände unter Darstellungsgrenzen operieren, wird jede Erscheinung des Avatars zu einer kompromissbehafteten Lösung des Systems nicht nur Ausdruck einer intendierten Gestaltung, sondern zum Ausdruck einer laufenden Parametrisierung unter Restriktionen. Diese Aufgabenverschiebung der Filter zwischen Gestaltung und Betrieb ist in der Tab. 5.1 zusammengefasst.

Zuschreibung ohne Urheber

Mit der Rekonfiguration der Gestaltungsfilter geht ein weiterer Wandel einher. Avatarische Handlung und menschliche Absicht werden entkoppelt. In klassischen Avatar-Szenarien lassen sich Handlungen eindeutig zurückverfolgen. Entweder handelt der Nutzer direkt oder der Avatar führt vorab definierte Skripte aus. In beiden Fällen existiert ein klarer Urheber.

Selbstparametrisierende Avatare unterlaufen diese Zuordnung. Sie reagieren auf Situationen, generieren Ausgaben und passen ihr Verhalten an, ohne dass eine konkrete menschliche Entscheidung für den einzelnen Akt identifizierbar wäre. Verantwortung, Handlung und Reaktion fallen nicht mehr zusammen. Der Avatar handelt – aber nicht aus eigenem Antrieb. Zugleich handelt aber auch kein Mensch im Moment der Ausführung. Die Handlung ist nunmehr nur das Resultat einer Systemkonfiguration.

Damit entsteht eine Form der Zuschreibung ohne Urheber. Beobachter schreiben dem Avatar Handlungsfähigkeit zu, weil er ansprechbar ist und kommunikativ erscheint. Diese Zuschreibung ist funktional notwendig, um Interaktion überhaupt zu ermöglichen. Gleichzeitig ist sie bedeutungsleer. Es gibt kein Subjekt, dem diese Handlung im klassischen Sinne zugeschrieben werden könnte. Der Avatar wird zu einer operativen Adresse. Er ist

Tab. 5.1 Rekonfiguration der Gestaltungsfilter im Betrieb

Filter	Gestaltung	Betrieb
Aim	Zielrichtung & Funktion	Umschaltbarer Zielmodus, der funktionale Prioritäten unter aktuellen Systemzuständen setzt
Visualize	Aufmerksamkeit & Information	Laufende Neubestimmung der Visualisierung unter begrenzten Darstellungs- und Rechenressourcen
Aesthetics	Realismus & Stilisierung	Regelgröße zur Stabilisierung der Erscheinung unter wechselnden Bedingungen
Tone	Stimme, Tempo & Prosodie	Adaptive Ausdrucksvariable zur Regulation von Interaktionsdynamik
Anti-Bias	Stereotyp & Verzerrung	Dynamische Begrenzung, die zulässige Ausprägungen im Betrieb fortlaufend beschränkt
Rhythm	Zeitliche Präsenz	Technische Präsenzregel zur zeitlichen Steuerung von Erscheinung und Aufmerksamkeit

der Punkt, an dem Reaktionen gebündelt und Erwartungen ausgerichtet werden, ohne dass dahinter ein handelndes Selbst steht. Diese Struktur ist für den sozialen Umgang hochwirksam. Nutzer reagieren auf Avatare, als ob sie echte Akteure wären, selbst wenn sie wissen, dass dies nicht der Fall ist. Die Zuschreibung erfolgt pragmatisch, nicht theoretisch. Verantwortung wird dabei zwar nicht aufgehoben, aber diffus verteilt. Sie liegt gleichzeitig beim Entwickler, beim Betreiber, bei den Trainingsdaten und bei den regulatorischen Rahmenbedingungen – ohne dass eine dieser Instanzen den konkreten Akt vollständig kontrolliert hätte.

Intelligente Phantome als Grenzobjekte

In dieser Konstellation lassen sich selbstparametrisierende Avatare als intelligente Phantome beschreiben. Sie sind weder Werkzeuge noch Akteure. Als Werkzeuge wären sie vollständig kontrollierbar und zweckgebunden. Als Akteure müssten sie über eigene Ziele, Gründe und Verantwortlichkeit verfügen. Beides trifft nicht zu.

Das intelligente Phantom besetzt eine Zwischenposition. Es ist ein Grenzobjekt zwischen Interface, System und sozialem Gegenüber. Einerseits dient es als Zugriffspunkt auf technische Prozesse. Andererseits erzeugt es soziale Erwartungen, die über eine reine Bedienoberfläche hinausgehen. Diese Erwartungen werden nicht durch innere Zustände des Systems erfüllt, sondern durch seine Erscheinung. Gerade die Stabilität der Erscheinung ist funktionsrelevant. Das Phantom muss dauerhaft selbstähnlich genug sein, um als adressierbar zu gelten. Es darf in seiner Erscheinung nicht beliebig schwanken, ohne seine Funktion als Sozialpartner zu verlieren.

Diese Grenzstellung macht intelligente Phantome anschlussfähig für soziale Praktiken, ohne sie zu Personen zu machen. Sie können angesprochen, kritisiert, gelobt oder ignoriert werden, ohne dass diese Akte eine echte Gegenüberstellung zweier Subjekte voraussetzen. Der Avatar ist damit weder Person noch Interface, sondern eine operative Figur, die soziale Ordnung stabilisiert, ohne selbst Teil dieser Ordnung zu sein.

Risiken, Einordnung und Ausblick

Es wurde schon gesagt: Die beschriebenen Strukturen sind nicht neutral. Selbstparametrisierende Avatare tragen systemische Risiken in sich, die nicht auf Fehlverhalten einzelner Komponenten zurückgeführt werden können. Bias ist dabei eine Eigenschaft des Systems. Verzerrungen entstehen aus der Gewichtung von Trainingsdaten, aus Zielvorgaben und aus der Auswahl dessen, was als relevantes Feedback gilt. Da diese Verzerrungen im Betrieb weiterwirken, können sie sich verstärken und verfestigen.

Hinzu kommt die Undurchsichtigkeit der Systeme. Je stärker sich die Gestaltung in den laufenden Betrieb verlagert, desto schwerer wird es, die konkreten Ursachen für ein bestimmtes Verhalten zu identifizieren. Die Nachvollziehbarkeit einzelner Entscheidungen sinkt, obwohl die wahrgenommene Qualität steigt. Das System erscheint stabil, während seine innere Dynamik zunehmend unübersichtlich wird.

Besonders kritisch ist die Möglichkeit der Eskalation durch Rekursion. Wenn Avatare nicht nur ihr Verhalten, sondern auch ihre Gestaltungsfilter adaptieren, können Rückkopplungsschleifen entstehen, die sich der externen Kontrolle entziehen. Kleine systemische Verschiebungen können sich über viele Iterationen hinweg zu signifikanten Veränderungen auswachsen, ohne dass ein klarer Eingriffspunkt erkennbar wäre.

Diese Risiken relativieren nicht die Leistungsfähigkeit selbstparametrisierender Avatare, sie markieren aber ihren strukturellen Status. Intelligente Phantome sind keine fehlgeleiteten oder entmenschlichten Personen, sondern erfolgreich organisierte virtuelle Wesen. Für ihre Einordnung genügt die Anerkenntnis erfolgreicher Anthropomorphisierung längst nicht mehr. Es bedarf eher einer präzisen Analyse ihrer operativen Rolle. Der Anschluss an aktuelle Forschung liegt daher weniger in der Frage nach künstlicher Autonomie als in der Untersuchung verteilter Verantwortung, normativer Steuerung und der Stabilisierung sozialer Erwartungen unter den Bedingungen technischer Unkenntnis. Der Übergang vom gestalteten zum selbstparametrisierenden Avatar ist damit die Etablierung einer neuen Klasse von Systemen. Diese Systeme handeln ohne eigene Absicht, erscheinen autonom und wirken verantwortlich, ohne Verantwortung übernehmen zu können.

Literatur

1. The Mahābhārata: for the first time critically edited. Bhandarkar Oriental Research Institute, Poona; 1927.
2. Smith JD, Herausgeber. Mahābhārata. London: Penguin; 2009.
3. von Simson G. Mahābhārata: die Große Erzählung von den Bhāratas. Berlin: Verlag der Weltreligionen; 2011.
4. Weltsch U, Grünewald J. Das Mahabharata. http://www.mahabharata.pushpak.de/. Zugegriffen am 05.11.2021.
5. Ganguli KM. The Mahabharata of Krishna-Dwaipayana Vyasa translated into English Prose. Calcutta: Bharata Press; 1891.
6. Ashok V. Dasavatara: The ten incarnations of Vishnu. New Delhi: Rupa & Co; 2002.
7. Vaswani JP. Dasavatara: The ten incarnations of Lord Vishnu. Mumbai: Jaico Publishing House; 2017.
8. Shastri JL. The Garuda Purana. Delhi: Motilal Banarsidass Publishers; 1957.
9. von Brück M, Griffiths B. Bhagavad Gita: mit einem spirituellen Kommentar. München: Kösel; 1993.
10. Zimmer HR. Myths and symbols in Indian art and civilization. Princeton University Press; 1974. https://doi.org/10.1515/9781400866847.
11. Peirce CS. Collected papers of Charles Sanders Peirce. Cambridge, MA: The Belknap Press of Harvard University Press; 1960.
12. Goffman E. Frame analysis: an essay on the organization of experience. Boston: Northeastern University Press; 1986.
13. Latour B. Reassembling the social: an introduction to actor-network-theory. Oxford/New York: Oxford University Press; 2005.

14. Zohoorian A, Stanley KG, Gutwin C, Tavassolian A. PLATO: a coordination framework for designers of multi-player real-time digital games. In: Proceedings of the international conference on the foundations of digital games. Raleigh, North Carolina: ACM; 2012. S. 141–8. https://doi.org/10.1145/2282338.2282368.
15. Addams S. The official book of Ultima. Greensboro: COMPUTE Books; 1992.
16. Stephenson N. Snow crash: roman. Frankfurt: FISCHER Tor; 2021.
17. Grasnick A. Digitale Avatare = humanoide Phantome? Wirtsch Inform Manag. 2022;14:352–60. https://doi.org/10.1365/s35764-022-00431-5.
18. Lugaresi C, Tang J, Nash H, McClanahan C, Uboweja E, Hays M, Zhang F, Chang C-L, Yong MG, Lee J, Chang W-T, Hua W, Georg M, Grundmann M. MediaPipe: a framework for building perception pipelines. https://arxiv.org/abs/1906.08172. 2019. https://doi.org/10.48550/ARXIV.1906.08172.
19. Grasnick A. Professor Avatar: Anthropomorphe Lehrinstanzen mit Bildungsauftrag. In: Trautzsch N, Burbach J, Brückerhoff B, Herausgeber. Generative KI: Handbuch für Praxis und Lehre. Wiesbaden: Springer Fachmedien; 2026. S. 1–14. https://doi.org/10.1007/978-3-658-47898-8_13-1.
20. Wiener N. Kybernetik: Regelung und Nachrichtenübertragung im Lebewesen und in der Maschine. Düsseldorf: Econ; 1992.
21. von Neumann J. Theory of self-reproducing automata. Urbana/London: University of Illinois; 1966.
22. Marcus G, Davis E. Rebooting AI: building artificial intelligence we can trust. New York: Pantheon Books; 2019.
23. Bender EM, Gebru T, McMillan-Major A, Shmitchell S. On the dangers of stochastic parrots: can language models be too big? In: Proceedings of the 2021 ACM conference on fairness, accountability, and transparency. Virtual Event Canada: ACM; 2021. S. 610–23. https://doi.org/10.1145/3442188.3445922.
24. Lambert N. Reinforcement learning from human feedback. https://arxiv.org/abs/2504.12501. 2025. https://doi.org/10.48550/ARXIV.2504.12501.
25. Rizzo A, Lucas G, Gratch J, Stratou G, Morency L-P, Shilling R, Hartholt A, Scherer S. Clinical interviewing by a virtual human agent with automatic behavior analysis. In: Proceedings of the 2016 proceedings of the international conference on disability, virtual reality and associated technologies. Los Angeles, CA: ICDVRAT and the University of Reading; 2016. S. 57–64.
26. Ouyang L, Wu J, Jiang X, Almeida D, Wainwright CL, Mishkin P, Zhang C, Agarwal S, Slama K, Ray A, Schulman J, Hilton J, Kelton F, Miller L, Simens M, Askell A, Welinder P, Christiano P, Leike J, Lowe R. Training language models to follow instructions with human feedback. https://arxiv.org/abs/2203.02155. 2022. https://doi.org/10.48550/ARXIV.2203.02155.
27. Slater M. Immersion and the illusion of presence in virtual reality. British J Psychol. 2018;109:431–3. https://doi.org/10.1111/bjop.12305.

Showdown im Ereignisfeld

6

Heute entstehen Avatare und virtuelle Welten im Inneren von XR-Systemen und entfalten ihre Wirkung erst im sekundären Ereignisfeld, das in der Regel an einen Bildschirm oder ein Headset gebunden wird. Kann damit eine Teleportation gelingen? Lassen Sie uns das gemeinsam durchgehen.

Unsere Definition zu Beginn verlangte dafür das scheinbar unmittelbare Übertragen einer Entität von einem Start- zu einem Zielort, ohne dass dabei eine konventionelle Bewegung durch den Raum erfolgen muss. Nehmen wir an, ich wäre die zu teleportierende Person *T*, Sie der Beobachter *B* und wir befänden uns an zwei verschiedenen Orten auf der Erde. Wenn ich mich in Berlin aufhalte und Sie zur gleichen Zeit in London sind, dann teilen wir uns zwar ein gemeinsames terrestrisches primäres Ereignisfeld E_1, aber jedes ist durch unsere Wahrnehmung auf unseren jeweiligen Ereignishorizont limitiert. Wir begrenzen also die jeweiligen Ereignisfelder einfach auf $E_1(T)$ und $E_1(B)$ und beginnen mit der Teleportation.

Um das sekundäre Ereignisfeld am Zielort zu erzeugen, haben wir vorab London sorgfältig als virtuelle Umgebung nachgebaut und damit wir uns begegnen können, habe ich einen hochwertigen Avatar von mir erstellt. Unser Versuch gilt als erfolgreich, wenn *B* den Eindruck hat, *T* unmittelbar an seinem Standort zu sehen und *T* gleichzeitig glaubt, in London zu sein. Das gilt dann als erfüllt, wenn der Betrachter mich als Avatar in seinem sekundären Ereignisfeld wahrnimmt, während mein sekundäres Ereignisfeld dem primären Ereignisfeld des Betrachters entspricht.

Dazu setzen wir uns erst einmal das teuerste VR-Headset auf und starten das Experiment. Wir haben bei der Lektüre dieses Buches eingesehen, dass die physische Übertragung des echten *T* an den Grenzen der Physik scheitern muss und akzeptieren nun auch die Übertragung einer virtuellen Kopie. Aber auch die Übertragung von Datenpaketen zwischen Berlin und London braucht zur Überbrückung der Strecke etwas Zeit. Die Luftlinie

© Der/die Autor(en), exklusiv lizenziert an Springer Fachmedien Wiesbaden GmbH, ein Teil von Springer Nature 2026

A. Grasnick, *Praxis der Teleportation*, https://doi.org/10.1007/978-3-658-48558-0_6

beträgt weniger als 1000 km, ein Signal hin und zurück würde mit Lichtgeschwindigkeit etwa 3 Millisekunden benötigen. Die Ausbreitungsgeschwindigkeit des Lichtes in Glasfaser ist durch die Brechzahl auf etwa 2/3 begrenzt, sodass wir ein physikalisches Minimum von ungefähr 5 ms erwarten dürfen. In der Realität entspricht die Trassenführung nicht der Luftlinie und es werden einige Router und Vermittlungsknoten zur Festlegung des Signalweges benötigt. Ein realer Ping-Test ergibt üblicherweise einen recht zuverlässigen Wert < 40 ms für einen Round-Trip, zu dem sich noch die Zeiten für die Motion-to-Photon-Latenz aufschlagen (etwa 20 ms). Die reine Übertragung von Informationen aus $E_1(T)$ zu $E_2(B)$ würde also ungefähr 60 ms dauern und wäre für eine Kommunikation sicherlich akzeptabel. Dennoch würde das wahrnehmbare Gewicht des Headsets die Illusion aufdecken und die vollständige Scheinbarkeit behindern. Es ist demnach die fortbestehende Kopplung an unsere jeweiligen primären Ereignisfelder, die sich nicht in das sekundäre Feld überführen lässt. Die Bedingung ist zwar nicht vollständig erfüllt, trotzdem kann der plausible Eindruck für T und B entstehen, ich sei in London.

Doch was wäre, wenn der Avatar nicht mehr nur im Phantomfeld lebte, sondern dieses tatsächlich verlassen könnte? Wenn nicht mehr ein Headset zwischen beiden Ereignisfeldern vermittelte, sondern die gesamte Fläche vor dem Betrachter selbst zur Anzeige und Aufnahme würde? Das wäre ein fantastischer Auftritt.

Solange der Betrachter den Avatar nur im sekundären Ereignisfeld wahrnimmt, bleibt die Begegnung an dieses Feld gebunden. Eine holografische Erscheinung würde diese Wahrnehmung in das primäre Ereignisfeld des Betrachters verlagern. Beim Headset wird das sekundäre Phantomfeld noch am Subjekt befestigt, bei der holografischen Fläche wird es dagegen im primären Ereignisfeld des Betrachters verankert. Der Avatar tritt somit scheinbar in den Raum des Betrachters ein, wir können ohne Headset miteinander sprechen. Und wenn auch meine Wand eine holografische Matrix ist, erscheint London in meinem Raum. Ich glaube, in London zu sein und Sie glauben es auch. Die Teleportation ist gelungen, das Experiment geglückt.

Noch klingt das wie eine Vision. Eine großformatige Holo-Matrix ist bislang nicht bekannt, aber physikalisch auch nicht ausgeschlossen.

FSC www.fsc.org
MIX
Papier | Fördert gute Waldnutzung
FSC® C083411

Zeitfracht Medien GmbH
Ferdinand-Jühlke-Straße 7
99095 Erfurt, Deutschland
produktsicherheit@kolibri360.de